LA MAGIE

CHEZ LES CHALDÉENS

ET

LES ORIGINES ACCADIENNES

PARIS. — IMPRIMERIE GAUTHIER-VILLARS, 55, QUAI DES GRANDS-AUGUSTINS. — 2045-74

LES SCIENCES OCCULTES EN ASIE

LA MAGIE

CHEZ LES CHALDÉENS

ET LES

ORIGINES ACCADIENNES

PAR

FRANÇOIS LENORMANT

PARIS

MAISONNEUVE ET Cⁱᴱ, LIBRAIRES-ÉDITEURS

15, QUAI VOLTAIRE, 15

1874

PRÉFACE

L'histoire de certaines superstitions constitue l'un des chapitres les plus étranges, mais non l'un des moins importants de l'histoire de l'esprit humain et de ses développements. Quelque folles qu'aient été les rêveries de la magie et de l'astrologie, quelque loin que nous soyons maintenant, grâce au progrès des sciences, des idées qui les ont inspirées, elles ont exercé sur les hommes, pendant de longs siècles, et jusqu'à une époque encore bien rapprochée de nous, une influence trop profonde et trop décisive pour être négligée de celui qui cherche à scruter les phases des annales intellectuelles de l'humanité. Les siècles les plus éclairés même de l'antiquité ont ajouté foi à ces prestiges ; l'empire des sciences occultes, héritage de la superstition païenne survivant au triomphe du christianisme, se montre tout-puissant au moyen âge, et ce n'est que la science moderne qui est parvenue à en dissiper les erreurs. Une aberration qui a si longtemps dominé tous les esprits, jusqu'aux plus nobles et aux plus perspicaces, dont la philosophie elle-même ne s'est pas défendue, et à laquelle, à certaines époques, comme chez les Néoplatoniciens de l'école d'Alexandrie, elle a donné une place de premier ordre dans ses spéculations, ne saurait être exclue avec mépris du tableau de la marche générale des idées. Il importe de l'étudier avec attention, d'en pénétrer les causes, d'en suivre les formes successives, et de déterminer à la fois l'influence que les croyances religieuses des différents peuples et des différents âges ont eue sur elle, et l'influence qu'à son tour elle a exercée sur ces mêmes croyances. D'autres chercheront à établir — et c'est, sans contredit, une des faces les plus curieuses de l'histoire des sciences occultes — la part de faits réels mal expliqués et de connaissances physiques maintenues à l'état d'arcanes qu'elles ont pu embrasser. Pour nous, notre ambition est seulement de scruter les origines de la magie dans un de ses plus antiques foyers, et de tracer le tableau de ce qu'elle était en Chaldée.

Le témoignage unanime de l'antiquité grecque et latine aussi bien que la tradition juive et arabe désignent l'Egypte et la Chaldée comme les deux berceaux de la magie et de l'astrologie constituées à l'état de sciences, avec des règles fixes, raisonnées et formulées en systèmes, telles qu'elles se substituèrent, à partir d'une certaine époque, aux pratiques moins raffinées, et d'apparence moins savante, des goètes et des devins primitifs. Mais ce que les écrivains classiques ou les Livres Saints rapportent des sciences occultes dans ces deux contrées si antiquement civilisées est bien vague et bien douteux; on ne sait dans quelle mesure il faut l'admettre, et surtout on n'y voit pas apparaître nettement les traits propres qui distinguaient la magie et l'astrologie des Egyptiens de celles des Chaldéens et des Babyloniens. Quant aux dires des écrivains orientaux du moyen âge, ils sont tellement remplis de fantastique, l'esprit critique et les caractères d'authenticité y font tellement défaut, que la science ne peut y attacher aucune valeur sérieuse.

Mais le déchiffrement des hiéroglyphes de l'Egypte et des écritures cunéiformes du bassin de l'Euphrate et du Tigre, ces deux merveilleuses conquêtes du génie scientifique de notre siècle fournissent aujourd'hui, pour l'éclaircissement d'un aussi curieux problème, des secours qui eussent, il y a seulement cinquante ans, semblé tout à fait inespérés. C'est dans les sources originales que nous pouvons désormais étudier les sciences occultes de l'Egypte et de la Chaldée. Les débris, assez nombreux, des grimoires magiques et des tables d'influences astrales, qui ont survécu aux ravages du temps sur des feuillets de papyrus en Egypte, sur des tablettes de terre cuite (*coctilibus laterculis*, comme disait Pline) en Chaldée et en Assyrie, s'interprètent avec certitude par les méthodes de la philologie moderne, et révèlent directement à leurs explorateurs en quoi consistaient les doctrines et les prétendus secrets de ceux qu'astrologues et magiciens, dans la Grèce et à Rome, reconnaissaient pour leurs maîtres.

Plusieurs travaux importants ont été consacrés, dans les dernières années, aux documents relatifs à la magie égyptienne, et l'illustre vicomte de Rougé, dont la mort a été si regrettable pour la science française, avait expliqué les tableaux des influences des étoiles tracés sur les parois des tombes royales de Thèbes. En revanche, on n'a presque rien tenté encore sur les documents qui touchent à la magie et à l'astrologie des Chaldéens, adoptées docilement par les Assyriens, comme presque tous les enseignements sacerdotaux de la Chaldée et de Babylone. Ceci tient sans doute à ce que la science de l'assyriologie n'a pris naissance qu'après celle de l'égyptologie ; on n'a donc pas eu le temps de parcourir de la même façon tout son domaine, et la majeure partie des textes qui attendent de cette science leur interprétation demeurent encore inédits. Je voudrais combler la lacune que je viens de signaler ; j'essayerai de faire connaître et de caractériser, à l'aide de documents qui, pour la plupart, n'ont pas encore été traduits, ce qu'étaient la magie chaldéenne, ses procédés et ses doctrines. Je la comparerai à la magie de l'Egypte, afin de faire voir combien elle en diffère et comment son point de départ était tout autre. Scrutant ensuite les croyances religieuses particulières qui y servaient de base, je rechercherai quelle en a été l'origine, quel élément ethnique l'a implantée sur les bords de l'Euphrate et du Tigre. Et cette recherche me conduira, pour terminer, à l'examen d'un des plus graves problèmes historiques que le déchiffrement des textes cunéiformes ait introduits dans la science, le problème de la primitive population touranienne de la Babylonie et de la Chaldée.

Dans un autre travail, dont j'ai en partie déjà rassemblé les matériaux, j'étudierai de même ce qui touche à l'astrologie et à la divination des Chaldéens, au système et à l'origine de ces prétendues sciences dans les écoles sacerdotales dont elles faisaient la gloire, ainsi qu'aux connaissances réelles d'astronomie que Babylone et la Chaldée ont léguées au monde postérieur, et dont nous sommes nous-mêmes encore les héritiers.

LA MAGIE
CHEZ LES CHALDÉENS
ET
LES ORIGINES ACCADIENNES

CHAPITRE PREMIER

LA MAGIE ET LA SORCELLERIE DES CHALDÉENS

I

On peut se faire une idée générale assez complète de la magie conjuratoire des Chaldéens, de ses procédés et de ses principales applications, au moyen d'un document que sir Henry Rawlinson et M. Norris ont publié en *fac-simile*, en 1866, dans le tome II de leur recueil des *Cuneiform inscriptions of Asia* (1). C'est une grande tablette provenant de la bibliothèque du palais royal de Ninive, et contenant une suite de vingt-huit formules d'incantation déprécatoire, malheureusement en partie mutilées, contre l'action des mauvais esprits, les effets des sortiléges, les maladies et les principaux malheurs

(1) Pl. 17 et 18.

qui peuvent frapper l'homme au cours de sa vie ordinaire. Le tout forme une longue litanie divisée en paragraphes qui finissent tous par la même invocation sacramentelle. Il semble, d'après la conclusion qui la termine, qu'on devait, non pas en détacher telle ou telle formule pour une occasion donnée, mais la réciter de suite, pour se mettre à l'abri de toutes les influences funestes qu'elle prévoyait. Ce document, comme, du reste, tous les autres écrits magiques provenant de l'Assyrie et de la Chaldée, est rédigé en accadien, c'est-à-dire dans la langue touranienne, apparentée aux idiomes finnois et tartares que parlait la population primitive des plaines marécageuses du bas Euphrate. Une traduction assyrienne placée en regard accompagne le vieux texte accadien. Depuis bien longtemps déjà, quand Assourbanipal, roi d'Assyrie, au septième siècle avant notre ère, fit faire la copie qui est parvenue jusqu'à nous, on ne comprenait plus les documents de ce genre qu'à l'aide de la version assyrienne, qui remonte à une date beaucoup plus haute. L'accadien était une langue morte ; mais on attribuait d'autant plus de puissance mystérieuse aux incantations conçues dans cette langue, qu'elles étaient devenues un grimoire inintelligible.

Pour placer immédiatement le lecteur au milieu du monde étrange dans lequel je lui demande de me suivre, je rapporterai en entier les formules de cette tablette, du moins celles que l'on peut interpréter (car il en est encore quelques-unes qui résistent à l'explication), et j'accompagnerai ma traduction de courtes notes. J'ai été précédé dans cette entreprise par M. Oppert, avec lequel je me trouve en complet accord pour la majorité des cas. Cependant celui qui voudra comparer nos deux traductions y trouvera quelques divergences; elles tiennent presque toutes à ce que le savant professeur du Collége de France a traduit sur la version assyrienne, tandis que je me suis attaché à suivre le texte original accadien. Or, la version assyrienne est loin d'être toujours littérale, comme on pourra s'en rendre compte, puisque j'ai noté tous les passages où elle s'écarte de la rédaction primitive. Le texte accadien paraît coupé en versets rhythmés dont chacun forme une ligne distincte sur la tablette; j'en marque soigneusement les divisions.

INCANTATION

I. Le dieu mauvais, le démon mauvais, — le démon du désert, le démon de la montagne, — le démon de la mer, le démon du marais, — le génie mauvais, le *uruku* (1) énorme, — le vent mauvais par lui-même, — le démon mauvais qui saisit le corps, qui agite le corps,

Esprit du ciel, souviens-t'en! Esprit de la terre, souviens-t'en!

II. Le démon qui s'empare de l'homme, le démon qui s'empare de l'homme (2), — le *gigim* qui fait le mal, produit d'un démon mauvais,

---

(1) J'examine un peu plus loin ces noms des différentes classes de démons.

(2) La version assyrienne a ici : « le démon possesseur qui s'empare de l'homme. »

Esprit du ciel, souviens-t'en ! Esprit de la terre, souviens-t'en !

III. La prostituée sacrée au cœur impur qui abandonne le lieu de prostitution, — la prostituée du dieu Anna (1) qui ne fait pas son service — au soir du commencement du mois incomplet, — le hiérodule qui fautivement ne va pas à son lieu, — qui ne taillade pas sa poitrine, — qui ne .... pas sa main, — faisant résonner son tympanum, complétant....... (2),

Esprit du ciel, souviens-t'en ! Esprit de la terre, souviens-t'en !

IV. Ce qui ne laisse pas prospérer, ce qui n'est pas favorable, — ce qui forme des nœuds, l'ulcère de mauvaise nature, — l'ulcère qui creuse, l'ulcère étendu, l'ulcère qui flagelle (de douleur), l'ulcère ..... (3), — l'ulcère qui se propage, l'ulcère malin,

Esprit du ciel, souviens-t'en ! Esprit de la terre, souviens-t'en !

V. La maladie du viscère, la maladie du cœur, l'enveloppe du cœur malade, — la maladie de la bile, la maladie de la tête, la dyssenterie maligne, — la tumeur qui se gonfle, — l'ulcération des reins, la miction qui déchire, — la douleur cruelle qui ne s'enlève pas, — le cauchemar,

Esprit du ciel, souviens-t'en ! Esprit de la terre, souviens-t'en !

---

(1) C'est le nom accadien du dieu qui s'appelle en assyrien Anou. l'Oannès des écrivains grecs.

(2) On a bien des fois déjà expliqué la monstrueuse aberration de l'esprit de dévotion païenne qui avait produit, dans les religions de l'Asie antérieure, les rites infâmes des *qedeschim* et des *qedeschoth*; je n'insisterai donc pas sur ce sujet répugnant, et je renverrai le lecteur à ce qui en a été dit. Il me suffira de faire remarquer que notre formule magique sera désormais un des textes les plus importants sur la matière.

(3) La version assyrienne ne répète pas ici à chaque fois « l'ulcère ».

VI. Celui qui forge l'image, celui qui enchante — la face malfaisante, l'œil malfaisant, — la bouche malfaisante, la langue malfaisante, — la lèvre malfaisante, la parole malfaisante,

Esprit du ciel, souviens-t'en ! Esprit de la terre, souviens-t'en !

VII. La nourrice.

La nourrice dont la mamelle (1) se flétrit, — la nourrice dont la mamelle est amère, — la nourrice dont la mamelle s'ulcère, — la nourrice qui de l'ulcération de sa mamelle meurt, — la femme enceinte qui ne garde pas son fruit, — la femme enceinte qui laisse échapper son fruit, — la femme enceinte dont le fruit se pourrit, — la femme enceinte dont le fruit ne prospère pas,

Esprit du ciel, souviens-t'en ! Esprit de la terre, souviens-t'en !

VIII. La fièvre douloureuse, la fièvre violente, — la fièvre qui n'abandonne aucunement l'homme, — la fièvre qui ne quitte pas, — la fièvre qui ne s'en va pas, la fièvre maligne,

Esprit du ciel, souviens-t'en ! Esprit de la terre, souviens-t'en !

IX. La peste douloureuse, la peste violente, — la peste qui n'abandonne point l'homme, — la peste qui ne quitte pas, — la peste qui ne s'en va pas, la peste maligne,

Esprit du ciel, souviens-t'en ! Esprit de la terre, souviens-t'en !

X. La maladie douloureuse des viscères, — l'infirmité qui assombrit et coupe (2), — l'infirmité qui ne quitte pas, l'in-

---

(1) Les mots « dont la mamelle », dans ce verset et les suivants, sont une addition explicative très-heureuse de la version assyrienne.

(2) Version assyrienne : « le mal des tranchées. »

firmité des veines, — l'infirmité qui ne s'en va pas, l'infirmité maligne,

Esprit du ciel, souviens-t'en! Esprit de la terre, souviens-t'en!

XI. La langueur du poison versé dans la bouche, — la stupeur de la langueur qui enchaîne mauvaisement, — le fic, les pustules, la chute des ongles, — l'éruption purulente, l'herpès invétéré, — le zona qui creuse (1), — la lèpre qui couvre la peau, — l'aliment qui réduit en squelette le corps de l'homme, — l'aliment qui mangé est restitué, — le liquide qui bu fait enfler, — le poison funeste qui ne.... (2) pas la terre, — le vent pestilentiel (?) qui vient du désert,

Esprit du ciel, souviens-t'en! Esprit de la terre, souviens-t'en!

XII. La gelée qui fait frissonner la terre, — l'excès de la chaleur qui fait éclater la peau de l'homme, — le sort mauvais..... — qui à l'improviste met fin à l'homme, — la soif mauvaise qui sert l'Esprit de la peste, — ..... (3),

Esprit du ciel, souviens-t'en! Esprit de la terre, souviens-t'en!

La treizième formule est trop mutilée dans les deux textes pour qu'on puisse essayer de la traduire; d'après ce qui en subsiste, elle était destinée à préserver de l'action d'un démon qui a sa demeure dans le désert. La quatorzième est dans les mêmes conditions; elle avait pour but d'éloigner un malheur qui peut frapper l'homme

---

(1) Cette qualification est ajoutée par la version assyrienne.
(2) Ici un mot encore intraduisible.
(3) Nous avons recomposé cette formule en complétant, les uns par les autres, les débris du texte accadien et de la version assyrienne, qui ne se correspondent pas.

chaque jour, quand il mange, quand il boit, quand il est couché et quand il se tient à son foyer, peut-être la mort subite. Des quatre formules suivantes, il ne reste plus que le texte accadien; la version assyrienne est détruite.

XV. Celui qui meurt de faim dans les fers, — celui qui meurt de soif dans les fers, — celui qui ayant faim dans une fosse (?), — suppliant, [en est réduit à manger] la poussière, — celui qui dans la terre [ou] dans le fleuve — périt et meurt, la femme esclave que le maître ne possède pas, — la femme libre qui n'a pas de mari, — celui qui laisse une mémoire infâme de son nom,—celui qui ne laisse pas de mémoire de son nom, — celui qui dans sa faim ne peut pas se relever, — celui qui tombe malade..... au commencement d'un mois incomplet (1),

Esprit du ciel, souviens-t'en! Esprit de la terre, souviens-t'en !

XVI. Le dieu protecteur de l'homme, — qui [assure] la prolongation de la vie de l'homme, qu'il le fortifie à la vue du Soleil!

Le génie, le colosse favorable, — qu'il lui fortifie sa tête — pour la prolongation de sa vie! — Jamais ne se séparera de lui !

Esprit du ciel, souviens-t'en! Esprit de la terre, souviens-t'en !

La dix-septième formule présente des obscurités qui ne peuvent être expliquées dans l'état actuel de nos connaissances en accadien; on discerne seulement que

---

(1) Il paraît que « le mois incomplet », expression que nous ne pouvons pas encore expliquer d'une manière satisfaisante, mais qui se reproduit très-souvent dans les documents magiques, était un moment particulièrement néfaste.

c'était la prescription d'un rite protecteur et conjuratoire.

XVIII. En étoffe blanche deux bandes servant de phylactères — sur le lit de l'estrade (1) — comme talisman avec la main (droite) s'il écrit, — en étoffe noire deux bandes servant de phylactères — de la main gauche s'il écrit (2), — le démon mauvais, le *alal* mauvais, le *gigim* mauvais, — le *telal* mauvais, le dieu mauvais, le *maskim* mauvais, — le fantôme, le spectre, le vampire, — l'incube, le succube, le servant, — le sortilège mauvais, le philtre, le poison qui coule, — ce qui est douloureux, ce qui agit, ce qui est mauvais, — leur tête sur sa tête, — leur pied sur son pied, — jamais ils ne le saisiront, — jamais ils ne reviendront.

Esprit du ciel, souviens-t'en ! Esprit de la terre, souviens-t'en !

Suit une longue lacune, produite par une fracture de la tablette et dans laquelle deux formules au moins ont disparu avec le commencement d'une troisième. J'ai découvert au Musée Britannique un petit fragment qui n'est pas dans le texte publié et qui, trouvant sa place à cet endroit, donne la fin de la formule XIX.

.... Que le démon mauvais sorte ! — l'un l'autre qu'ils se saisissent !

Le démon favorable, le colosse favorable, — qu'ils pénètrent dans son corps !

Esprit du ciel, souviens-t'en ! Esprit de la terre, souviens-t'en !

---

(1) Voyez dans les planches du grand ouvrage de M. Place (*Ninive et l'Assyrie*) la disposition de l'estrade du lit des chambres à coucher du harem du palais de Khorsabad.

(2) Pour conserver la division des versets, il nous faut suivre les inversions du texte.

La première ligne de la vingtième formule, qui subsiste sur le même fragment, montre qu'elle avait pour objet la guérison d'une maladie des viscères. Quant à la vingt-unième, ce qui en reste contient une énumération de toutes les parties de la maison, où les paroles magiques doivent empêcher les démons de se glisser. Tout ceci est extrêmement obscur et rendu presque impossible à traduire par la multiplicité des termes architectoniques, pour l'explication desquels on n'a aucun secours, surtout en l'absence de la version assyrienne, qui fait encore ici défaut.

XXII. Le fantôme, enfant du ciel, — dont se souviennent les dieux, — le *innin* (1), prince — des seigneurs, — le..... qui produit la fièvre douloureuse, — le vampire qui attaque l'homme, — le *uruku* multiplié — sur l'humanité, — que jamais ils ne saisissent!

Esprit du ciel, souviens-t'en! Esprit de la terre, souviens-t'en!

De la vingt-troisième et de la vingt-quatrième incantation, la tablette, dans son état actuel, ne donne plus que le commencement des lignes en accadien; il est donc impossible d'en tenter une traduction. Tout ce qu'on aperçoit, c'est que dans la première est invoqué le dieu auquel les textes du même genre attribuent d'ordinaire le rôle de médiateur, Silik-moulou-khi, assimilé plus tard au Mardouk de la religion officielle de la période assyrienne; la seconde s'adresse au dieu du feu, Izbar, sur lequel nous aurons à revenir plus tard avec un certain développement.

(1) Sorte de lémure.

La vingt-cinquième formule n'existe qu'en accadien ; encore n'y a-t-il plus que le commencement des quatorze premières lignes. On y entrevoit qu'elle commence par une invocation au dieu infernal Nin-a-zou, puis il est question de diverses maladies ; enfin elle se termine ainsi :

La mer......, la mer........, le désert sans eau,...... — les eaux du Tigre, les eaux du l'Euphrate, — la montagne de ténèbres, la montagne de l'orient, — la montagne agitée (1), — qu'ils referment leurs gouffres !

Esprit du ciel, souviens-t'en ! Esprit de la terre, souviens-t'en !

XXVI. Nin-ki-gal (2), épouse du dieu Nin-a-zou, — qu'elle lui fasse tourner la face vers le lieu où elle est !

Que les démons mauvais sortent ! — qu'ils se saisissent entre eux !

Le démon (3) favorable, le colosse favorable, — qu'ils pénètrent dans son corps (4) !

Esprit du ciel, souviens-t'en ! Esprit de la terre, souviens-t'en !

XXVII. Le dieu Tourtak (5), le grand destructeur, le suprême tendeur de piéges — parmi les dieux, comme le dieu des sommets (6), — qu'il pénètre dans sa tête — pour la prolongation de sa vie ! — Jamais il ne se séparera de lui !

(1) Peut-être le volcan ; ceux des environs du fleuve Chaboras étaient alors en activité.
(2) « La grande Dame de la terre », appelée en assyrien Allat, que les documents mythologiques postérieurs représentent comme la reine du monde inférieur où descendent les morts.
(3) Version assyrienne : « le génie. »
(4) Dans le corps de celui pour qui on fait l'invocation.
(5) Dieu qui préside spécialement au fleuve du Tigre ; il garde à l'époque assyrienne son nom accadien, et la Bible l'appelle Tartak. Son épouse est nommée Nin-mouk.
(6) Version assyrienne : « le dieu qui l'a engendré. »

Esprit du ciel, souviens-t'en ! Esprit de la terre, souviens-t'en !

XXVIII. L'homme qui fait des sacrifices, — que le pardon et la paix coulent pour lui comme l'airain fondu ! — Les jours de cet homme (1), que le Soleil les vivifie !

Silik-moulou-khi (2), fils aîné de l'océan, — affermis pour lui la paix et le bonheur !

Esprit du ciel, souviens-t'en ! Esprit de la terre, souviens-t'en !

Mais les renseignements si riches et si variés que contient ce texte, mis depuis plusieurs années à la disposition de tous les savants, sont étendus et complétés de la manière la plus heureuse par des documents nouveaux, qui vont d'ici à peu voir le jour. Parmi les milliers de morceaux de tablettes d'argile découverts par M. Layard dans la salle de la bibliothèque du palais de Koyoundjik, sur l'emplacement de Ninive même, et conservés actuellement au Musée Britannique, sont les fragments d'un vaste ouvrage de magie, qui, complet, ne formait pas moins de deux cents tablettes à lui seul, et qui était pour la Chaldée ce qu'est pour l'Inde antique l'*Atharva-Véda*. C'était le recueil des formules, des incantations et des hymnes de ces mages chaldéens dont nous parlent les écrivains classiques et dont Diodore de Sicile (3) dit : « Ils essayent de détourner le mal et de procurer le bien,

---

(1) La version assyrienne a seulement : « cet homme. »
(2) La version assyrienne remplace ce nom par celui de Mardouk.
(3) II, 29.

soit par des purifications, soit par des sacrifices ou des enchantements. » L'éminent orientaliste qui au delà de la Manche a plus puissamment qu'aucun autre contribué à la découverte de la lecture des textes cunéiformes anariens, sir Henry Rawlinson, assisté du jeune collaborateur qui lui prête maintenant un si utile concours, et a su prendre par lui-même une place considérable dans la science, M. George Smith, a patiemment recueilli les lambeaux de cet ouvrage au milieu du chaos des débris de toute nature parmi lesquels ils étaient confondus, et en a préparé la publication, qui paraîtra dans le tome IV des *Cuneiform inscriptions of Western Asia*. Pour donner une idée de l'étendue matérielle des fragments en question, il suffira de dire qu'ils montent au nombre de plus de cinquante, parmi lesquels plusieurs tablettes intactes, portant jusqu'à trois et quatre cents lignes d'écriture, et qu'ils remplissent presque en entier trente planches in-folio. Avec une générosité scientifique bien rare, et dont je ne puis mieux me montrer reconnaissant qu'en la proclamant, sir Henry Rawlinson a bien voulu me communiquer, avant qu'elles aient vu le jour, les épreuves des planches de *fac-simile* de cette publication, l'une des plus précieuses qui aient encore enrichi l'assyriologie, et c'est là que j'ai puisé la plupart des données de la présente étude(1).

(1) Il m'a paru convenable et utile de donner en note le renvoi de toutes les citations que j'emprunte aux planches du volume qui paraîtra sous peu, et que je désigne par l'abréviation W. A. I. iv.

Le grand ouvrage magique dont les scribes d'Assourbanipal avaient exécuté plusieurs copies d'après l'exemplaire existant depuis une haute antiquité dans la bibliothèque de la fameuse école sacerdotale d'Érech, en Chaldée, se composait de trois livres distincts. Nous connaissons le titre d'un des trois : « les Mauvais Esprits, » car à la fin de chacune des tablettes qui en proviennent et ont été préservées dans leur intégrité, se lit : « Tablette n° ..., des Mauvais Esprits. » Comme ce titre l'indique, il était exclusivement rempli par les formules de conjurations et d'imprécations destinées à repousser les démons et autres esprits mauvais, à détourner leur action funeste et à se mettre à l'abri de leurs coups. Un second livre se montre à nous, dans ce qui en subsiste, comme formé du recueil des incantations auxquelles on attribuait le pouvoir de guérir les diverses maladies. Enfin le troisième embrasse des hymnes à certains dieux, hymnes au chant desquels on attribuait un pouvoir surnaturel et mystérieux, et qui, du reste, ont un caractère fort différent des hymnes proprement liturgiques de la religion officielle, dont quelques-uns ont aussi traversé les siècles. Il est curieux de noter que les trois parties qui composaient ainsi le grand ouvrage magique dont sir Henry Rawlinson a retrouvé les débris correspondent exactement aux trois classes de docteurs chaldéens que le livre de Daniel (1) énumère à côté des astrologues et des devins (*kasdim* et *gazrim*), c'est-à-dire les *khartu-*

---

(1) i, 20; ii, 2 et 27; v, 11.

mim ou conjurateurs, les *hakamim* ou médecins, et les *asaphim* ou théosophes. Plus on avance dans la connaissance des textes cunéiformes, plus on reconnaît la nécessité de réviser la condamnation portée beaucoup trop prématurément par l'école exégétique allemande contre le livre de Daniel. Sans doute la langue, remplie à certains endroits de mots grecs, atteste que la rédaction définitive, telle que nous la possédons, est postérieure à Alexandre. Mais le fond remonte bien plus haut ; il est empreint d'une couleur babylonienne parfaitement caractérisée, et les traits de la vie de la cour de Nabuchodorossor et de ses successeurs y ont une vérité et une exactitude auxquelles on n'aurait pas atteint quelques siècles plus tard.

Formules, hymnes, incantations, dans ce triple recueil, sont en accadien, mais accompagnés d'une traduction assyrienne disposée d'après la méthode interlinéaire. Cependant il y a quelques rares hymnes dont le texte primitif était déjà perdu sans doute à l'époque reculée où la collection fut formée pour la première fois. On n'en donne en effet qu'une version assyrienne, dont la langue présente les marques d'une haute antiquité, et dont la syntaxe, par ses constructions de phrases souvent contraires au génie intime des idiomes sémitiques, laisse paraître les caractères propres de la langue toute différente dans laquelle était rédigé l'original, qui a depuis si longtemps péri. Les différents morceaux sont séparés par un trait profond que le copiste a tracé sur la tablette, et, de plus, le commencement de chacun est précédé du mot *én* (1), « incantation, » qui marque d'une manière encore plus nette le début d'une nouvelle formule. Les hymnes du troisième livre se terminent tous par le mot accadien *kakama*, qu'on explique en assyrien par « amen » (*amanu*).

La forme des conjurations contre les esprits malfaisants est très-monotone ; elles sont toutes jetées dans le même moule. On commence par énumérer les démons que doit vaincre la conjuration, par qualifier leur pouvoir et en décrire les effets. Vient ensuite le vœu de les voir repoussés ou d'en être préservé, lequel est souvent présenté sous une forme affirmative. Enfin la formule se termine par l'invocation mystérieuse qui lui donnera son efficacité : « Esprit du ciel, souviens-t'en ! Esprit de la terre, souviens-t'en ! » Celle-là seule est nécessaire, et jamais elle ne manque ; mais on y joint aussi quelquefois des invocations semblables à d'autres esprits divins.

Je citerai comme exemple une de ces conjurations, destinée à combattre différents démons, maladies et actions funestes, telles que le mauvais œil (2).

La peste et la fièvre qui déracinent le pays, — la maladie..... qui dévaste le pays, mauvaises pour le corps, funestes pour les entrailles, — le démon mauvais, le *alal* mauvais, le

---

(1) L'idéogramme qui exprime ce mot est un caractère complexe, formé du signe *sú*, qui peint l'idée de « rassemblement » et de « cohibition », et du signe *an*, « dieu. » Il semble donc que la formation de ce caractère se rattache à une idée analogue à celle des θεῶν ἀνάγκαι de la théurgie néoplatonicienne.

(2) W. A. I. IV, 1, col. 3.

gigim mauvais, — l'homme malfaisant, l'œil malfaisant, la bouche malfaisante, la langue malfaisante, — de l'homme fils de son dieu (1), qu'ils sortent de son corps, qu'ils sortent de ses entrailles.

De mon corps jamais ils n'entreront en possession, — devant moi jamais ils ne feront de mal, à ma suite jamais ils ne marcheront, — dans ma maison jamais ils n'entreront, — ma charpente jamais ils ne franchiront, — dans la maison de mon habitation jamais ils n'entreront.

Esprit du ciel, souviens-t'en! Esprit de la terre, souviens-t'en!

Esprit de Moul-ge (2), seigneur des contrées, souviens-t'en!

Esprit de Nin-gelal (3), dame des contrées, souviens-t'en!

Esprit de Nin-dar (4), guerrier puissant de Moul-ge, souviens-t'en!

Esprit de Pakou (5), intelligence sublime de Moul-ge, souviens-t'en!

Esprit de En-zouna (6), fils aîné de Moul-ge, souviens-t'en!

Esprit de Tiskhou (7), dame des armées, souviens-t'en!

Esprit de Im (8), roi dont l'impétuosité est bienfaisante, souviens-t'en!

---

(1) J'expliquerai cette expression dans la suite.
(2) C'est le grand dieu appelé Bel en assyrien.
(3) En assyrien Belit.
(4) En assyrien Adar, l'Hercule de la religion des bords de l'Euphrate et du Tigre, dieu de la planète Saturne.
(5) En assyrien Nébo, dieu de la planète Mercure.
(6) En assyrien Sin, dieu de la lune.
(7) En assyrien Istar, déesse de la planète Vénus.
(8) En assyrien Bin, dieu de l'atmosphère lumineuse et des phénomènes atmosphériques.

Esprit de Oud (1), roi de justice, souviens-t'en !
Esprits Anounna-ge (2), dieux grands, souvenez-vous-en !

En voici une autre, où l'énumération finale est moins développée :

Le soir de mauvais augure, la région du ciel qui produit le malheur, — le jour funeste, la région du ciel mauvaise à l'observation, — le jour funeste, la région du ciel mauvaise qui s'avance, —..... — messagers de la peste, — ravageurs de Ninki-gal (3), — la foudre qui fait rage dans le pays, — les sept dieux du vaste ciel, — les sept dieux de la vaste terre, — les sept dieux des sphères ignées, — les sept dieux des légions célestes, — les sept dieux malfaisants, — les sept fantômes mauvais, — les sept fantômes de flamme malfaisants, — les sept dieux du ciel, — les sept dieux de la terre, — le démon mauvais, le *alal* mauvais, le *gigim* mauvais, le *telal* mauvais, le dieu mauvais, le *maskim* mauvais,

Esprit du ciel, souviens-t'en ! Esprit de la terre, souviens-t'en !
Esprit de Moul-ge, roi des contrées, souviens-t'en !
Esprit de Nin-gelal, dame des contrées, souviens-t'en !
Esprit de Nin-dar, fils du zénith, souviens-t'en !
Esprit de Tiskhou, dame des contrées, qui brille dans la nuit, souviens-t'en (4) !

Mais, plus ordinairement, il n'y a pas à la fin de semblable énumération mythologique. Comme type des formules les plus simples, je citerai une conjuration contre les sept démons souterrains, appelés *maskim*, qui

(1) En assyrien Samas, dieu du soleil.
(2) En assyrien Anounnaki, les esprits de la terre.
(3) La terre, personnifiée dans sa déesse.
(4) W. A. I. IV, 1.

étaient comptés au nombre des esprits les plus redoutables (1) :

Les Sept, les Sept, — au plus profond de l'abime les Sept, — abomination du ciel, les Sept, — se cachant au plus profond de l'abime et dans les entrailles de la terre, — ni mâles, ni femelles, — eux, captifs étendus, — n'ayant pas d'épouses, ne produisant pas d'enfants, — ne connaissant ni l'ordre ni le bien, — n'écoutant pas la prière, — vermine qui se cache dans la montagne, — ennemis du dieu Éa, — ravageurs des dieux, — fauteurs de troubles, prépotents par la violence, — les agents d'inimitié, les agents d'inimitié,

Esprit du ciel, souviens-t'en ! Esprit de la terre, souviens-t'en !

On voit que l'exorciste chaldéen n'épargnait pas l'invective aux démons qu'il voulait repousser. C'est dans ces accumulations d'épithètes flétrissantes et dans la description des effets sinistres produits par les esprits de mal et de ténèbres que l'imagination poétique des auteurs des conjurations d'Accad s'est donné carrière ; elle y rassemble des images très-variées, souvent d'un grand éclat et d'une véritable puissance.

Quelquefois aussi la formule d'exorcisme s'étend et prend un caractère dramatique. Après avoir décrit les ravages causés par les démons, elle suppose que la plainte a été entendue par le dieu bienfaisant Silik-moulou-khi, qui veille sur les hommes et sert de médiateur entre eux et les dieux supérieurs (2). Mais son pouvoir et la science

(1) W. A. I. iv, 2.
(2) Les Assyriens l'ont ensuite identifié à leur Mardouk, dieu de la planète Jupiter, mais il en était tout à fait différent à l'origine.

ne vont pas jusqu'à vaincre les esprits trop puissants dont il faut conjurer l'action. Alors Silik-moulou-khi s'adresse à son père Êa (1), l'intelligence divine qui pénètre l'univers, le maître des secrets éternels, le dieu qui préside à l'action théurgique, et c'est celui-ci qui lui révèle le rite mystérieux, la formule ou le nom tout-puissant et caché qui brisera l'effort des plus formidables puissances de l'abîme.

Les incantations contre les maladies embrassent une très-grande variété de cas, ainsi que l'on a pu le voir par la grande litanie que nous avons traduite en tête de ce chapitre. Mais les plus multipliées sont celles qui ont pour objet la guérison de la peste, de la fièvre et de la « maladie de la tête »; celle-ci, d'après les indications que l'on donne sur ses symptômes et ses effets, paraît avoir été une sorte d'érysipèle ou de maladie cutanée. Il serait intéressant qu'un médecin voyageur recherchât s'il n'y a pas quelque affection de ce genre spécialement endémique dans les marais du bas Euphrate, comme l'éléphantiasis à Damiette. Voici, du reste, les principaux passages d'une grande incantation contre cette « maladie de la tête »; la tablette où nous la lisons porte encore six autres longues formules contre le même mal (2).

La maladie de la tête existe sur l'homme. — ..... — La ma-

(1) C'est le dieu que les Babyloniens Kouschito-Sémites des temps postérieurs ont appelé Nouah, comme ils ont identifié Silik-moulou-khi à leur Mardouk.
(2) W. A. I. ɪv, 3 et 4.

ladie de la tête pointe comme une tiare, — la maladie de la tête du lever au coucher du jour. — La maladie de la tête... abandonnera ma face. — Dans la mer et la vaste terre — une tiare très-petite la tiare est devenue — la très-grande tiare, sa tiare (1). — Les maladies de la tête percent comme un taureau, — les maladies de la tête lancinent comme la palpitation du cœur...

Les maladies de la tête, les infirmités... — comme des sauterelles qu'elles [s'envolent] dans le ciel ; — comme des oiseaux, qu'elles s'enfuient dans le vaste espace. — Aux mains protectrices de son dieu qu'il (le malade) soit replacé !

Ce spécimen donnera au lecteur une idée du mode uniforme de composition des incantations contre les maladies qui remplissaient le second livre de l'ouvrage dont nous parlons. Elles suivent toutes le même plan sans jamais s'en écarter ; la définition de la maladie et de ses symptômes commence et tient la plus grande partie de la formule, après quoi viennent les vœux pour en être délivré ou l'ordre donné au mal de sortir. Quelquefois cependant l'incantation du guérisseur prend à la fin la forme dramatique que nous venons de signaler dans certaines conjurations contre les esprits. C'est le même dialogue, où le dieu Êa, consulté par son fils, lui indique le remède.

J'en trouve un exemple particulièrement remarquable dans une grande formule qui tenait à elle seule une tablette entière (2). Le commencement en est malheureusement

---

(1) C'est-à-dire : sa puissance est abaissée sur la terre et sur les eaux.
(2) W. A. I. IV, 22, 1.

très-mutilé, et les lacunes qui se présentent à chaque pas ne permettent point de donner de cette partie une traduction suivie. Le texte commence ainsi : « La maladie du front est sortie des enfers, — de la demeure du Seigneur de l'abîme elle est sortie. » Dans ce qui reste des versets qui décrivaient d'une manière plus précise les effets de cette affection, il est question de « l'ulcère qui perce », de « la suppuration qui commence », de la force du mal qui « fait éclater les parois de la tête comme celles d'un vieux navire ». Le malade a essayé l'effet de rites purificatoires, qui n'ont pas été capables de maîtriser le fléau sorti de l'enfer : « Il s'est purifié, et il n'a pas dompté le taureau ; il s'est purifié, et il n'a pas mis le buffle sous le joug ; » le mal continue à le ronger « comme des troupes de fourmis ». C'est alors qu'interviennent les dieux, et, à partir de ce moment, le texte est suivi :

Silik-moulou-khi l'a secouru ; — vers son père Êa dans la demeure il est entré, et il l'a appelé : « Mon père, la maladie de la tête est sortie des enfers. » — Au sujet du mal, il lui a dit ainsi : « Fais le remède ; cet homme ne le sait pas ; il est soumis au remède. » — Êa à son fils Silik-moulou-khi a répondu : — « Mon fils, tu ne connais pas le remède ; que je t'enseigne le remède. — Silik-moulou-khi, tu ne connais pas le remède ; que je t'enseigne le remède. — Ce que je sais, tu le sais. — Viens, mon fils Silik-moulou-khi. — ... Prends un seau ; — puise de l'eau à la surface du fleuve. — Sur ces eaux, pose ta lèvre sublime ; — par ton souffle sublime, fais-les briller de pureté. — ... Secours l'homme fils de son dieu ; — ... enveloppe sa tête. — ... Que la maladie de sa tête (s'en aille).

— Que la maladie de sa tête se dissipe comme une rosée nocturne. »

Que le précepte de Êa le guérisse !
Que Davkina (1) le guérisse !
Que Silik-moulou-khi, le fils aîné de l'océan, forme l'image secourable !

Il est évident qu'en prononçant ces paroles, le magicien devait accomplir les actes dont la prescription est placée dans la bouche du dieu.

II

Les documents dont je viens de parler et auxquels il faut joindre les nombreuses inscriptions talismaniques gravées sur des objets babyloniens ou assyriens de toute nature que possèdent nos musées, ces documents, dis-je, attestent chez les Chaldéens l'existence d'une démonologie aussi raffinée et aussi riche qu'ont jamais pu la rêver Jacques Sprenger, Jean Bodin, Wierus ou Pierre de Lancre. Il y a là un monde complet d'esprits malfaisants, dont les personnalités sont soigneusement distinguées, les attributions déterminées avec précision, la hiérarchie savamment classée.

(1) Épouse de Êa.

Au sommet de l'échelle on place deux classes d'êtres qui tiennent de plus près que les autres à la nature divine ; ce sont des génies ou des demi-dieux, presque des dieux inférieurs. Les uns reçoivent le nom accadien de *mas*, « soldat, combattant, » auquel on substitue en assyrien celui de *sed*, « génie ; » les autres, le nom accadien de *lamma*, « colosse, » traduit en assyrien *lamas*. Ces appellations désignent fréquemment dans les textes religieux des génies favorables et protecteurs sous l'égide desquels on se place (1) ; d'autres fois, des génies méchants et nuisibles dont il faut conjurer la puissance. Les Chaldéens avaient-ils imaginé des chœurs opposés de *mas* ou *alap* bons et mauvais, de *lamma* bons et mauvais ? ou bien, comme certains dieux, ces génies avaient-ils une double face et pouvaient-ils, suivant les circonstances, se manifester tour à tour comme bienfaisants et funestes, protecteurs et ennemis ? Il est sage de laisser la question en suspens jusqu'à ce que de nouvelles recherches l'aient éclaircie.

Nous connaissons mieux ce qui se rapporte aux esprits d'un ordre inférieur et décidément mauvais, aux démons proprement dits. Le nom générique de ceux-ci est *utuq*, qui de l'accadien a passé dans l'assyrien sémitique. Il comprend tous les démons, et même peut quelquefois

---

(1) Le taureau ailé qui garde les portes des palais de l'Assyrie est un *sed* bienfaisant ; de là, cette classe d'esprits reçoit aussi le nom d'*alap*, « taureau », adopté même en accadien. Le lion ailé ou *nirgallu*, qui remplace quelquefois ce taureau dans la même position, est rapporté à la catégorie des *lamas*.

s'employer en bonne part, à titre d'appellation générale de tout esprit d'un rang inférieur aux génies dont nous venons de parler. Mais aussi le nom *utuq* prend la signification plus restreinte et plus spéciale d'une variété particulière de démons. Les autres sont le *alal* ou « destructeur », appelé en assyrien *alu;* le *gigim*, nom dont on ignore la signification, en assyrien *ekim;* le *telal* ou « guerrier », en assyrien *gallu;* enfin le *maskim* ou « tendeur d'embûches », en assyrien *rabiz*. En général, dans chaque classe ils vont par groupes de sept, le nombre mystérieux et magique par excellence.

On n'a jusqu'à présent aucune notion sur le rang hiérarchique réciproque des cinq classes de démons qui viennent d'être énumérées.

Le seul indice à ce sujet résulte du fait suivant. Les spéculations sur la valeur des nombres tenaient une place très-considérable dans les idées de philosophie religieuse des Chaldéens. En vertu de ces spéculations, chacun des dieux était désigné par un nombre entier, dans la série de 1 à 60, correspondant à son rang dans la hiérarchie céleste; une des tablettes de la bibliothèque de Ninive donne la liste des dieux principaux, chacun avec son nombre mystique. Or, il semble qu'en regard de cette échelle de nombres entiers appliqués aux dieux, il y avait une échelle de nombres fractionnaires appliqués aux démons et correspondant de même à leur rang réciproque.

Du moins l'*utuq*, le *gigim* et le *maskim* sont désignés tous les trois dans l'écriture par un groupe complexe de signes idéographiques, où le changement du premier élément établit seul une distinction, les autres restant les mêmes ; et cet élément variable est toujours un des signes qui servent à noter une des divisions les plus importantes de l'unité dans le système de numération sexagésimale des fractions, qui était une des bases essentielles de l'arithmétique chaldéenne. Pour l'*utuq*, c'est 1/2 ou $\frac{30}{60}$, pour le *gigim* 2/3 ou $\frac{40}{60}$, pour le *maskim* enfin $\frac{5}{6}$ ou $\frac{50}{60}$. Je constate le fait sans me charger d'expliquer les spéculations bizarres qui y avaient donné naissance ; il me suffira de remarquer que le classement hiérarchique correspondant aux indications de ces nombres fractionnaires plaçait chaque ordre de démons à un rang d'autant plus élevé, que son nombre avait un numérateur plus considérable. Des trois classes dont nous connaissons les chiffres, le *maskim* appartenait à la plus haute, et l'*utuq* à la plus basse.

En effet, parmi ces démons, il y en a de deux natures. Les plus puissants et les plus redoutables sont ceux qui ont un caractère cosmique, dont l'action s'exerce sur l'ordre général de la nature et qui peuvent le troubler par leur méchanceté. Dans une des formules que nous citions plus haut, nous avons vu qu'on plaçait dans le ciel sept mauvais esprits, « sept fantômes de flamme, » sept démons « des sphères ignées », qui forment exactement la contre-partie des sept dieux des planètes investis du gouvernement de l'univers. Par malheur, la conjuration qui parle de ces esprits ne donne pas leur nom ; nous ne savons pas s'ils appartenaient à l'une des diverses classes de démons dont on a vu les appellations, ou s'ils constituaient un septième groupe, distinct des autres.

Nous sommes mieux renseignés sur les sept esprits de l'abîme que mentionne également, sans les nommer, une autre formule que nous avons rapportée. Ceux-ci sont certainement les sept *maskim* ou « tendeurs de piéges », démons qui résident dans les entrailles de la terre et qui dépassent tous les autres en puissance et en terreur. Je rencontre une longue conjuration de soixante versets (1), qui dépeint leurs ravages et devait se prononcer pour mettre fin à un grand bouleversement de l'économie du monde attribué à leur action, probablement dans le cas d'un tremblement de terre. Elle est en effet dirigée contre les Sept, les *maskim* malfaisants qui portent le ravage dans le ciel et la terre, qui troublent les astres du ciel et leurs mouvements. « Eux, les Sept naissant dans la montagne du couchant, — eux, les Sept rentrant dans la montagne du levant, » se mouvant et agissant ainsi au rebours du cours normal des choses et du mouvement régulier des astres, ils habitent dans les profondeurs de la terre ; ils produisent ses tremblements ; « ils sont la terreur de sa masse ; » ils sont sans gloire dans le ciel et dans la terre. « Le dieu Feu, qui s'élève haut, grand chef, qui étend la puissance suprême du dieu du ciel, — qui exalte la terre, sa possession, sa délectation, » essaye vainement de s'opposer à leurs ravages. Alors l'incanta-

(1) W. A. I. iv, 15.

teur lui commande de s'adresser à Silik-moulou-khi, le médiateur auprès de Êa.

Approche-toi de Silik-moulou-khi, exprime-lui cette prière, — à lui de qui le commandement de sa bouche est propice, le juge sublime du ciel.
Le dieu Feu s'est approché de Silik-moulou-khi et lui a exprimé la prière ; — celui-ci, dans le repos de la nuit, a entendu la prière. — Vers son père Êa dans la demeure il est entré, et il l'a appelé : — « Père, le dieu Feu est accouru et m'a exprimé sa prière. — Toi qui es instruit des actions des Sept, apprends-nous les lieux qu'ils habitent ; — ouvre ton oreille, fils d'Éridou (1) ! » — Êa à son fils Silik-moulon-khi a répondu : « Mon fils, les Sept habitant la terre, — eux, les Sept, sortent de la terre ; — eux les Sept qui naissent dans la terre, — eux les Sept qui rentrent dans la terre, — ébranlent les murailles de l'abîme des eaux. — Viens, mon fils Silik-moulou-khi. »

Suivent les indications, encore très-obscures pour nous, que Êa donne sur les moyens de vaincre les terribles Sept. Il y est question d'un arbre conifère, cyprès ou cèdre, qui brise la puissance de ces *maskim*, ainsi que du nom suprême et magique « dont Êa garde le souvenir dans son cœur ». Ce nom, devant lequel toute force de l'enfer doit plier, le dieu le révèle à son fils. Différents autres personnages divins, guidés par les ordres de Êa, Nin-kigal, déesse de la terre, Nin-akha-qouddou, dont les attributs sont moins bien connus, interviennent avec le dieu Feu pour achever de vaincre et d'enchaîner les *maskim*.

(1) Ville voisine de la jonction de l'Euphrate et du Tigre, la Rata de Ptolémée. C'était le siége le plus antique du culte de Êa ou Nouah.

Le tout se termine par une invocation à Êa, « maître de l'abîme des eaux et seigneur d'Éridou. »

Ces démons à l'action générale et cosmique atteignent l'homme en produisant « le mauvais sort qui vient du milieu du ciel » et « le sort mortel qui vient du milieu de l'abîme », sorts contre lesquels est dirigée une conjuration (1) qui dépeint ainsi leurs effets :

> Aux quatre points cardinaux l'immensité de leur invasion brûle comme le feu. — Ils attaquent violemment les demeures de l'homme. — Dans la ville et dans le pays ils flétrissent tout. — Ils oppressent l'homme libre et l'esclave. — Ils pleuvent comme la grêle dans le ciel et sur la terre.

Ces êtres malfaisants ont, du reste, une parenté assez étroite avec certains esprits élémentaires qu'on ne range pas dans les chœurs des démons, mais que l'on considère comme « mauvais en eux-mêmes », suivant l'expression des textes. Tels sont les esprits de quelques vents particuliers dont le souffle brûlant et malsain, dans les conditions propres du climat de la Chaldée, favorisait le développement des maladies.

Les autres démons sont plus directement mêlés aux incidents ordinaires de la vie terrestre. Ce sont eux qui agissent habituellement sur l'homme, lui tendent des embûches incessantes et causent ses maux.

> Eux, les produits de l'enfer, dit une conjuration (2), — en haut ils portent le trouble, en bas ils portent la confusion. —

---

(1) W. A. I. ıv, 19, 1.
(2) W. A. I. ıv, 1, col. 1.

..... — De maison en maison ils pénètrent ; — dans les portes, comme des serpents, ils se glissent. — Ils empêchent l'épouse d'être fécondée par l'homme ; — ils enlèvent l'enfant des genoux de l'homme ; — ils font sortir la femme libre de la maison où elle a enfanté. — Eux, ils sont la voix qui crie et qui poursuit l'homme.

Et dans une autre (1) :

Ils assaillent pays après pays. — Ils font s'élever l'esclave au-dessus de sa place. — Ils font sortir la femme libre de la maison où elle a enfanté ; — ils font sortir le fils de la maison de son père. — Ils forcent l'oiseau de s'enlever avec ses ailes ; — ils font s'échapper le petit oiseau de son nid dans l'espace ; — ils font fuir le bœuf ; ils font fuir l'agneau, — les démons mauvais qui tendent des embûches.

Ces démons font leur demeure habituelle dans les lieux incultes, abandonnés et sauvages ; c'est de là qu'ils viennent errer dans les endroits habités, pour tourmenter les hommes. La grande litanie donne une énumération de démons faite d'après les lieux où ils résident, le désert, les âpres sommets des montagnes, les marais pestilentiels, la mer. Ailleurs il est dit (2) que « l'outouq habite le désert, le mas se tient sur les sommets, le gigim erre dans le désert, le telal se glisse dans les villes. » Mais c'est surtout le désert qui est leur réceptacle. A chaque instant, dans les textes magiques, il est question des démons qui guettent l'homme du fond du désert : les exorcismes ont pour objet de les repousser dans ces solitudes privées

---

(1) W. A. I. iv, 27, 5.
(2) W. A. I. iv, 16, 2.

de vie. L'habitation des démons dans le désert était, du reste, une croyance générale en Syrie aussi bien qu'en Chaldée et en Mésopotamie, et les prophètes d'Israël eux-mêmes ont adopté cette opinion populaire. Quand Isaïe (1) décrit la dévastation d'Édom, il dit :

> Les épines croîtront dans ses palais, — les ronces et les chardons dans ses forteresses ; — ce sera la demeure des chacals, — le repaire des autruches.
> Les animaux du désert y rencontreront les chiens sauvages, — et les démons s'appelleront les uns les autres ; — là seulement Lilith fera sa demeure — et trouvera son lieu de repos.

Parmi les effets funestes exercés par les démons sur les hommes, un des plus redoutables était la possession. Il y a des formules spéciales pour exorciser les possédés, et de nombreux passages, dans les autres incantations, y font également allusion. Ainsi les démons qui pourraient tenter de soumettre le roi à leur possession étaient repoussés par une incantation qui se termine par ces mots :

> Ils n'entreront pas dans le palais, — ils ne s'empareront pas du roi (2).

Au reste, cette croyance, commune aux Égyptiens et aux peuples sur lesquels s'étendait l'influence de la civilisation chaldéo-assyrienne, donna lieu à l'un des plus curieux épisodes des relations de l'Égypte avec les rive-

---

(1) xxxiv, 13 et 14.
(2) W. A. I. iv, 6, col. 6.

rains de l'Euphrate. C'est l'événement que relate une stèle égyptienne fameuse que l'on conserve à Paris, à la Bibliothèque nationale. On était au commencement du douzième siècle avant Jésus-Christ; la suzeraineté égyptienne, fondée par les grandes conquêtes de la dix-huitième et de la dix-neuvième dynastie, s'étendait encore sur la partie occidentale de la Mésopotamie. Le roi thébain Ramsès XII, étant allé faire une tournée dans ce pays pour y recevoir les tributs, rencontra la fille du chef du pays de Bakhten, qui lui plut et qu'il épousa. Quelques années plus tard, Ramsès étant à Thèbes, on vint lui dire qu'un envoyé de son beau-père se présentait, sollicitant du roi que celui-ci envoyât un médecin de son choix auprès de la sœur de la reine, la princesse Bint-Reschit, atteinte d'un mal inconnu et possédée d'un démon. Un médecin égyptien renommé, et appartenant à la classe sacerdotale, partit en effet avec le messager. En vain eut-il recours à toutes les ressources de l'art, l'esprit, dit la stèle, refusa d'obéir, et le médecin dut revenir à Thèbes sans avoir guéri la belle-sœur du roi. Ceci se passait en l'an 15 de Ramsès. Onze ans plus tard, en l'an 26, un nouvel envoyé se présenta. Cette fois, le chef de Bakhten ne demandait plus un médecin; selon lui, c'était l'intervention directe d'un des dieux de l'Égypte qui pouvait seule amener la guérison de la princesse. Comme la première fois, Ramsès consentit à la demande de son beau-père, et l'arche sacrée d'un des dieux de Thèbes, nommé Khons, partit pour opérer le miracle demandé. Le voyage fut long; il dura un an et six mois. Enfin le dieu thébain arriva en Mésopotamie, et l'esprit vaincu fut chassé du corps de la jeune princesse, qui recouvra immédiatement la santé. Un dieu dont la seule présence amenait des guérisons si miraculeuses était précieux à bien des titres, et, au risque de se brouiller avec son puissant allié, le chef de Bakhten résolut de le garder dans son palais. Effectivement, pendant trois ans et neuf mois, l'arche de Khons fut retenue en Mésopotamie. Mais, au bout de ce temps, le chef asiatique eut un songe. Il lui sembla voir le dieu captif qui s'envolait vers l'Égypte sous la forme d'un épervier d'or, et, en même temps, il fut attaqué d'un mal subit. Le beau-père de Ramsès prit ce songe pour un avertissement céleste. Il donna immédiatement l'ordre de renvoyer le dieu, qui, en l'an 33 du règne, était de retour dans son temple de Thèbes (1).

Les démons possesseurs une fois chassés du corps, la seule garantie contre leur retour était d'obtenir par la puissance des incantations une possession inverse et favorable. Il fallait qu'un bon esprit entrât dans le corps de l'homme à leur place. C'est ce que nous avons vu dans la 19ᵉ et la 26ᵉ formule de la grande litanie :

Que les démons mauvais sortent! — qu'ils se saisissent entre eux!

Le démon favorable, le colosse favorable, — qu'ils pénètrent dans son corps!

(1) Birch, dans le tome IV de la nouvelle série des *Transactions of the royal Society of literature*. — De Rougé, *Étude sur une stèle égyptienne appartenant à la Bibliothèque impériale*, Paris, 1858.

Cette possession bienfaisante est quelquefois souhaitée comme le plus heureux des effets surnaturels de la magie, sans qu'il y ait à empêcher le retour de démons possesseurs. Telle est l'idée que l'on trouve dans un hymne pour la prospérité du roi, qui demande pour lui d'être semblable aux dieux et de devenir l'habitation des bons esprits (1). Cet hymne est assez curieux pour que nous traduisions tout ce qui en subsiste, malgré le déplorable état de mutilation du morceau, en remplissant tant bien que mal les lacunes de manière à donner une idée de ce que devait être le sens général :

Les couronnes..... — pasteur élevé..... — sur les trônes et les autels..... — Le sceptre de marbre..... — pasteur élevé....
Que le réseau des canaux..... [soit en sa possession]; — que la montagne, qui produit des tributs, [soit en sa possession]; — que les pâturages du désert, qui produisent des tributs, [soient en sa possession]; — que les vergers d'arbres fruitiers, qui produisent des tributs, [soient en sa possession].
Roi pasteur de son peuple, qu'il [tienne] le soleil dans sa main droite, — qu'il [tienne] la lune dans sa main gauche.
Que le démon favorable, le colosse favorable, qui gouvernent la seigneurie et la royauté, pénètrent dans son corps!
Amen.

Dans la croyance chaldéenne, toutes les maladies sont l'œuvre des démons. De là ce fait, qui frappait déjà l'attention d'Hérodote, qu'il n'y eut jamais à Babylone et en Assyrie de médecins proprement dits. La médecine n'y était pas une science rationnelle comme en Grèce;

(1) W. A. I, IV, 18, 3.

c'était simplement une branche de la magie. Elle procédait par incantations, par exorcismes et par emploi de philtres ou de breuvages enchantés, ce qui n'empêche pas que dans la composition de ces breuvages on devait employer un certain nombre de substances dont la pratique avait fait reconnaître la vertu curative. Au reste, l'idée qu'on se faisait de la nature et de l'origine des maladies ne se dégage pas d'une manière bien nette des incantations médicales que nous possédons. Tantôt la maladie y est donnée comme un effet de la méchanceté des différents démons, tantôt elle semble être envisagée comme un être personnel et distinct qui a étendu sa puissance sur l'homme. Mais ce caractère de personnalité est surtout attribué d'une manière constante aux deux maladies les plus graves et les plus foudroyantes que connussent les Chaldéens. La Peste et la Fièvre, le *Namtar* et l'*Idpa* (1), sont deux démons toujours distingués des autres, ayant les attributs personnels les plus caractérisés, et on les compte parmi les plus forts et les plus redoutés (2).

L'idpa exécrable, dit un fragment (3), agit sur la tête de l'homme, — le namtar malfaisant sur la vie de l'homme, — le outouq malfaisant sur le front de l'homme, — le alal malfaisant sur la poitrine de l'homme, — le gigim malfaisant sur les viscères intérieurs de l'homme, — le telal malfaisant sur la main de l'homme.

(1) En assyrien, *Asakku*.
(2) Dans le récit de la descente d'Istar aux enfers, le *Namtar* est le serviteur d'Allat, la déesse de ces régions ténébreuses.
(3) W. A. I. iv, 29, 2.

A la suite de ces démons actifs, à la puissance desquels on attribue tout mal, se classent ceux qui, sans avoir une action aussi directe, se manifestent par des apparitions effrayantes et sont dans un étroit rapport avec les ombres des morts enfermés sous la terre, dans les sombres demeures du Pays immuable, qui correspond exactement au *schéôl* des anciens Hébreux. Tels sont le *innin* et « l'*uruku* énorme », sortes de lémures et de larves. Mais les trois principaux êtres de cette classe sont le fantôme (accadien *rapganme*, assyrien *labartu*), le spectre (accadien *rapganmea*, assyrien *labassu*) et le vampire (accadien *rapganmekhab*, assyrien *akhkharu*). Les deux premiers épouvantent seulement par leur aspect; le vampire « attaque l'homme ». La croyance aux morts qui se relevaient du tombeau à l'état de vampires existait en Chaldée et à Babylone. Dans le fragment d'épopée mythologique qui, tracé sur une tablette du Musée Britannique, raconte la descente de la déesse Istar au Pays immuable, la déesse, parvenue aux portes de la demeure infernale, appelle le gardien chargé de les ouvrir, en lui disant :

« Gardien, ouvre ta porte; — ouvre ta porte, que, moi, j'entre. — Si tu n'ouvres pas la porte, et si, moi, je ne peux pas entrer, — j'assaillirai la porte, je briserai ses barres, — j'assaillirai la clôture, je franchirai de force ses montants; — je ferai relever les morts pour dévorer les vivants; — je donnerai puissance aux morts sur les vivants. »

Les énumérations des formules conjuratoires mentionnent ensuite, en les plaçant dans une classe distincte, les démons des pollutions nocturnes, qui abusent du sommeil pour soumettre la femme ou l'homme à leurs embrassements, l'incube et le succube, en accadien *gelal* et *kiel-gelal*, en assyrien *lil* et *lilit*. La lilith joue un grand rôle dans la démonologie talmudique ; les rabbins kabbalistes ont forgé toute une légende où elle déçoit Adam et s'unit à lui. Comme on l'a vu tout à l'heure dans la citation que nous faisions d'Isaïe, les prophètes comptaient déjà Lilith au nombre des démons.

A l'incube et au succube on joint le servant femelle, en accadien *kiel-udda-karra*, en assyrien *ardat*. Je ne connais aucun texte qui définisse exactement sa nature et ses actions, mais il est probable, d'après son nom même, que c'était un de ces esprits familiers qui prennent les étables ou les maisons pour théâtre de leurs tours malicieux, esprits dont tant de peuples ont admis l'existence, à laquelle croient encore les paysans de beaucoup de parties de l'Europe.

Ajoutons à ce tableau des superstitions qui effrayaient l'esprit des Chaldéens, la croyance au mauvais œil, fermement ancrée chez eux et souvent rappelée dans les conjurations magiques, et la croyance aux effets funestes produits par certaines paroles néfastes prononcées même involontairement et sans attention de nuire ; c'est ce qu'on appelle « la bouche malfaisante, la parole malfaisante, » mentionnée presque toujours en même temps que « l'œil malfaisant ».

III

Le peuple hindou, dit le voyageur anglais M. J. Roberts (1), a affaire à tant de démons, de dieux et de demi-dieux, qu'il vit dans une crainte perpétuelle de leur pouvoir. Il n'y a pas un hameau qui n'ait un arbre ou quelque place secrète regardée comme la demeure des mauvais esprits. La nuit, la terreur de l'Hindou redouble, et ce n'est que par la plus pressante nécessité qu'il peut se résoudre, après le coucher du soleil, à sortir de sa demeure. A-t-il été contraint de le faire, il ne s'avance qu'avec la plus extrême circonspection et l'oreille au guet. Il répète des incantations, il touche des amulettes, il marmotte à tout instant des prières et porte à la main un tison pour écarter ses invisibles ennemis. A-t-il entendu le moindre bruit, l'agitation d'une feuille, le grognement de quelque animal, il se croit perdu; il s'imagine qu'un démon le poursuit, et, dans le but de surmonter son effroi, il se met à chanter, à parler à haute voix; il se hâte et ne respire librement qu'après qu'il a gagné quelque lieu de sûreté.

Cette description des Hindous modernes s'applique trait pour trait aux anciens Chaldéens et peut donner une idée de l'état de terreur superstitieuse où les maintenaient constamment les croyances que nous venons d'esquisser. Contre les démons et les mauvaises influences de tout genre dont ils s'imaginaient être entourés à chaque moment de leur existence, quels étaient les secours que leur offrait la magie sacrée?

(1) *Oriental illustrations of Scriptures*, p. 542.

Il y avait d'abord les incantations du genre de celles que nous avons citées. Ces incantations, remontant pour la plupart à une très-haute antiquité, étaient rassemblées dans des recueils tels que celui dont on possède les débris. La connaissance complète ne pouvait en appartenir qu'aux prêtres magiciens et constituait entre leurs mains une véritable science; mais chaque homme devait en savoir quelques-unes pour les circonstances les plus habituelles de la vie, pour les dangers les plus fréquemment multipliés, de même que tout Hindou retient par cœur un certain nombre de *mantras*. Des actes purificatoires, des rites mystérieux venaient augmenter la puissance des incantations. Dans une formule (1), je lis d'un homme qu'il s'agit de préserver : « Il a purifié sa main, il a fait l'œuvre pour sa main; — il a purifié son pied, il a fait l'œuvre pour son pied; — il a purifié sa tête, il a fait l'œuvre pour sa tête; » et ceci achève de mettre en fuite les mauvais esprits.

Au nombre de ces rites mystérieux, il faut compter l'emploi pour guérir les maladies de certaines boissons enchantées et sans doute contenant des drogues réellement médicinales, puis celui des nœuds magiques, à l'efficacité desquels on croyait encore si fermement dans le moyen âge. Voici en effet le remède qu'une formule suppose prescrit par Êa contre une maladie de la tête (2) :

(1) W. A. I. iv, col. 6.
(2) W. A. I. iv, 3, col. 2.

Noue à droite et arrange à plat en bandeau régulier sur la gauche un diadème de femme ; — divise-le deux fois en sept bandelettes ;.... — ceins-en la tête du malade ; — ceins-en le front du malade ; — ceins-en le siége de sa vie ; — ceins ses pieds et ses mains ; — assieds-le sur son lit ; — répands sur lui des eaux enchantées. — Que la maladie de sa tête soit emportée dans les cieux comme un vent violent ; — qu'elle soit engloutie dans la terre comme des eaux..... passagères !

Plus puissantes encore que les incantations sont les conjurations par la vertu des nombres. C'est à tel point que le secret suprême que Êa enseigne à son fils Silik-moulou-khi, quand il recourt à lui dans son embarras, est toujours appelé « le nombre », en accadien *ana*, en assyrien *minu*. Dans un recueil de proverbes rhythmés et de vieilles chansons populaires accadiennes (1), nous avons ces deux couplets, qui devaient se chanter dans quelque fête rustique à laquelle on attribuait une heureuse influence sur le développement des récoltes :

Le blé qui s'élève droit — arrivera au terme de sa croissance prospère ; — le nombre (pour cela) — nous le connaissons.
Le blé de l'abondance — arrivera au terme de sa croissance prospère ; — le nombre (pour cela) — nous le connaissons.

Malheureusement, s'il est fréquemment fait allusion, dans les documents magiques que nous avons, aux conjurations par les nombres, si nous savons même que le nombre sept y jouait un rôle exceptionnel, aucune for-

---

(1) W. A. I. ii, 16.

mule de ces conjurations n'est parvenue jusqu'à nous, et les indications à ce sujet ne sont pas suffisamment précises.

Mais le plus haut et le plus irrésistible de tous les pouvoirs réside dans le nom divin mystérieux, le grand nom, « le nom suprême » dont Êa seul a la connaissance. Devant ce nom, tout fléchit dans le ciel, sur la terre et dans les enfers ; c'est celui qui seul parvient à dompter les *maskim* et à arrêter leurs ravages. Les dieux eux-mêmes sont enchaînés par ce nom et lui obéissent. Dans le récit de la descente d'Istar aux enfers, la déesse céleste est retenue captive par la déesse infernale Allat. Les dieux du ciel s'émeuvent de son sort et cherchent à la délivrer ; le Soleil va trouver Nouah (le correspondant assyrien de Êa), auquel il faut toujours recourir quand il s'agit de rompre les enchantements, et lui raconte ce qui arrive à Istar.

Nouah, dans la sublimité mystérieuse de son cœur, a pris une résolution ; — il a formé pour la faire sortir le fantôme d'un homme noir.

« Va pour sa sortie, fantôme ; à la porte du Pays immuable présente ta face. — Que les sept portes du Pays immuable s'ouvrent devant ta face ! — Que la grande Dame de la terre (Allat) te voie et se réjouisse devant ta face ! — Dans le fond de son cœur elle se calmera et sa colère tombera. — *Prononce-lui le nom des grands dieux.* — Portant haut ta tête, fixe son attention par des miracles ; — pour principal miracle produis les poissons des eaux au milieu de la sécheresse. »

Et, en effet, Istar est aussitôt délivrée.

Le grand nom reste le secret de Êa ; si quelque homme arrivait à le pénétrer, il serait par cela seul investi d'une puissance supérieure à celle des dieux. Aussi quelquefois, dans la partie de l'incantation qui prend une forme dramatique, on suppose que Êa l'enseigne à son fils Silik-moulou-khi. Mais on ne le prononce pas pour cela ; on ne l'inscrit pas dans la formule, et on pense que cette mention seule suffit à produire un effet décisif quand on récite l'incantation.

Tout le monde sait quel développement la croyance au nom tout-puissant et caché de Dieu a pris chez les Juifs talmudistes et kabbalistes, combien elle est encore générale chez les Arabes. Nous voyons aujourd'hui d'une manière positive qu'elle venait de la Chaldée. Au reste, pareille notion devait prendre naissance dans une contrée où l'on concevait le nom divin, le *schem*, comme doué de propriétés si spéciales et si individuelles qu'on arrivait à en faire une hypostase distincte. C'est le cas de retourner le mot célèbre de Varron, en disant *nomen numen*.

A côté des incantations, les Chaldéens, et plus tard, à leur exemple, les Assyriens faisaient grand usage de talismans (accadien *sagba*, assyrien *mamit*). Une formule qui devait se réciter sur un de ces talismans destinés à empêcher les démons de se glisser dans les différentes parties de la maison, et qui était censée lui communiquer son efficacité (1), en exalte le pouvoir en termes magni-

(1) W. A. I. ɪv, 16, 1.

fiques et montre les dieux eux-mêmes comme y étant soumis.

Talisman, talisman, borne qu'on n'enlève pas, — borne que les dieux ne franchissent pas, — borne du ciel et de la terre qu'on ne déplace pas, — qu'aucun dieu n'a approfondi, — que ni dieu ni homme ne savent expliquer, — barrière qu'on n'enlève pas, disposée contre le maléfice, — barrière qui ne s'en va pas, qu'on oppose au maléfice !

Que ce soit un outouq mauvais, un alal mauvais, un gigim mauvais, un dieu mauvais, un maskim mauvais, — un fantôme, un spectre, un vampire, — un incube, un succube, un servant, — ou bien la peste mauvaise, la fièvre douloureuse ou une maladie mauvaise :

qui lève sa tête contre les eaux propices du dieu Éa, — que la barrière du dieu Éa [l'arrête] !

qui attaque les greniers du dieu Serakh (1), — que la barrière du dieu Serakh l'enferme prisonnier !

qui franchisse la borne (de la propriété), le [talisman] des dieux, borne du ciel et de la terre, ne le laissera jamais plus aller !

qui ne craigne pas les..., — que [le talisman] le retienne prisonnier !

qui dresse des embûches contre la maison, — qu'ils l'emprisonne dans la fosse de la maison !

qui se tiennent réciproquement enlacés, — qu'il les repousse ensemble dans les lieux déserts !

qui dresse des machinations à la porte de la maison, — qu'il l'emprisonne dans la maison, dans un lieu d'où on ne sort pas !

qui s'applique aux colonnes et aux chapiteaux, — que la colonne et le chapiteau lui ferment le chemin !

qui se coule dans le chéneau et sous la toiture, — qui atta-

---

(1) En assyrien Nirba, le dieu des récoltes.

que les battants des portes et les grilles, — comme des eaux qu'il (le talisman) le fasse écouler! comme des feuilles (?) qu'il le fasse trembler! — comme du fard qu'il le broie!

qu'il franchisse la charpente, qu'il lui coupe les ailes!

Les talismans étaient de différentes espèces. Il y avait d'abord ceux qui consistaient en bandes d'étoffes portant certaines formules écrites, que l'on attachait sur les meubles ou sur les vêtements, comme les phylactères des Juifs (1). Il y avait aussi les amulettes en diverses matières que l'on portait suspendues au col comme préservatif contre les démons, les maladies et la mauvaise fortune. Les amulettes de ce genre en pierres dures sont très-multipliées dans les musées. Souvent elles portent gravées des images de divinités ou de génies, et toujours une formule talismanique.

En voici une dont j'ai trouvé deux exemples dans les collections du Musée Britannique, et qui devait être portée par des femmes enceintes. Par une exception de la plus grande rareté, elle est conçue dans la langue sémitique assyrienne.

Je suis Bit-nour, serviteur d'Adar, le champion des dieux, la prédilection de Bel.

Incantation. O Bit-nour, repousse bien loin les peines; fortifie le germe, développe la tête de l'homme (2).

L'immense majorité des formules inscrites de cette façon sur les amulettes sont en accadien. J'en citerai une

---

(1) La préparation d'un de ces talismans est prescrite dans la dix-huitième formule de la grande litanie traduite plus haut.

(2) Dans mon *Choix de textes cunéiformes*, n° 24.

qui est dans ce cas, et qui devait évidemment préserver de toute rechute un homme déjà guéri de la peste.

Incantation. Démon mauvais, Peste maligne, l'Esprit de la terre vous a fait sortir de son corps. Que le génie favorable, le bon colosse, le démon favorable viennent avec l'Esprit de la terre.

Incantation du dieu puissant, puissant, puissant. Amen (1).

Les légendes auxquelles se complaisent les écrivains musulmans toutes les fois qu'ils parlent de l'antiquité païenne, des vieux empires asiatiques dont ils ont oublié l'histoire, mais dont les monuments les frappent encore d'étonnement et leur semblent l'œuvre d'une puissance surhumaine, ces légendes, dis-je, sont remplies de récits sur des statues talismaniques composées d'après les règles de la magie et auxquelles sont attachés les destins des empires, des cités ou des individus. Tout cela n'est que des contes dignes des *Mille et une Nuits*, et pourtant il y a au fond la tradition confuse d'un fait vrai. Car nous pouvons aujourd'hui constater par les textes et les monuments originaux que les Chaldéens et leurs disciples, Babyloniens et Assyriens, croyaient à ces images talismaniques et les employaient fréquemment.

Quand M. Botta fouilla le palais de Khorsabad, il découvrit sous le pavé du seuil des portes une série de statuettes de terre cuite, que l'on peut voir au Louvre. Ce sont des images assez grossières de dieux : Bel à la tiare garnie de plusieurs rangées de cornes de taureau; Nergal

---

(1) Dans mon *Choix de textes cunéiformes*, n° 26.

à tête de lion ; Nébo portant le sceptre. Dans l'inscription que l'on conserve à Cambridge, Nergalsarossor, le Nériglissor du *Canon* de Ptolémée, l'un des rois babyloniens successeurs de Nabuchodorossor, en parlant de sa restauration des portes de la Pyramide sacrée de Babylone, dit avoir fait exécuter pour y placer « huit figures talismaniques de bronze solide qui éloignent les méchants et les ennemis par la terreur de la mort ». La destination de ces images et le pouvoir qu'on y attribuait sont définitivement éclaircis par une formule magique mutilée, où l'on indique une série de figurines semblables à placer dans les différentes parties de la maison pour les protéger (1).

Place] l'image du dieu Nirgal, qui n'a pas d'égal, à la clôture de la maison. — [Place] l'image du dieu se manifestant dans la vaillance, qui n'a pas d'égal,... — et l'image du dieu Naroudi, seigneur des dieux grands,... — dans la terre auprès du lit. — Afin qu'aucun mal ne saisisse, [place] le dieu N (2) et le dieu Latarak dans la porte. — Afin de repousser tout mal, [place] comme épouvantail à la porte..... — le héros combattant (Nirgal) qui taille en pièces, à l'intérieur de la porte. — [Place] le héros combattant qui taille en pièces, qui dompte la main des rebelles, sous le seuil de la porte, — à droite et à gauche. — Place l'image gardienne du dieu Ea et du dieu Silik-moulou-khi, à l'intérieur de la porte, — à droite et à gauche. — ..... la lèvre du dieu Silik-moulou-khi qui habite l'image.....

O vous, engendrés par l'océan, sublimes, enfants de Êa....

(1) W. A. I. iv, 21, 1.
(2) Ici est un nom que l'on ne sait pas encore déchiffrer.

— mangez bien, buvez généreusement pour faire votre garde; qu'aucun mal [ne puisse pénétrer] —..... devant la face des sept images — qui portent.... qui portent des armes.

Le dernier paragraphe semble indiquer d'une manière très-claire qu'il était d'usage de placer en un lieu de la maison des aliments et des vases remplis de boisson pour les dieux et les génies qu'on appelait à la garde en se couvrant de leurs images comme de talismans protecteurs. Je ne crois pas que chez aucun peuple on trouve l'idée que la divinité se nourrit matériellement de l'offrande qu'on lui fait et y puise de nouvelles forces, exprimée en termes plus formels que dans les documents magiques accadiens. Ainsi je lis dans un hymne incantatoire au Soleil (1) :

Toi, dans ta venue, guéris le mal de sa tête ; — toi qui affermis la paix, agis ainsi, guéris sa maladie. — L'homme fils de son dieu (2) place (devant toi) son affliction et sa crainte ; — ..... apaise sa maladie. — Soleil, à l'élévation de mes mains, viens à l'appel, — mange son aliment, absorbe sa victime, raffermis sa main ; — par ton ordre qu'il soit délivré de son affliction, que sa crainte soit enlevée.

Une formule que sir Henry Rawlinson n'a pas insérée dans le recueil préparé par ses soins et que j'ai copiée sur la tablette inédite qui porte au Musée Britannique le n° K 142, après l'énumération des démons et des maladies contre lesquels on demande à être préservé, se termine par ces mots :

(1) W. A. I. iv, 17.
(2) L'homme pieux ; j'expliquerai plus tard cette expression.

Festoyez, sacrifiez et approchez-vous tous. — Que votre encens monte au ciel, — que le Soleil absorbe la viande de votre sacrifice, — que le fils de Éa, le guerrier (qui combat) les sortiléges et les maléfices, prolonge votre vie !

Enfin dans un petit fragment d'hymne magique (1), il est dit à un dieu :

Dans les plats sublimes mange les aliments sublimes. — Dans les coupes sublimes bois les eaux sublimes. — A juger en faveur du roi fils de son dieu, que ton oreille soit disposée.

On employait encore des figures talismaniques d'un autre genre, inspirées par une idée bien plus originale. Les Chaldéens se représentaient les démons sous des traits tellement hideux, qu'ils croyaient qu'il suffisait de leur montrer leur propre image pour les faire fuir épouvantés. C'est l'application de ce principe que nous trouvons dans une incantation contre la Peste, suivie d'une prescription pour la guérir, que M. Oppert a dernièrement traduite et qui ne fait pas partie du recueil de sir Henry Rawlinson (2).

Le Namtar (la Peste) douloureux brûle le pays comme le feu ; — comme la fièvre il se rue sur l'homme ; — comme une inondation il s'étend sur la plaine ; — comme un ennemi il tend à l'homme ses piéges ; — comme une flamme il embrase l'homme. — Il n'a pas de main ; il n'a pas de pied ; — il vient comme la rosée de la nuit ; — comme une planche il dessèche l'homme ; — il lui ferme l'issue ; — il pervertit... les sens heureux ; — il prend les longs... — Cet homme, son dieu... ; — Cet homme, sa déesse se montre dans son corps étendu.

(1) W. A. I. IV, 13, 2.
(2) Musée Britannique, tablette K 1284.

Le docteur dit : « Assieds-toi, — et pétris une pâte d'aromates et fais-en l'image de sa ressemblance (du Namtar). — Applique-la sur la chair de son ventre (du malade); — tourne la face (de cette image) vers le coucher du soleil. — Alors la force du mal s'échappera en même temps (1). »

Le musée du Louvre a acheté récemment une très-curieuse statuette de bronze de travail assyrien. C'est l'image d'un horrible démon debout, au corps de chien, aux pieds d'aigle, aux bras armés de griffes de lion, avec une queue de scorpion, la tête d'un squelette à demi décharné, gardant encore ses yeux et munie de cornes de chèvre, enfin quatre grandes ailes ouvertes. Un anneau placé derrière la tête servait à suspendre cette figure. Dans le dos est tracée une inscription en langue accadienne, qui apprend que ce joli personnage est le démon du vent de sud-ouest, et que l'image devait être placée à la porte ou à la fenêtre pour éloigner son action funeste. En effet, en Chaldée, le vent de sud-ouest est celui qui vient des déserts de l'Arabie et dont l'haleine brûlante, desséchant tout, produit les mêmes ravages que le *khamsin* en Syrie et le *semoûn* en Afrique. Aussi ce talisman particulier était-il un des plus multipliés. Le Musée Britannique, à lui seul, possède deux exemplaires de la tête repoussante du démon du vent de sud-ouest, l'un en pierre jaune, l'autre en pierre rouge, portant la

---

(1) Les bouddhistes de Ceylan appliquent encore aujourd'hui sur la partie du corps malade l'image du démon qui est regardé comme engendrant le mal, et croient ainsi en amener la guérison. (J. Roberts, *Oriental illustrations of Scriptures*, p. 171.)

même formule conjuratoire que le bronze du Louvre, et un troisième exemplaire en bronze, sans inscription.

Les collections des musées renferment beaucoup d'autres de ces figures de démons, que l'on fabriquait pour servir de talismans et pour éloigner les esprits mauvais qu'elles étaient censées représenter. L'un a une tête de bélier portée sur un cou d'une longueur démesurée; un autre présente une tête de hyène, à la gueule énorme et ouverte, portée sur un corps d'ours avec des pattes de lion. L'imagination des sculpteurs du moyen âge n'a point été plus fertile que celle des Babyloniens et des Assyriens pour former, au moyen de combinaisons bizarres, des types horribles de démons. Malheureusement, la plupart du temps nous ignorons le nom précis à donner à ces représentations.

Les documents magiques fournissent, du reste, beaucoup de lumières, qu'on chercherait vainement ailleurs, pour l'interprétation des monuments figurés. Dans les sculptures des palais de l'Assyrie, à côté des scènes historiques et des représentations proprement religieuses, il y a beaucoup de bas-reliefs d'un caractère talismanique incontestable, destinés à conjurer les influences funestes, en vertu de ce principe qu'une image vaut une incantation et agit de même d'une manière directe sur les mauvais esprits. Les taureaux ailés à tête humaine, qui flanquent les portes d'entrée, sont des génies qui exercent une garde réelle et qu'on enchaîne à ce poste pour tout le temps où leur image y demeurera sans être dérangée. C'est ce que le roi Assarahaddon exprime dans une de ses inscriptions :

> Que le taureau gardien, le génie gardien, qui protége la force de ma royauté, conserve à toujours mon nom joyeux et honoré jusqu'à ce que ses pieds se meuvent de leur place!

Auprès d'une des entrées du palais de Nimroud était un bas-relief colossal, maintenant transporté à Londres. On y voit Bin, le dieu de l'atmosphère et des tempêtes, la tête surmontée de la tiare royale armée de cornes de taureau, les épaules munies de quatre grandes ailes, chassant devant lui et poursuivant de sa foudre un esprit malin qui a le corps, la tête et les pattes de devant d'un lion, les ailes, la queue et les pattes de derrière d'un aigle, avec l'encolure garnie de plumes au lieu de crinière. Sculpter ce groupe sur la muraille était assurer, aussi bien que par une conjuration, que le dieu chasserait toujours de même le démon, s'il essayait de pénétrer dans le palais.

A Koyoundjik, dans la résidence magnifique qu'Assourbanipal s'était fait construire au cœur de Ninive même, on voit en plusieurs endroits des séries de figures monstrueuses, au corps d'homme surmonté d'une tête de lion, avec des pieds d'aigle. Ils sont groupés deux à deux, se combattant à coups de poignard et de masse d'armes. Ce sont encore des démons, et la représentation sculptée n'est qu'une traduction plastique de la formule que nous avons rencontrée dans plusieurs incantations :

« Que les démons mauvais sortent! qu'ils se saisissent réciproquement! » Retracer sur les parois du palais le combat des démons les uns contre les autres était une manière de répéter à perpétuité, sous une autre forme, l'imprécation qui les condamnait à cette discorde.

Rien de plus fréquent, sur les cylindres de pierre dure qui servaient de cachet aux Babyloniens et aux Assyriens, que l'image d'un des deux dieux guerriers Adar ou Nergal (en accadien Nin-dar et Nir-gal), l'Hercule et le Mars de la religion des bords de l'Euphrate et du Tigre, combattant des monstres aux formes les plus variées. Dans ces monstres, il faut reconnaître des démons, et en effet, d'après les textes traitant de magie, les deux dieux en question sont investis spécialement de la mission de lutter contre les esprits malfaisants. Un hymne de la collection magique est consacré tout entier à célébrer les exploits guerriers de Nin-dar (1). Dans une incantation contre de nombreux démons, un des vœux finaux est : « qu'ils viennent en face de Nir-gal, le guerrier puissant de Moul-ge. »

Souvent, au lieu de combattre des monstres fantastiques, l'un des dieux que nous venons de nommer, ou tous les deux ensemble, luttent contre un ou plusieurs taureaux qu'ils frappent de leur glaive. On a cherché dans ce sujet des mythes astronomiques raffinés, en rapport avec la présence du soleil dans le signe du Taureau,

(1) W. A. I. IV, 13, 1.

et l'on a vu même un savant très-estimable y découvrir l'indice de l'origine babylonienne des mystères mithriaques, ainsi que le fil conducteur d'une théorie complète des religions de l'Asie. C'était trouver bien des mystères là où il n'y avait rien d'aussi sublime. Car les sujets de ce genre n'ont jamais représenté autre chose qu'Adar ou Nergal comme dieux guerriers, triomphant de démons de l'espèce appelée *telal* en accadien et *gallu* en assyrien, démons en forme de taureau et particulièrement nuisibles à l'homme, ainsi que nous l'apprenons par ce fragment de conjuration (1) :

Dévastateur du ciel et de la terre, le génie dévastateur, — le génie dévastateur dont la puissance est élevée, — dont la puissance est élevée, dont la conculcation est élevée, — le telal, taureau qui transperce, taureau très-grand, — taureau qui renverse les demeures, — le telal indompté, dont il y a sept, — qui ne connaissent aucune résistance, — qui affament le pays..., — qui ne connaissent pas l'ordre, — qui guettent les hommes, — qui dévorent le corps..., qui boivent le sang. — .... — Les telal qui accumulent les mensonges, — qui se repaissent de sang, impossibles à repousser violemment...

Nulle part la figure de dieux célestes vainquant les démons ne pouvait mieux trouver sa place que sur les cylindres. Par la vertu mystérieuse et protectrice qu'on y attribuait, cette représentation en faisait des talismans pour ceux qui les portaient et préservait des entreprises diaboliques les secrets ou les trésors qu'on scellait de son empreinte.

(1) W. A. I. IV, 2, col. 4.

IV

Chez tous les peuples, la croyance au pouvoir magique qui, par le moyen de certaines paroles et de certains rites, commande aux esprits et contraint les dieux mêmes à obéir à celui qui connaît ces secrets tout-puissants, a produit dans l'ordre des faits un dualisme correspondant à celui des bons et des mauvais esprits. La puissance surnaturelle que l'homme arrive à conquérir peut être divine ou diabolique, céleste ou infernale. Dans le premier cas, elle se confond avec la puissance que le prêtre tient des dieux supérieurs ; elle s'exerce d'une manière bienfaisante pour éloigner les malheurs, conjurer les maladies et combattre les influences démoniaques. Dans le second cas, elle devient perverse, impie, et constitue la magie noire ou sorcellerie, avec ses aberrations criminelles. Cette distinction, qui existe partout, sauf peut-être chez quelques peuplades absolument barbares où le prêtre magicien est plus redouté pour ses maléfices que béni pour ses conjurations bienfaisantes, était faite aussi par les Chaldéens. Naturellement les livres sacrés dont nous possédons les débris ne contiennent que les formules et les incantations de la magie divine, de l'art conjuratoire et propice ; la magie diabolique et malfaisante en est exclue avec horreur ; ses pratiques y sont énergiquement réprouvées.

Mais ces livres n'en contiennent pas moins de nombreuses indications sur la magie noire, car leurs formules sont destinées à détourner les effets des maléfices de cet art impie, autant que l'action spontanée des démons. Il y est fréquemment question des sorciers et des sorcières, et l'on y voit qu'ils étaient nombreux dans la Chaldée primitive, chez le peuple d'Accad. Tantôt les sortiléges sont mentionnés avec les démons et les maladies dans les énumérations de fléaux conjurés, tantôt des incantations spéciales les combattent. Telle est celle qui maudit le le sorcier en l'appelant « le méchant malfaisant, cet homme malfaisant, cet homme entre les hommes malfaisant, cet homme mauvais, » et qui parle de « la terreur qu'il répand », du « lieu de ses agressions violentes et de sa méchanceté », de « ses sortiléges qui sont repoussés loin des hommes » ; Êa, comme le dieu protecteur par excellence contre toutes les puissances infernales, et avec lui le Soleil, sont les dieux invoqués pour se mettre à l'abri du sorcier (1). Car c'est en se cachant dans les ténèbres que ces méchants préparent leurs maléfices ; aussi le Soleil est-il leur grand ennemi, et un hymne de la collection magique (2) s'adresse à lui en ces termes :

Toi qui fais évanouir les mensonges, toi qui dissipes la mauvaise influence — des prodiges, des augures, des pro-

---

(1) W. A. I. ɪv, 6, col. 6.
(2) W. A. I. ɪv, 17.

nostics fâcheux, des songes, des apparitions mauvaises, — toi qui déçois les complots méchants, toi qui mènes à la perdition les hommes et les pays — qui s'adonnent aux sortiléges et aux maléfices.

En général, le sorcier, dans les vieilles conjurations accadiennes, est appelé « le méchant, l'homme malfaisant. » Les expressions qui désignent ses pratiques ont toujours un caractère voilé dans lequel se marque l'empreinte de la terreur qu'il inspire; on n'ose pas les désigner d'une manière tout à fait directe, et ce sont les versions assyriennes qui donnent à ces expressions un sens plus précis. Les maléfices, dans leur généralité, sont indiqués comme « ce qui agit, ce qui est mauvais, ce qui est violent; » les rites en action de la sorcellerie s'appellent « l'œuvre », les incantations « la parole », les philtres « la chose mortelle ». M. Pictet a constaté des faits exactement parallèles dans le langage des différents peuples aryens.

Il n'est pas de mal que ne puisse faire le sorcier. Il dispose à son gré de la fascination par le mauvais œil ou par les paroles néfastes; ses pratiques et ses formules d'enchantement mettent les démons à ses ordres ; il les déchaîne contre celui à qui il veut nuire, et il le fait tourmenter par eux de toute manière; il jette des mauvais sorts contre les individus ou les pays, provoque la possession, envoie la maladie. Il peut même donner la mort par ses sortiléges et ses imprécations, ou bien par les poisons qu'il a appris à connaître et qu'il mêle à ses breuvages. Mais dans ce cas la conjuration qu'on oppose à ses actes cherche à retourner contre lui-même les effets qu'il a voulu produire. « Qu'elle meure et que moi je vive! » ainsi se termine une formule inédite contre les enchantements d'une sorcière qui a entrepris d'amener la mort par ses sortiléges (1).

Une incantation dont nous n'avons plus que la version assyrienne (2) énumère les diverses variétés d'opérations employées par les sorciers de la Chaldée; elle n'est pas comprise dans la publication préparée par sir Henry Rawlinson, mais je l'ai copiée à Londres sur l'original.

Le charmeur m'a charmé par le charme, m'a charmé par son charme; — la charmeuse m'a charmé par le charme, m'a charmé par son charme;—le sorcier m'a ensorcelé par le sortilége, m'a ensorcelé par son sortilége; — la sorcière m'a ensorcelé par le sortilége, m'a ensorcelé par son sortilége; — la magicienne m'a ensorcelé par le sortilége, m'a ensorcelé par son sortilége; — le jeteur de sorts a tiré et a imposé son fardeau de peine; — le faiseur de philtres a percé, s'est avancé et s'est mis en embuscade en cueillant son herbe; — que le dieu Feu, le héros, dissipe leurs enchantements!

Une autre formule (3) détourne l'effet de « l'image qui dresse sa tête » et que l'on combat par des eaux purifiées et enchantées, de « celui qui par la puissance de ses desseins fait venir la maladie », du philtre qui se répand dans le corps (on souhaite « qu'il s'écoule comme

---

(1) Musée Britannique, tablette K 43.
(2) Musée Britannique, tablette K 142.
(3) W. A. I. IV, 16, 2.

de l'eau claire »), de « l'enchantement incorporé dans le philtre », enfin de « la lèvre qui prononce l'enchantement ».

Nous avons donc ici l'enchantement par des paroles que récite le sorcier, ce que les Latins appelaient *carmen*, d'où est venu notre mot *charme*, l'emploi d' « œuvres », de pratiques mystérieuses et d'objets ensorcelés qui produisent un effet irrésistible, pratiques dont une des principales est l'envoûtement, le jet des sorts, enfin la composition de philtres au moyen de certaines herbes connues du magicien, qui augmente encore leur puissance en prononçant sur le breuvage des paroles incantatoires.

Les Chaldéens, du reste, comme les Grecs primitifs, ne distinguaient pas le philtre enchanté du poison, et désignaient l'un et l'autre par un seul mot, ce qui peut jeter quelque lumière sur la nature de ces boissons dont l'effet était extrêmement redouté. Il résulte d'une des formules de la grande litanie (la onzième) qu'on attribuait à l'action de breuvages de ce genre l'origine des maladies repoussantes qui semblent résulter d'une décomposition générale du sang, comme la lèpre et les affections analogues.

Parmi les formules de la même litanie s'en trouve une (la sixième) pour préserver de « celui qui forge l'image », et en effet l'envoûtement paraît avoir été l'une des opérations de magie noire le plus fréquemment pratiquées en Chaldée. Les documents magiques y font bien des fois allusion. Ceci est d'autant plus curieux que, d'après l'écrivain arabe Ibn-Khaldoun, qui vivait au quatorzième siècle de notre ère, cette pratique était encore en grand usage parmi les sorciers nabatéens du bas Euphrate, héritiers de beaucoup de traditions plus ou moins corrompues des anciens habitants, et qu'il en parle en témoin oculaire.

Nous avons vu, de nos propres yeux, un de ces individus fabriquer l'image d'une personne qu'il voulait ensorceler. Ces images se composent de choses dont les qualités ont un certain rapport avec les intentions et les projets de l'opérateur et qui représentent symboliquement, et dans le but d'unir et de désunir, les noms et les qualités de celui qui doit être sa victime. Le magicien prononce ensuite quelques paroles sur l'image qu'il vient de poser devant lui, et qui offre la représentation réelle ou symbolique de la personne qu'il veut ensorceler ; puis il souffle et lance hors de sa bouche une portion de salive qui s'y était ramassée et fait vibrer en même temps les organes qui servent à énoncer les lettres de cette formule malfaisante ; alors il tend au-dessus de cette image symbolique une corde qu'il a apprêtée pour cet objet, et y met un nœud, pour signifier qu'il agit avec résolution et persistance, qu'il fait un pacte avec le démon qui était son associé dans l'opération, au moment où il crachait, et pour montrer qu'il agit avec l'intention bien arrêtée de consolider le charme. A ces procédés et à ces paroles malfaisantes est attaché un mauvais esprit, qui, enveloppé de salive, sort de la bouche de l'opérateur. Plusieurs mauvais esprits en descendent alors, et le résultat en est que le magicien fait tomber sur sa victime le mal qu'il lui souhaite (1).

---

(1) *Prolégomènes d'Ibn-Khaldoun*, traduction de Slane, t. I, p. 177.

Mais de tous les moyens que peut employer « l'homme malfaisant » qui cherche à nuire, le plus puissant, le plus irrésistible est l'imprécation. La formule imprécatoire ne déchaîne pas seulement, en effet, les démons ; elle agit sur les dieux célestes eux-mêmes, et, enchaînant leur action à ses paroles, la tourne au mal ; elle commande au dieu attaché à chaque homme dans les idées des Chaldéens, et de protecteur le change en ennemi malfaisant. C'est ce qu'indique en termes formels une grande conjuration qui décrit, à l'aide d'images d'une véritable poésie, les effets de l'imprécation qu'elle a pour but de détourner (1).

L'imprécation agit sur l'homme comme un démon mauvais. — La voix qui crie existe sur lui ; — la voix malfaisante existe sur lui ; — l'imprécation de malice est l'origine de la maladie. — Cet homme, l'imprécation malfaisante l'égorge comme un agneau ; — son dieu dans son corps fait la blessure ; — sa déesse impose en lui l'angoisse ; — la voix qui crie, pareille à la hyène, le subjugue et le domine.
Silik-moulou-khi l'a secouru ; — vers son père Êa dans la demeure il est entré, et il l'a appelé : — « Mon père, l'imprécation est sur l'homme comme un démon mauvais. » — Au sujet du mal il lui a dit : — « Combine le nombre ; cet homme ne le sait pas ; il est soumis au nombre. » — A son fils Silik-moulou-khi il a répondu : « Mon fils, tu ne connais pas le nombre ; que je te dispose le nombre. — Silik-moulou-khi, tu ne connais pas le nombre ; que je te dispose le nombre. — Ce que je sais, tu le sais. — Viens, mon fils Silik-moulou-khi. — ... Élevé, présente-lui une main secourable. — Expose l'ordre du destin, manifeste l'ordre du destin. »

(1) W. A. I. IV, 7.

« Mal, sors de son corps ; — que tu sois une imprécation de son père, — une imprécation de sa mère, — une imprécation de son frère aîné, — une imprécation d'un homme inconnu ! »

(C'est) le destin prononcé par les lèvres de Êa. — Comme la soif, qu'elle soit repoussée ; — comme l'iniquité, qu'elle soit anéantie ; — comme le péché, qu'elle soit dispersée !

De ce destin, Esprit du ciel, souviens-t'en ! Esprit de la terre, souviens-t'en !

C'est qu'en effet les formules d'imprécations étaient terribles. Elles appelaient tous les dieux du ciel et de l'abîme à déployer leur puissance pour accabler de maux celui contre lequel elles étaient dirigées. Je citerai comme exemple celles qui se lisent sur le monument célèbre de notre Bibliothèque nationale, connu sous le nom de Caillou Michaux, d'après le voyageur qui le rapporta des environs de Bagdad. C'est un galet ovoïde de basalte noir, haut de cinquante centimètres, sur la partie supérieure duquel on a sculpté une série de symboles sacrés ; le reste de la pierre est couvert d'une longue inscription en langue assyrienne ; elle contient l'acte de constitution d'un immeuble en dot d'une femme pour son mariage, et donne l'arpentage complet de ce fonds de terre, auquel la pierre servait de borne. A la suite de la copie de l'acte passé en forme authentique, sont les imprécations contre quiconque déplacerait la borne et troublerait en quelque chose la paisible possession de l'immeuble dotal.

Cet homme, elles (les imprécations) le précipiteront dans

les eaux ; elles l'engloutiront dans la terre ; elles le feront accabler sous les pierres ; elles le brûleront par le feu ; elles le chasseront en exil, dans les lieux où l'on ne peut pas vivre.

Qu'Anou, Bel, Nouah et la Dame suprême (Belit), les grands dieux, le couvrent d'une confusion absolue, qu'ils déracinent sa stabilité, qu'ils effacent sa postérité !

Que Mardouk, le grand seigneur, le chef éternel, l'enchaîne dans des liens impossibles à rompre !

Que le Soleil, le grand juge du ciel et de la terre, prononce sa condamnation et le prenne dans ses embûches !

Que Sin l'illuminateur, qui habite dans les cieux élevés, l'enveloppe d'un filet comme un mouton sauvage capturé à la chasse ; comme un buffle qu'il le terrasse en le prenant au lacet !

Qu'Istar, souveraine du ciel et de la terre, le frappe, et, en présence des dieux et des hommes, entraîne ses serviteurs à la perdition !

Qu'Adar, le fils du zénith, l'enfant de Bel, le suprême, arrache la limite et la borne de ses biens !

Que Goula, la grande dame, l'épouse du Soleil hivernal, verse dans ses entrailles un poison sans remède ; qu'elle fasse couler sa sueur et son sang comme de l'eau !

Que Bin, le capitaine du ciel et de la terre, le fils d'Anou, le héros, inonde son champ !

Que Serakh anéantisse les prémices de ses récoltes... qu'il énerve ses animaux !

Que Nébo, intelligence suprême, l'accable d'affliction et de terreur, enfin qu'il le précipite dans un désespoir sans remède !

Et que tous les grands dieux dont les noms sont mentionnés dans cette inscription le maudissent d'une malédiction dont il ne puisse être relevé ! qu'ils dispersent sa race jusqu'à la fin des jours !

On conçoit qu'il ne fallût rien moins que l'intervention directe du dieu Êa pour délivrer du poids de semblables imprécations.

CHAPITRE II

COMPARAISON DE LA MAGIE ÉGYPTIENNE ET DE LA MAGIE CHALDÉENNE

I

Toute magie repose sur un système de croyances religieuses, sur une conception déterminée de ce monde surnaturel dont l'homme porte en lui-même le sentiment inné, et dont il cherche à se faire une idée et à pénétrer les secrets par sa pensée, même dans l'état de la plus complète barbarie. Au point de vue des idées génératrices d'où découle la superstition magique, des croyances religieuses dont elle est la corruption et l'aberration, il faut en distinguer trois espèces, à qui la diversité des origines donne des tendances et des caractères différents.

C'est d'abord la magie primitive, liée au culte des esprits élémentaires. « La religion de l'homme sauvage ou très-barbare, dit M. Maury (1), est un naturalisme su-

(1) *La Magie et l'Astrologie dans l'antiquité et au moyen âge*, p. 7 et suiv.

perstitieux, un fétichisme incohérent dans lequel tous les phénomènes de la nature, tous les êtres de la création, deviennent des objets d'adoration. L'homme place en tout lieu des esprits personnels conçus à son image, tour à tour confondus avec les objets mêmes ou séparés de ces objets. Telle est la religion de tous les peuples noirs, des tribus altaïques, des peuplades de la Malaisie et des restes de populations primitives de l'Hindoustan, des Peaux-Rouges de l'Amérique et des insulaires de la Polynésie ; telle fut à l'origine celle des Aryas, des Mongols, des Chinois, des Celtes, des Germains et des Slaves. » Dans un pareil système, la magie n'est d'abord qu'une partie du culte et se confond avec lui. « La magie eut surtout pour objet de conjurer les esprits dont les peuples sauvages redoutent encore plus l'action malfaisante qu'ils n'en attendent de bienfaits...... Le culte se trouvant à peu près réduit chez ces peuples à la conjuration des esprits et à la vénération des amulettes, les prêtres ne sont que des sorciers ayant pour mission d'entrer en rapport avec les démons tant redoutés. Autrement dit, le culte se réduit à peu près à la magie. Tel est encore aujourd'hui le caractère du sacerdoce chez une foule de nations barbares et de peuplades abruties... Les prêtres magiciens sont de tous les pays où le fétichisme tient encore lieu de religion. Ces prêtres cumulent les fonctions de devin, de prophète, d'exorciste, de thaumaturge, de médecin, de fabricant d'idoles et d'amulettes. Ils n'enseignent ni la morale, ni les bonnes œuvres ; ils ne sont pas attachés à la pratique d'un culte régulier, au service d'un temple ou d'un autel. On ne les appelle qu'en cas de nécessité ; mais ils n'en exercent pas moins un empire considérable sur les populations auxquelles ils tiennent lieu de ministres sacrés. »

A l'origine et dans l'état de complète barbarie, de même que la magie se confond avec le culte, il n'y a pas de distinction entre la magie favorable et funeste, pas plus que de différence radicale entre les bons et les mauvais esprits. Le prêtre magicien est le même que le sorcier ; suivant les caprices de sa volonté, suivant qu'on est parvenu à se le rendre propice ou ennemi, il exerce son mystérieux pouvoir pour le bien comme pour le mal. Mais le premier résultat du progrès vers un état social plus régulier et du développement des idées morales, est de faire apparaître dans ce naturalisme grossier et primitif une notion de dualisme, qui s'accentue plus ou moins et peut même devenir, comme chez les Perses, le fondement d'une religion très-haute et tout à fait spiritualiste. On distingue, en les opposant, le monde de la lumière et celui des ténèbres, le bien et le mal physique, sinon encore moral. Dès lors, on sépare en deux classes les esprits répandus dans tout l'univers ; on conçoit les uns comme bons, les autres comme mauvais par essence et par nature. Tout ce qui est heureux est rapporté à l'action des uns, tout ce qui est funeste et douloureux à celle des autres. Le prêtre est encore un magicien ; mais son pouvoir s'exerce désormais d'une manière exclusivement bienfaisante ; il n'a de rapports avec les mauvais démons que pour les combattre et les repousser ; tout-puissants pour conjurer ceux-ci, ses rites et ses incantations agissent en même temps sur les bons esprits, pour assurer leur concours et leur protection. On ne le confond plus avec le sorcier, qui entretient commerce avec les mauvais esprits, avec les démons, s'associe à leur méchanceté et les asservit à ses ordres pour faire le mal. Les actes du sorcier sont dès lors condamnés comme impies et frappés de malédiction, tandis qu'on entoure de respect et qu'on tient pour saint et divin le pouvoir du magicien favorable, du prêtre thaumaturge.

C'est là une seconde phase de la magie primitive, fondée sur la croyance aux esprits élémentaires. Mais malgré cette importante modification qui l'épure, le système reste essentiellement le même, et souvent le dualisme qui s'établit ainsi est plus apparent que réel. Quelquefois la magie constituée de cette façon, sur les bases du naturalisme grossier de l'état barbare, survit à l'adoption d'une religion plus noble et plus philosophique, concevant la divinité d'une manière plus haute et entrevoyant son unité fondamentale. La religion nouvelle l'accepte et la tolère, reconnaissant son existence, tout en la maintenant en dehors du culte officiel. Les prêtres magiciens subsistent toujours, mais forment une des classes inférieures du sacerdoce. Les esprits élémentaires, d'abord seuls objets du culte, ne sont pas admis dans les rangs suprêmes du Panthéon, à moins qu'on ne parvienne à identifier, de gré ou de force, quelques-uns des plus importants d'entre eux à certains dieux de la religion officielle ; mais on leur trouve place parmi les *dii minores,* parmi les personnifications inférieures auxquelles ne s'adresse pas le culte public. De cette manière, on parvient à légitimer l'emploi des vieilles formules magiques qui semblent ne tenir aucun compte des grands dieux, et, portant l'empreinte encore intacte du système religieux antérieur dans lequel elles ont pris naissance, en conservent la hiérarchie de dieux et d'esprits par-dessous la couche extérieure et toute différente de la religion qui prévaut : c'est le fait que nous constaterons d'une manière très-nette en Chaldée.

Toute différente dans son principe, et par suite dans la nature de ses incantations et de ses rites, bien qu'elle ait les mêmes prétentions, est la magie théurgique, aberration superstitieuse d'une religion philosophique, qui fait découler de l'unité d'un dieu infini et universel, mais vaguement conçu, par un système savant d'émanation, toute une hiérarchie de puissances surnaturelles se rapprochant par degrés de la nature et participant à la fois, mais en proportions diverses, des perfections divines et des faiblesses humaines. Dans un pareil système, l'homme, par la vertu des rites purificatoires et surtout par la possession de la science, arrive à s'élever vers la Divinité, à se rapprocher d'elle presque indéfiniment, à s'y assimiler et par suite à dominer les puissances des émanations inférieures jusqu'à les faire obéir à ses ordres. Les enchantements redeviennent alors une partie importante du culte ; ils sont le commerce saint et légitime établi par les rites sacrés entre l'homme et les dieux. Ainsi que l'indique très-exactement le nom de *théurgie* que les Néoplatoniciens lui ont donné, la magie de cette espèce est essentiellement une œuvre divine. Son action est toute bienfaisante, et si quelques pervers abusent du pouvoir que la science divine leur assure sur les esprits et les dieux inférieurs pour assouvir une convoitise coupable et pour faire le mal, c'est un sacrilége odieux, dont on parvient à paralyser les effets par certaines invocations à la puissance divine.

Le système théurgique ne se montre tout à fait complet que chez les Néoplatoniciens de l'école d'Alexandrie, surtout chez ceux de la dernière époque. Car si la propension aux rites démonologiques est déjà marquée chez Porphyre, c'est avec Proclus qu'elle triomphe définitivement. A partir de ce moment, le culte des Néoplatoniciens consiste en hommages, en actions de grâces rendus aux bons démons, en conjurations, en exorcismes, en purifications contre les mauvais. Autrement dit, la religion devient exclusivement une théurgie, où prennent place toutes les vieilles pratiques de la magie des différents peuples de l'antiquité, aussi bien celles des Chaldéens (1) que celles des Egyptiens. Sans avoir atteint le même degré de développement systématique, sans surtout s'être ainsi substituée à tout autre culte, en gardant encore un

---

(1) Marin., *Vit. Procl.*, 32.

caractère d'infériorité à l'égard de la religion officielle et en restant à l'état de rites qui n'étaient pas formellement reconnus, la magie de l'antique Egypte était toute théurgique par son origine et par ses doctrines, et on ne saurait méconnaître une grande part à son action dans la naissance des rêveries des derniers Néoplatoniciens.

Il est enfin une dernière sorte de magie, purement diabolique et qui accepte d'être telle. C'est celle qui perpétue en partie, en croyant encore à leur puissance et en les transformant en pratiques ténébreuses, les rites de l'adoration des anciens dieux, considérés désormais comme des démons, après le triomphe d'une religion nouvelle dont l'esprit exclusif repousse toute association avec les débris du culte antérieur. L'enchanteur, dans ce cas, loin de se croire un homme inspiré et divin, consent, pourvu qu'il recueille toujours le bénéfice de ses pratiques magiques, à n'être plus que le jouet des puissances mauvaises et infernales. Il voit lui-même des diables dans les dieux antiques évoqués par ses enchantements ; mais il n'en demeure pas moins confiant dans leur protection ; il s'engage à eux par des pactes et s'imagine aller au sabbat en leur compagnie. La plus grande partie de la magie du moyen âge a ce caractère et perpétue les rites populaires et superstitieux du paganisme, à l'état d'opérations mystérieuses et diaboliques de sorcellerie. Il en est de même de la magie de la plupart des pays musulmans. A Ceylan, depuis la conversion complète de l'île au bouddhisme, les anciens dieux du çivaïsme sont devenus des démons et leur culte des sortiléges coupables que pratiquent les seuls enchanteurs.

Nous aurons, du reste, à revenir sur cette dernière espèce de magie dans un autre travail, en recherchant ce qui s'est conservé de traditions chaldéennes dans les pratiques et les croyances des sorciers du moyen âge. Mais comme elle n'a rien de primitif et n'apparaît que très-postérieurement aux deux autres, nous n'avons besoin pour le moment que de l'indiquer en passant et sans y insister.

II

Ainsi que nous l'avons déjà dit, pour l'antiquité grecque et latine aussi bien que pour la tradition juive et arabe, l'Égypte et la Chaldée sont les deux sources de toute magie savante. Mais, sans préciser exactement les doctrines de l'une et de l'autre, on distingue comme tout à fait différentes dans leurs principes et dans leurs manières de procéder l'école égyptienne et l'école chaldéenne. Ceci est parfaitement exact, et l'étude des documents originaux de l'une et de l'autre le confirme. La magie chaldéenne, telle que nous l'avons exposée et qu'elle se montre à nos regards, si fortement liée dans toutes ses parties, est comme le dernier mot et la systématisation la plus savante de la vieille magie des premiers âges, fondée sur la croyance aux esprits de la nature. La magie égyptienne est une théurgie née des doctrines d'une philosophie théologique déjà raffinée. L'une a commencé par être tout le culte d'une religion naturaliste encore grossière et en a conservé l'empreinte, malgré l'apparence savante qu'elle a cherché à donner à son développement systématique ; l'autre est la corruption superstitieuse d'une religion plus haute et plus pure dans ses tendances.

Cette différence est très-importante à bien préciser. Pour mieux la faire sentir, je crois utile de jeter un coup d'œil sur la magie égyptienne, d'en esquisser les doctrines et d'en citer quelques formules, afin de les mettre en parallèle avec les formules accadiennes que nous avons rapportées. Ceci demandera quelques développements sur les croyances religieuses fondamentales de l'Égypte, d'où découle sa magie. Mais cette digression ne me paraît pas tout à fait un hors-d'œuvre dans l'étude que je poursuis ici, car elle fera plus clairement ressortir le caractère à part des conceptions sur lesquelles repose la magie chaldéenne, conceptions qui, disons-le dès à présent, diffèrent autant de la religion chaldéo-assyrienne des siècles pleinement historiques que de la religion de l'Égypte, et se rattachent par conséquent à une autre couche ethnique.

Aussi haut que l'on remonte dans les documents relatifs à la religion égyptienne, on y trouve pour fondement la grande notion de l'unité divine. Hérodote affirme que les Égyptiens de Thèbes reconnaissaient un dieu unique, qui n'avait pas eu de commencement et ne devait pas avoir de fin. Et cette assertion du Père de l'histoire est confirmée par la lecture des textes sacrés en caractères hiéroglyphiques, où il est dit de ce dieu « qu'il est le seul générateur dans le ciel et sur la terre, et qu'il n'est point engendré... qu'il est le seul Dieu vivant en vérité, celui qui s'engendre lui-même... celui qui existe depuis le commencement... qui a tout fait et n'a pas été fait. » Mais cette notion sublime, si elle se maintint toujours dans la doctrine ésotérique, s'obscurcit rapidement et fut défigurée par les conceptions des prêtres comme par l'ignorance de la multitude. L'idée de Dieu se confondit avec les manifestations de sa puissance; ses attributs et ses qualités furent personnifiés en une foule d'agents secondaires, distribués dans un ordre hiérarchique, concourant à l'organisation générale du monde et à la conservation des êtres. C'est ainsi que se forma ce polythéisme qui, dans la variété et la bizarrerie de ses symboles, finit par embrasser la nature entière.

L'esprit des Égyptiens était avant tout préoccupé du sort qui attend l'homme dans l'autre vie. Cette existence future, ils croyaient en apercevoir dans mille phénomènes naturels les images et les symboles; mais elle leur paraissait plus particulièrement annoncée par le cours quotidien du soleil. Cet astre leur semblait reproduire chaque jour dans la marche qu'il accomplit les transformations réservées à l'âme humaine. Pour un peuple ignorant de la véritable nature des corps célestes, une telle conception n'avait, du reste, rien d'étrange. Le Soleil, ou, comme disaient les Égyptiens, Ra, passe alternativement du séjour des ténèbres ou de la mort dans le séjour de la lumière ou de la vie. Ses feux bienfaisants font naître et entretiennent l'existence ; le Soleil joue donc, par rapport à l'univers, le rôle de générateur, de père ; il engendre la vie, mais il n'a point été engendré ; existant par lui-même, il est à lui-même son propre générateur. Ce symbolisme une fois accepté, il s'accusa de plus en plus, et l'imagination des Égyptiens chercha dans la succession des phénomènes solaires l'indication des phases diverses de l'existence humaine. Chaque point de la course de l'astre lumineux fut regardé comme correspondant aux différentes étapes de cette existence.

Ra ne s'offrait pas d'ailleurs seulement comme le prototype céleste de l'homme qui naît, vit et meurt pour renaître encore ; ainsi que chez les autres peuples païens de l'antiquité, il était considéré comme une divinité, comme la divinité suprême, parce qu'il est le plus éclatant, le plus grand des astres, celui dont l'action bienfaisante vivifie le monde. La conception théologique des Égyptiens ne s'arrêta pas là ; elle le subdivisa, pour ainsi dire, en plusieurs divinités. Envisagé dans ses diverses stations, sous ses divers aspects, il devint un dieu différent, ayant son nom particulier, ses attributs, son culte; c'est un trait que la mythologie égyptienne a de commun avec presque toutes les autres mythologies. Ainsi, le soleil dans son existence nocturne est Toum; quand il brille au méridien, il est Ra; quand il fait naître et entretient la vie, il est Khéper. Ce furent là les trois formes principales de la divinité solaire, mais on en imagina beaucoup d'autres. La nuit précédant le jour dans la manière dont les Égyptiens comptaient le temps, Toum fut considéré comme né avant Ra et sorti d'abord seul de l'abîme du chaos. On réunit les trois manifestations de la puissance solaire en une triade divine, qui devint le prototype d'une foule d'autres triades composées de divinités qui personnifiaient les diverses relations du soleil avec la nature, ses diverses influences sur les phénomènes cosmiques.

L'anthropomorphisme, dont aucune religion antique n'a su se défendre, s'insinua dans ces premières données sabéistes, et les Égyptiens se représentèrent la génération des dieux comme s'étant opérée par des voies identiques à la génération humaine. Ils furent ainsi conduits à subdiviser l'essence divine en un principe mâle et actif et un principe femelle et passif, et ils transportèrent dans leur théogonie les idées qu'ils se faisaient sur le rôle respectif des sexes dans l'acte mystérieux de la nature par lequel se perpétue l'espèce. En même temps, ce qui s'était produit pour le Soleil se produisit aussi pour la Divinité, conçue d'une manière plus générale et plus élevée; chacun de ses actes fut personnifié en un dieu séparé, en une nouvelle personne divine. De là les dieux d'une conception plus abstraite et plus philosophique, moins étroitement liée à un phénomène déterminé de la nature, comme Ammon, Noum ou Phtah.

La navigation sur le Nil étant en Égypte le mode de transport habituel, c'était sur une barque que l'on représentait dans la course, soit la triade solaire, soit le Soleil de l'hémisphère inférieur, emblème de l'autre vie. Ce Soleil infernal prenait plus spécialement le nom d'Osiris. On lui assignait pour compagnons et assesseurs les douze heures de la nuit, personnifiées en autant de dieux, à la tête desquels on plaçait Horus, c'est-à-dire le Soleil levant lui-même, et le mythe racontait que ce dieu perçait de son dard le serpent Apophis ou Apap, personnification des vapeurs crépusculaires que l'astre naissant dissipe par ses feux. Cette lutte d'Osiris ou d'Horus, son fils, contre les ténèbres, fut tout naturellement rapprochée de celle du bien et du mal, par un symbolisme que l'on retrouve également dans toutes les mythologies. De là une fable devenue fort populaire en Égypte, à laquelle une foule de monuments font allusion et qui devint le point de départ d'un vaste développement religieux. Le mal fut personnifié par un dieu particulier, Set ou Soutekh, appelé aussi quelquefois Baal, qui était le dieu suprême des populations asiatiques voisines et fut plus tard celui des Pasteurs; les Grecs le confondirent avec leur Typhon, et l'on disait qu'Osiris avait succombé sous ses coups. Ressuscité par les prières et les invocations d'Isis, son épouse, le dieu bon avait trouvé un vengeur dans son fils Horus. La mort d'Osiris, la douleur d'Isis, la défaite finale de Set, tout cela fournit à la légende un thème inépuisable de créations qui rappellent ce que l'on trouve en diverses religions de l'Orient, et notamment l'histoire de Cybèle et d'Atys, de Vénus et d'Adonis.

Une fois la course du soleil regardée comme le type de l'existence dans le monde infernal, la doctrine de l'autre vie chez les Égyptiens n'eut plus pour se constituer qu'à reproduire le même symbolisme. L'homme ne descend dans la tombe que pour ressusciter; après sa résurrection, il reprendra une vie nouvelle à côté ou dans le sein de l'astre lumineux. L'âme est immortelle comme Ra, et elle accomplit le même pèlerinage. Aussi voit-on sur certains couvercles de sarcophages l'âme figurée par un épervier à tête humaine, tenant dans ses serres les deux anneaux de l'éternité, et au-dessus, comme emblème de la vie nouvelle réservée au défunt, le Soleil levant assisté dans son cours par les déesses Isis et Nephthys. Ceci explique pourquoi la période solaire, symbolisée par l'oiseau *bennou* (le vanneau), que les Grecs appelèrent le phénix, fut l'image du cycle de la vie humaine; l'oiseau mystérieux était censé accompagner l'homme durant sa course dans le monde inférieur. Le mort ressuscitait après ce pèlerinage infernal; l'âme devait rentrer dans le corps afin de lui rendre le mouvement et la vie, ou, pour parler le langage de la mythologie égyptienne, le défunt arrivait finalement à la barque du Soleil; il y était reçu par Ra, le dieu scarabée, et devait briller de l'éclat qu'il lui empruntait. Les tombeaux, les cercueils de momies abondent en peintures qui retracent les diverses scènes de cette existence invisible. Une des vignettes du *Rituel funéraire* (1) représente la momie couchée sur un lit funèbre, et l'âme ou l'épervier à tête humaine volant vers elle et lui apportant la croix ansée, emblème de la vie.

Cette doctrine remonte en Égypte à la plus haute antiquité; elle conduisait nécessairement à inspirer un grand respect pour les restes des morts, puisqu'ils devaient être un jour rappelés à la vie, et elle a été l'origine de l'usage d'embaumer les cadavres. Les Égyptiens tenaient à conserver intact et à protéger contre toute destruction ce corps, destiné à jouir d'une existence plus parfaite. Ils s'imaginaient d'ailleurs qu'ainsi entourées d'enveloppes, les momies n'étaient pas privées de toute espèce de vie, et le *Rituel* nous montre que le défunt était supposé se servir encore de ses organes et de ses membres; mais afin de mieux assurer la conservation de la chaleur vitale, on recourait à l'emploi de formules mystiques prononcées au moment des funérailles, à de certaines amulettes que l'on plaçait sur la momie. En général, la plupart des cérémonies funéraires, les enveloppes diverses des momies, les sujets peints soit à l'intérieur, soit à l'extérieur des cercueils, ont trait aux dif-

(1) Chap. LXXXIV.

férentes phases de la résurrection, telles que la cessation de la raideur cadavérique, le fonctionnement nouveau des organes, le retour de l'âme.

La croyance à l'immortalité ne s'est jamais séparée de l'idée d'une rémunération future des actions humaines, et c'est ce qu'on observe en particulier dans l'Egypte. Quoique tous les corps descendissent dans le monde infernal, dans le *Ker-neter*, comme on l'appelait, ils n'étaient pas néanmoins tous assurés de la résurrection. Pour l'obtenir, il fallait n'avoir commis aucune faute grave, soit en action, soit en pensée. Le mort devait être jugé par Osiris et ses quarante-deux assesseurs ; son cœur était placé dans un des plateaux de la balance que tenaient Horus et Anubis ; dans l'autre plateau, les scènes figurées de psychostasie montrent l'image de la Justice ; le dieu Thoth enregistre le résultat du pèsement. De ce jugement, rendu dans « la salle de la double justice », dépendait le sort irrévocable de l'âme. Le défunt était-il convaincu de fautes irrémissibles, il devenait la proie d'un monstre infernal à tête d'hippopotame ; il était décapité par Horus ou par Smou, une des formes de Set, sur le *nemma* ou échafaud infernal. L'anéantissement de l'être était tenu par les Égyptiens pour le châtiment réservé aux méchants. Quant au juste, purifié de ses péchés véniels par un feu que gardaient quatre génies à face de singe, il entrait dans le *plérome* ou la béatitude, et, devenu le compagnon d'Osiris, l'être bon par excellence (Ounnefer), il était nourri par lui de mets délicieux. Toutefois, le juste lui-même, parce qu'en sa qualité d'homme il avait été nécessairement pécheur, n'arrivait pas à la béatitude finale sans avoir traversé bien des épreuves. Le mort, en descendant dans le *Ker-neter*, se voyait obligé de franchir quinze pylones ou portiques gardés par des génies armés de glaives; il n'y pouvait passer qu'en prouvant ses bonnes actions et sa science des choses divines, c'est-à-dire son initiation : il était soumis aux rudes travaux qui font le sujet d'une notable partie du *Rituel funéraire*. Il avait à soutenir contre des monstres, des animaux fantastiques suscités par la puissance typhonienne acharnée au mal, de terribles combats, et ne triomphait qu'en s'armant de formules sacramentelles, d'exorcismes, qui remplissent onze chapitres du *Rituel*. Entre autres moyens singuliers auxquels le défunt avait recours pour conjurer ces fantômes diaboliques, était celui d'assimiler chacun de ses membres à ceux des divers dieux et de diviniser ainsi en quelque sorte sa propre substance (1). Le méchant, à son tour, avant d'être anéanti, était condamné à souffrir mille tortures, et sous la forme d'esprit malfaisant il revenait ici-bas inquiéter les hommes et s'attacher à leur perte; il entrait dans le corps d'animaux immondes.

Le Soleil, personnifié dans Osiris, fournissait donc le thème de toute la métempsycose égyptienne. Du dieu qui anime et entretient la vie, il était devenu le dieu rémunérateur et sauveur. On en vint même à regarder Osiris comme accompagnant le mort dans son pèlerinage

(1) *Rituel funéraire*, chap. XLII.

infernal, comme prenant l'homme à sa descente dans le Ker-neter et le conduisant à la lumière éternelle. Ressuscité le premier d'entre les morts, il faisait ressusciter les justes à leur tour, après les avoir aidés à triompher de toutes les épreuves. Le mort finissait même par s'identifier complétement avec Osiris, par se fondre pour ainsi dire dans sa substance, au point de perdre toute personnalité ; ses épreuves devenaient celles du dieu lui-même ; aussi, dès le moment de son trépas, tout défunt était-il appelé « l'Osiris un tel ».

III

La magie égyptienne se rattache directement aux doctrines eschatologiques de la religion et au développement des mythes osiriens, auxquels elles ont donné naissance. Dans son pèlerinage de l'autre vie, qui reproduit les épreuves auxquelles a été soumis Osiris, l'âme du défunt, en butte aux mêmes ennemis, n'a pour les combattre et en triompher, avec la pureté de sa conscience qui lui obtient finalement un jugement favorable, que le secours des rites sacrés qu'on célèbre auprès de sa tombe et des prières liturgiques qu'on récite en sa faveur. Mais on considère l'efficacité de ces prières comme immense. Non-seulement elles rendent favorables à l'âme défunte Osiris et les dieux de son cycle, mais elles ont la vertu de lui appliquer directement les mérites des travaux et des souffrances du dieu des morts et d'établir l'identification complète qu'exprime la locution « l'Osiris ». Certains chapitres du *Rituel funéraire* sont accompagnés de formules relatives à leur efficacité directe dans les péripéties de la vie d'outre-tombe et de prescriptions sur leur emploi talismanique, qui y donnent déjà le caractère de véritables incantations magiques. Telle est celle qui suit le chapitre gravé sur tous les scarabées de pierre dure que l'on déposait sur la poitrine des momies (1) :

Prononcé sur le scarabée de pierre dure qui doit être revêtu d'or et déposé à la place du cœur de l'individu. Fais-en un phylactère oint d'huile, et dis sur cet objet magiquement : « Mon cœur est ma mère; mon cœur est dans mes transformations. »

A la fin d'un autre chapitre, l'un des plus obscurs et des plus mystiques du livre, nous lisons (2) :

Si ce chapitre est connu, il (le mort) sera proclamé véridique sur la terre du Ker-neter; il fera tout ce que font les vivants. C'est là ce qu'a composé un grand dieu. Ce chapitre a été trouvé à Sesennou (Hermopolis) tracé en bleu sur un cube d'hématite sous les pieds de ce dieu; il a été trouvé aux jours du roi Mycérinus, le véridique, par le royal fils Hardoudouf, quand il voyageait pour inspecter les comptes des temples. Il retraçait en lui un hymne devant lequel il fut en extase; il

---

(1) Chap. xxx.
(2) Chap. lxiv.

l'emporta dans les chariots du roi, dès qu'il vit ce qui y était écrit. C'est un grand mystère. On ne voit ni n'entend plus (autre chose) en récitant ce chapitre pur et saint. Ne t'approche plus des femmes ; ne mange ni viande ni poisson. Alors fais un scarabée ciselé en pierre, revêtu d'or, mets-le à la place du cœur de l'individu ; après en avoir fait un phylactère trempé dans l'huile, récite dessus magiquement : « Mon cœur est ma mère, etc. »

Il résulte de ces exemples, auxquels nous pourrions en joindre un grand nombre d'autres analogues, que certains des plus importants chapitres du *Rituel funéraire*, tracés sur des objets déterminés que l'on déposait avec la momie, en faisaient des talismans qui protégeaient le défunt avec une efficacité souveraine au travers des périls qui l'attendaient dans l'autre vie avant d'arriver à la résurrection bienheureuse. D'autres sont destinés à la consécration de certains symboles exécutés dans des substances liturgiquement prescrites et suspendus au cou de la momie ; des clauses y sont jointes, ordonnant la confection de ces amulettes protectrices et précisant la nature de leur effet (1). Enfin, un grand nombre de chapitres du *Rituel* ont le caractère de véritables exorcismes magiques repoussant les monstres dans lesquels se manifeste la puissance de Set cherchant à perdre et à dévorer l'âme du mort.

Il n'y a réellement aucune différence essentielle entre ces chapitres du grand livre hermétique sur le sort des hommes dans l'autre vie, livre auquel on attribuait une

---

(1) Chap. CLVI-CLXI.

origine divine, et certaines formules magiques tracées
sur des feuillets de papyrus que l'on trouve quelquefois
attachés aux momies dans l'intention d'en faire des phylactères. Ce sont des textes tout à fait de même nature,
dont seulement les uns ont été admis dans le recueil des
écritures divines et de la liturgie officielle des morts, tandis que les autres, composés peut-être plus tardivement,
n'y ont pas trouvé place. Il faut, du reste, remarquer que
les incantations et les exorcismes adoptés dans le *Rituel*
ont trait à la protection du défunt au cours de son pèlerinage souterrain, tandis que les formules magiques indépendantes et auxquelles on n'avait pas fait le même honneur sont destinées surtout à mettre à l'abri des bêtes
malfaisantes et des chances possibles de destruction la
momie même, déposée dans l'hypogée et dont la préservation importait tant au destin de l'âme. Elles tendent
aussi à empêcher que le corps, pendant que l'âme en est
séparée, ne devienne la proie de l'esprit de quelque méchant qui y pénètre, l'anime et le fasse relever à l'état de
vampire. Car, dans la croyance des Égyptiens, les esprits
possesseurs et les spectres qui effrayaient ou tourmentaient les vivants étaient des âmes de damnés revenant
sur la terre avant d'être soumis à l'anéantissement de la
« seconde mort ».

Voici une formule de ce genre, traduite par M. Chabas :

« O brebis, fils de brebis! agneau, fils de brebis, qui tettes
le lait de ta mère la brebis, ne permets pas que le défunt soit

mordu par aucun serpent mâle ou femelle, par aucun scorpion, par aucun reptile; ne permets pas que le venin maîtrise ses membres! Qu'il ne soit pénétré par aucun mort ni aucune morte! Que l'ombre d'aucun esprit ne le hante! Que la bouche du serpent Am-kahou-ef n'ait pas de pouvoir sur lui! Lui, il est la brebis.

« O toi qui entres, n'entre dans aucun des membres du défunt! O toi qui étends, ne l'étends pas avec toi! O toi qui enlaces, ne t'enlace pas à lui!

« Ne permets pas que le hantent les influences d'aucun serpent mâle ou femelle, d'aucun scorpion, d'aucun reptile, d'aucun mort, d'aucune morte. O toi qui entres, n'entre pas en lui! O toi qui respires, ne lui souffle pas ce qu'il y a dans les ténèbres! Que ton ombre ne le hante pas lorsque le soleil se couche et n'est pas encore levé. »

J'ai prononcé les paroles sur les herbes sacrées placées à tous les coins de la maison; puis j'ai aspergé la maison tout entière avec les herbes sacrées et la liqueur haq, au soir et au lever du soleil. Celui qui étend restera étendu à sa place.

En général, dans les chapitres du *Rituel funéraire* qui ont le caractère d'incantation et dans les autres formules magiques pour la protection des morts, la parole est mise dans la bouche du défunt, et son grand moyen de défense contre les attaques du mauvais principe acharné à sa perte est de diviniser, ainsi que je l'ai dit plus haut, sa propre substance, en s'assimilant dans toute sa personne ou dans tel ou tel de ses membres aux dieux célestes, en proclamant qu'il est lui-même l'un ou l'autre de ces dieux. C'est en effet une croyance formelle de l'antique Égypte, attestée par d'innombrables passages des textes religieux, que la science des choses divines élève l'homme jusqu'aux dieux, l'identifie à eux et arrive à fondre sa substance dans la substance divine. Certaines paroles mystérieuses, certaines formules, dont la connaissance est dérobée au vulgaire et n'appartient qu'aux seuls initiés, opèrent cette identification, cette fusion, par une vertu propre et invincible, dont la révélation est due à Thoth, le dieu de l'intelligence. Il suffit de prononcer ces formules au nom du mort sur sa momie et de les déposer par écrit à côté de lui dans son cercueil pour lui assurer le bénéfice de leur effet au milieu des dangers qu'il a à surmonter dans le monde inférieur.

Mais du moment qu'on attribuait un tel pouvoir à certaines formules et à certaines paroles sacrées dans l'existence d'outre-tombe, on était nécessairement conduit à leur reconnaître le même pouvoir dans l'existence terrestre. La vie d'après la mort n'étant qu'un prolongement de celle-ci, conduisant à son renouvellement, la conception qu'on s'en était formée fut étendue à la vie sur la terre. Si l'une avait pour type la course nocturne du soleil dans l'hémisphère inférieur, on reconnut pour type de l'autre la course diurne du même astre. Dès lors, les épreuves et les dangers de l'une et de l'autre existence furent assimilés, rapportés à la même puissance ennemie et expliqués par le même symbolisme, ce qui conduisit à y opposer les mêmes moyens magiques. Set personnifia tout ce que la nature renferme de nuisible. Ce fut le dieu du désordre, de la lutte et de la violence ; et on considéra comme obéissant à ses commandements les fléaux destructeurs, les animaux féroces, les reptiles venimeux. On prit l'habitude de le conjurer et de conjurer aussi son funeste cortége de maux, en rappelant les événements de la lutte épique dans laquelle, après avoir succombé, le principe de l'ordre et de la conservation de la vie, symbolisé par Osiris, avait définitivement triomphé. C'est ce que nous voyons, par exemple, dans cette incantation contre la morsure des serpents venimeux, inscrite sur un petit papyrus du Louvre, qui, roulé dans un étui, se portait comme talisman (1) :

Il est comme Set, l'aspic, le serpent malfaisant, dont le venin est brûlant. Celui qui vient pour jouir de la lumière, qu'il soit caché ! Celui qui demeure dans Thèbes s'approche de toi, cède, reste en ta demeure ! Je suis Isis, la veuve brisée de douleur. Tu veux t'élever contre Osiris ; il est couché au milieu des eaux où mangent les poissons, où boivent les oiseaux, où les filets enlèvent leur prise, tandis qu'Osiris est couché dans la souffrance.

Toum, seigneur d'Héliopolis, ton cœur est satisfait et triomphant. Ceux qui sont dans le tombeau sont en acclamations ; ceux qui sont dans le cercueil se livrent à l'allégresse, lorsqu'ils voient le fils d'Osiris renversant les ennemis de son père, recevant la couronne blanche de son père Osiris et atteignant les méchants. Viens ! Relève-toi, Osiris-Sap, car tes ennemis sont abattus.

L'idée mère de toutes les formules magiques contre les fléaux de la vie et contre les animaux malfaisants (et ces dernières sont fort multipliées) est toujours l'assimilation

(1) Th. Devéria, *Catalogue des manuscrits égyptiens du Louvre*, p. 171 et suiv.

aux dieux, que produit la vertu des paroles de l'enchantement et qui met l'homme à l'abri du danger. Aussi la formule ne consiste-t-elle pas dans une invocation à la puissance divine, mais dans le fait de proclamer qu'on est tel ou tel dieu; et quand l'homme qui prononce l'incantation appelle à son secours quelques personnages du Panthéon, c'est comme l'un d'eux, qui a droit à l'aide de ses compagnons de divinité. Ceci est très-nettement établi dans les formules du célèbre papyrus Harris, objet des études de M. Chabas (1), manuscrit de l'époque de la XIXe dynastie qui est peut-être un fragment du recueil magique dont on attribuait la composition au dieu Thoth, le comptant ainsi dans la collection des livres hermétiques.

Voici une des incantations de ce papyrus, destinée à se mettre à l'abri des crocodiles :

« Ne sois pas contre moi! Je suis Ammon. — Je suis Anhour, le bon gardien. — Je suis le grand maître du glaive. — Ne te dresse pas! Je suis Month. — N'essaye pas de surprendre! Je suis Set. — Ne porte pas tes deux bras contre moi! Je suis Sothis. — Ne m'atteins pas! Je suis Séthou. »

Alors ceux qui sont dans l'eau ne sortent pas; — ceux qui sont sortis ne rentrent pas à l'eau; — et ceux qui restent à flotter sur les eaux — sont comme des cadavres sur l'onde; — et leurs bouches se ferment, — comme sont fermés les sept grands arcanes, — d'une clôture éternelle.

Dans cette autre, dirigée contre les différents animaux nuisibles, l'homme qui veut se mettre à l'abri de leurs

---

(1) *Le Papyrus magique Harris*, Chalon-sur-Saône, 1860.

atteintes par l'incantation magique invoque l'aide d'un dieu, mais à titre de dieu lui-même :

Viens à moi, ô seigneur des dieux ! — Repousse loin de moi les lions venant de la terre, — les crocodiles sortant du fleuve, — la bouche de tous les reptiles mordants sortis de leurs trous !

Arrête, crocodile Mako, fils de Set ! — Ne vogue pas avec ta queue ; — n'agis pas de tes deux bras ; — n'ouvre pas ta gueule. — Que l'eau devienne un feu ardent devant toi ! — La pique des soixante-dix-sept dieux est sur tes yeux ; — l'arme des soixante-dix-sept dieux est sur ton œil, — toi qui fus lié par des liens de métal devant la barque de Ra.

Arrête, crocodile Mako, fils de Set ! — Car je suis Ammon, fécondateur de sa mère.

Il en est de même dans cette troisième formule, où c'est à Horus que s'identifie l'incantateur, en réclamant l'appui d'Isis et de Nephthys contre tous les périls qui pouvaient menacer un Égyptien dans une maison de campagne isolée :

O toi que ramène la voix du gardien, — Horus a prononcé à voix basse l'invocation : « Campagne ! » — Cela dit, les animaux qui le menaçaient ont rétrogradé.

Qu'Isis, ma bonne mère, prononce pour moi l'invocation, ainsi que Nephthys, ma sœur ! — Qu'elles demeurent dans l'acte de salut, — à mon sud, — à mon nord, — à mon occident, — à mon orient ! — Pour que soit scellée la gueule des lions et des hyènes, — la tête de tous les animaux à longue queue — qui se repaissent de chair et boivent le sang ; — pour les fasciner ; — pour leur enlever l'ouïe ; — pour me tenir dans l'obscurité ; — pour ne pas me mettre en lumière ; — pour ne pas me rendre visible, — à tout instant de la nuit !

Ce n'est pas seulement à l'homme que les paroles magiques peuvent communiquer la vertu divine ; elles peuvent y faire même participer des animaux pour la protection de l'homme, comme elles font résider un pouvoir invincible dans un objet inanimé, enchanté comme talisman. Nous avons ainsi la formule qu'on prononçait sur un chien de garde, afin d'augmenter sa force par la puissance de l'enchantement :

Debout ! chien méchant ! — Viens ! que je te prescrive ce que tu dois faire aujourd'hui. — Tu étais attaché, n'es-tu pas délié ? — C'est par Horus qu'il t'est prescrit de faire ceci : — Que ta face soit le ciel ouvert ! — Que ta mâchoire soit impitoyable ! — Que ta force immole comme le dieu Har-schéfi ! — Massacre comme la déesse Anata ! — Que ta crinière présente des verges de fer ! — Sois pour cela Horus et pour cela Set !

Va au sud, au nord, à l'ouest, à l'est ; — la campagne t'est livrée tout entière ; — rien ne t'y arrêtera. — Ne dirige pas ta face contre moi ; — dirige-la contre les animaux sauvages. — Ne présente pas ta face sur mon chemin ; — présente-la sur celui de l'étranger.

Je t'investis d'une vertu fascinatrice ; enlève l'ouïe ! — Car tu es le gardien courageux, redoutable.

Salut ! Parole de salut !

Dans ces citations, on voit se dessiner clairement deux faits signalés par les écrivains grecs et qui donnaient à la magie égyptienne un caractère tout à fait à part. C'est d'abord l'absence de développement démonologique. Les Égyptiens n'admettent que dans le monde des âmes un certain nombre de génies en antagonisme, les uns parèdres et serviteurs d'Osiris, les autres formant le cortége de Set.

Sur la terre, ce sont uniquement les fléaux naturels, les animaux nuisibles qui, avec des âmes de damnés revenant comme vampires, servent d'instruments à la puissance du dieu du mal. Les exorcismes magiques ne combattent pas de démons à proprement parler. De même, ce n'est pas sur des esprits favorables et inférieurs aux dieux que s'exerce le pouvoir des incantations propitiatoires. Il met au service de l'homme pour le protéger l'action des dieux eux-mêmes.

Quant au rapport que ces formules établissent entre l'homme et les dieux, il est aussi conçu d'une manière exclusivement propre aux doctrines égyptiennes. Chez les autres peuples, la puissance magique ne commande qu'aux esprits secondaires et n'a d'action coercitive que sur les démons mauvais. A ceux-ci, l'exorciste impose une volonté impérative quand il leur dit de se retirer; mais envers les dieux, même dans les opérations de la magie, on ne s'adresse que par voie de prières et de supplications. En Égypte, il en est autrement. Admettant que l'emploi de certaines formules sacramentelles élevait l'homme jusqu'aux dieux et parvenait à l'identifier à chacun d'eux, on avait dû, par une pente inévitable, être conduit à regarder ces formules comme renfermant un pouvoir qui s'imposait aux dieux, même les plus puissants, et leur commandait. Aussi les écrivains alexandrins nous disent-ils (1) que les Égyptiens prétendaient contraindre par leurs évocations et leurs formules magiques les dieux

---

(1) Iamblich., *de Myster. Ægypt.*, vii, 4, 5.

d'obéir à leurs désirs et de se manifester à leurs yeux. Appelé par son nom véritable, le dieu ne pouvait résister à l'effet de l'évocation.

Le papyrus Harris fournit le texte d'une évocation de ce genre qui ne s'adresse à rien moins qu'à Ammon, le dieu suprême de Thèbes :

Descends ! descends ! gauche du ciel, gauche de la terre !
Ammon s'élève en roi, vie, santé, force ; — il a pris la couronne du monde entier. — Ne ferme pas l'oreille.
Les serpents à la marche oblique, — qu'ils ferment leurs bouches. — Et que tout reptile reste confondu dans la poussière — par ta vaillance, ô Ammon.

L'opinion tout égyptienne que j'indique persista jusqu'aux derniers temps de la religion pharaonique. Elle se trouve consignée dans les écrits de l'hiérogrammate Chérémon, qui avait composé, sous les Ptolémées, un traité sur la science sacrée des Egyptiens (1). « Non-seulement, remarque M. Maury, on appelait le dieu par son nom, mais s'il refusait d'apparaître, on le menaçait. Ces formules de contrainte à l'égard des dieux ont été appelées par les Grecs Θεῶν ἀνάγκαι. » Porphyre, dans sa *Lettre à Anébon*, s'indigne d'une pareille prétention chez les magiciens égyptiens, d'une foi si aveugle dans la vertu des mots.

Je suis profondément troublé de l'idée de penser, écrit le philosophe, que ceux que nous invoquons comme les plus

(1) Porphyr., ap. Euseb., *Præpar. evang.*, v, 10.

puissants reçoivent des injonctions comme les plus faibles, et qu'exigeant de leurs serviteurs qu'ils pratiquent la justice, ils se montrent cependant disposés à faire eux-mêmes des choses injustes, lorsqu'ils en reçoivent le commandement, et tandis qu'ils n'exaucent pas les prières de ceux qui ne se seraient pas abstenus des plaisirs de Vénus, ils ne refusent pas de servir de guides à des hommes sans moralité, au premier venu, vers des voluptés illicites (1).

Au reste, ce pouvoir des incantations magiques, qui forçait les dieux à obéir, devenait formidable pour celui même qui l'exerçait, s'il ne s'en rendait pas digne par sa pureté morale et sa science des choses divines. Le *Roman de Setna*, ce curieux texte des âges de décadence traduit par M. Brugsch, dans la *Revue archéologique* de 1867, d'après un papyrus démotique, roule en grande partie sur les catastrophes surnaturelles qui assaillent celui qui, sans y être préparé par une initiation suffisante, se trouve en possession du livre de magie composé par le dieu Thoth.

On comprend qu'avec l'idée dont nous parlons, l'emploi des noms eût pris dans la magie et même dans la religion de l'Egypte une importance toute particulière. Les dieux égyptiens étaient essentiellement myrionymes, comme les Grecs ont qualifié Isis. Deux chapitres spéciaux du *Rituel funéraire* (2) ont pour objet d'instruire le défunt des nombreux noms d'Osiris, comme secours tout-puissant dans son voyage infernal. « Non-seulement, dit

---

(1) Porphyr., *ap.* Euseb., *Præpar. evang.*, v, 7.
(2) Chap. CXLI et CXLII.

M. Birch (1), il est indiqué sur quelques monuments de la XIIᵉ dynastie qu'ils sont dédiés à certains dieux « sous tous leurs noms », mais on trouve aussi des tables de noms du dieu Phtah, le démiurge, et du dieu Ra, le principe solaire, sur des monuments du règne de Ramsès II..... La gnose ou la connaissance des noms divins, dans leur sens extérieur et dans leur sens ésotérique, était en fait le grand mystère religieux ou l'initiation chez les Égyptiens. »

Les formules du papyrus Harris sont remplies d'allusions à cette importance magique du nom des dieux :

Moi, je suis l'élu des millions d'années, — sorti du ciel inférieur, — celui dont le nom n'est pas connu. — Si l'on prononçait son nom sur la rive du fleuve, — oui ! il le consumerait. — Si l'on prononçait son nom sur la terre, — oui ! il en ferait jaillir des étincelles. — Je suis Schou, sous la figure de Ra, — assis au milieu de l'œil de son père (2).

Si ce qui est dans l'eau (3) ouvre la bouche ou saisit de ses bras, — je ferai tomber la terre dans le bassin de l'eau, — mettant le sud à la place du nord — dans le monde entier.

Et cette autre, qui contient une évocation formelle :

Viens à moi, viens à moi ! ô toi qui es permanent pour les millions de millions d'années, — ô Noum, fils unique, — conçu hier, enfanté aujourd'hui ! — Celui qui connaît ton nom — est celui qui a soixante-dix-sept yeux et soixante-dix-sept oreilles.

(1) Dans le tome V de la traduction anglaise de l'ouvrage de Bunsen sur l'Egypte, p. 151.
(2) Dans la symbolique égyptienne, c'est le disque du soleil.
(3) Les crocodiles ou les hippopotames.

— Viens à moi! Que ma voix soit entendue — comme fut entendue la voix de la grande oie Nakak (1), pendant la nuit. — Je suis Bah (2), le grand.

Nous avons également constaté dans la magie chaldéenne la doctrine de l'efficacité du nom suprême et mystérieux des dieux. Mais elle me paraît avoir un caractère fort différent sur les bords du Nil et sur ceux de l'Euphrate. En Chaldée, comme dans toutes les religions de l'Asie antérieure, le nom mystérieux est regardé comme une véritable hypostase divine, qui a une existence personnelle et par suite une puissance propre sur les autres dieux, d'un rang moins élevé, comme sur la nature et le monde des esprits. En Égypte, on ne trouve que de rares traces de la notion d'une semblable puissance attribuée au nom divin, et cela tardivement, sous l'influence du contact avec les religions sémitiques. La conception égyptienne propre et originale est que c'est sur le dieu même auquel il appartient que le nom mystique exerce un pouvoir; appelé par ce nom, le dieu se voit obligé d'obéir. C'est pour cela qu'il demeure secret, de peur qu'on n'en abuse, et que les initiés seuls parviennent à le connaître.

Dans la magie égyptienne des bas temps, telle que l'exposent les Néoplatoniciens, « on regarda comme indispensable, dit M. Maury (3), lors même que le magicien ne comprenait pas la langue à laquelle le nom du

---

(1) L'oie du dieu Seb, qui a pondu l'œuf de la terre.
(2) Personnage assimilé à Hapi, le dieu Nil.
(3) *La Magie et l'Astrologie*, p. 42.

dieu était emprunté, de conserver ce nom sous sa forme primitive, car un autre mot n'eût pas eu la même vertu. L'auteur du traité *des Mystères des Égyptiens* (1), attribué à Jamblique, prétend « que les noms barbares, les noms tirés des idiomes des Égyptiens et des Assyriens, ont une vertu mystique et ineffable qui tient à la haute antiquité de ces langues, à l'origine divine et révélée de la théologie de ces peuples. » L'emploi de noms bizarres, inintelligibles au vulgaire, étrangers à la langue égyptienne et empruntés à d'autres idiomes ou composés de fantaisie, l'emploi de tels vocables à titre de noms mystérieux des dieux remonte, du reste, en Égypte, à une date plus haute qu'on ne serait d'abord porté à le croire. Nous rencontrons des noms de ce genre, dont aucun n'est égyptien, désignant Set et Osiris, dans l'imprécation magique de nature funéraire qui se lit sur un papyrus du Louvre, daté du règne de Ramsès II (2) :

O Oualbpaga! O Kemmara! O Kamalo! O Karkhenmou! O Aamâgaaa! Les Ouana! Les Remou! Les Outhoun, [ennemis] du Soleil! Ceci est pour commander à ceux qui sont parmi vous tous, les adversaires (3). Il est mort par violence l'assassin de son frère (4); il a voué son âme au crocodile. Pas un pour le plaindre. Mais il amène son âme au tribunal de la double justice par-devant Mamouremoukahabou (5) et les

(1) IV, 4.
(2) Devéria, *Catalogue des manuscrits égyptiens du Louvre*, p. 174.
(3) Je traduis ainsi l'expression *aabui*, que je regarde comme empruntée aux langues sémitiques.
(4) Set.
(5) C'est Osiris.

seigneurs absolus qui sont avec lui (1). Celui-ci répond à son ennemi : « O lion, face-noire, yeux sanglants, [venin] en « sa bouche, destructeur de son propre nom,... de son père, « la faculté de mordre n'est pas encore enlevée à ceux- « ci. »

Les noms mystiques et magiques à physionomie barbare désignant les dieux tiennent une place très-considérable dans les quatre derniers chapitres qui se trouvent à la fin du *Rituel funéraire* dans les exemplaires de même famille que celui de Turin, chapitres que M. Birch tient pour composés vers l'époque de la XXVIe dynastie; et on y discerne avec certitude un certain nombre de radicaux sémitiques. Il est dit en termes formels que ceux du chapitre CLXV sont puisés dans la langue des Anou de Nubie. Ailleurs, renseignement que j'emprunte à une communication épistolaire du si regrettable vicomte de Rougé, des noms de même nature sont donnés comme de l'idiome des nègres (*nahasi*) du pays de Pount, l'Arabie méridionale. Ceci serait de nature à faire entrevoir une influence exercée à une certaine époque et dans de certaines limites sur la magie égyptienne par la magie des populations africaines. Celle de l'Égypte en différait sans doute profondément par ses doctrines essentielles et par son origine ; mais dans la pratique, elle avait pu emprunter aux sorciers nubiens et nègres quelques rites et quelques noms.

---

(1) Les quarante-deux assesseurs du tribunal d'Osiris.

IV

Après avoir mis le lecteur en mesure, par les citations qui précèdent, de faire lui-même la comparaison des formules magiques égyptiennes et chaldéennes, il n'est pas besoin d'insister longuement sur la différence profonde des deux systèmes, car elle éclate manifeste à tous les regards. Les croyances fondamentales et les idées génératrices de la superstition magique, en Égypte et en Chaldée, s'éloignent autant que la forme même des incantations.

Dans les documents égyptiens, nous n'apercevons aucune trace de ces esprits élémentaires, doués d'une personnalité si distincte, que la magie chaldéenne voit partout répandus dans l'univers, les uns bons, les autres mauvais, adressant aux uns ses incantations propitiatoires et aux autres ses exorcismes les plus terribles. En revanche, les Chaldéens ne s'imaginent en aucune façon pouvoir par leurs formules faire de l'homme un dieu et l'identifier aux personnages les plus élevés de la hiérarchie céleste. Ils ne prétendent pas non plus au moyen de ces formules arriver à commander aux dieux les plus puissants et les contraindre à obéir à leurs paroles. C'est dans le monde intermédiaire des esprits que se maintient leur magie et qu'elle exerce son action. Lorsqu'il faut recourir au secours des dieux suprêmes, c'est par voie de prières et de supplications que l'on s'adresse à eux, non par une contrainte, et même, notion sur laquelle nous aurons à revenir plus loin, les prières des hommes ne sont complétement efficaces auprès de ces dieux qu'en passant par l'organe d'un médiateur. Aussi le nom suprême dont le pouvoir commande même aux dieux et exerce sur eux une vertu coercitive demeure toujours le secret d'Êa. L'initié n'a point, comme en Égypte, la prétention d'arriver à sa connaissance. Il demande dans certains cas d'une gravité exceptionnelle, par l'intermédiaire de Silik-moulou-khi, à Êa de vouloir bien le prononcer pour rétablir l'ordre dans le monde et terrasser les puissances de l'abîme. Mais ce nom, l'enchanteur ne le sait pas, et il ne peut par conséquent point l'encadrer dans sa formule, même destinée à rester absolument mystérieuse. Ce n'est pas lui qui s'en sert; il ne fait que demander au dieu qui le connaît de l'employer, sans chercher lui-même à en pénétrer l'arcane.

Ce qui frappe aussi dans les incantations de la magie chaldéenne comparées à celles de la magie égyptienne, et ce qui leur donne un cachet manifeste d'antériorité, c'est leur simplicité tout à fait primitive. Tout y est d'une remarquable clarté, exprimé simplement et directement, sans recherche d'obscurités ni de complications voulues. La croyance aux esprits s'y manifeste sous sa forme la plus antique et la plus absolue, sans raffinement philosophique sur les problèmes de la substance divine, sans trace de mysticisme, et surtout sans aucune de ces allusions à un vaste développement de légendes mythologiques qui remplissent les formules égyptiennes et les rendent complétement inintelligibles sans un commentaire développé.

Au contraire, l'intelligence des formules magiques en langue accadienne, qui se conservèrent en Chaldée jusqu'à la fin des écoles sacerdotales des bords de l'Euphrate et qu'Assourbanipal, au VIIe siècle avant notre ère, faisait copier pour la bibliothèque palatine de Ninive, était accessible à tous. Elles ne renferment aucun mystère, et le secret sacerdotal, s'il y en avait un, résidait seulement dans la connaissance précise des termes mêmes des incantations consacrées par leur antiquité, et sans doute aussi par l'idée d'une révélation divine à leur origine. Elles sont l'œuvre d'un peuple qui n'avait encore ni doctrine ésotérique, ni initiations, et chez qui la science des prêtres magiciens ne consistait que dans la connaissance pratique de certains rites et de certaines paroles, au moyen desquelles on croyait entrer en communication avec le monde des esprits, sans que la manière de les concevoir différât de la superstition populaire autrement que peut-être par un peu plus de régularité systématique dans leur hiérarchie et dans leurs attributions.

C'est par là que la magie accadienne, dans les siècles même du plus grand éclat de Babylone et de l'Assyrie, conserve l'empreinte d'une extrême antiquité, l'esprit des âges les plus primitifs, à côté de la religion savante qui s'était développée plus tard dans les mêmes lieux.

Celle-ci avait accepté l'existence de cette magie et reçu dans le canon de ses livres sacrés les vieilles incantations d'Accad, en donnant une place dans son système théologique aux génies invoqués dans ces incantations, mais une place en sous-ordre. Au fond, en effet, comme nous allons le voir, la magie ne découlait pas en Chaldée de la religion officielle des siècles pleinement historiques; c'était le rameau d'une tout autre plante, qu'on avait greffé plus ou moins bien sur ce tronc nouveau, du moment qu'on en avait toléré et reconnu l'existence, au lieu de chercher à l'anéantir. Mais les faits nous obligeront à y reconnaître l'épave d'un système religieux antérieur, d'un naturalisme encore rudimentaire et grossier, et même d'une couche de population primitive, appartenant à une race entièrement différente de celle dont la religion chaldéo-assyrienne fut l'œuvre. Dans la civilisation qui naquit graduellement sur les rives du Tigre et de l'Euphrate de la fusion des Soumirs et des Accads, des Sémito-Kouschites et des Touraniens, la religion et la magie parvinrent à s'unir pacifiquement, mais elles provenaient à l'origine des deux éléments opposés de la population. C'est, je crois, ce qui ressortira de l'exposé des doctrines des livres magiques primitivement composés en langue accadienne et dont on doit la découverte à sir Henry Rawlinson, mises en comparaison avec celles de la religion officielle et du culte public, telles que de nombreux documents nous les font connaître.

CHAPITRE III

LA RELIGION CHALDÉO-BABYLONIENNE ET SES DOCTRINES

I

Commençons, pour pouvoir y comparer en pleine connaissance de cause ce qu'on trouve dans les textes magiques accadiens, par exposer le système de la religion babylonienne à l'âge de son complet développement, pendant toute la période historique qu'il faut qualifier d'*assyrienne*, et même antérieurement, à la suite du grand travail des écoles sacerdotales que nous voyons en pleine activité sous les règnes de Sargon Ier et de Hammouragas. Ici je n'aurai guère qu'à résumer en le complétant ce que j'ai exposé plus en détail, avec les citations et les preuves, dans mon *Commentaire des fragments cosmogoniques de Bérose*.

La religion de Babylone, adoptée par les Assyriens avec une seule modification importante, était, dans ses principes essentiels et dans l'esprit qui avait guidé ses conceptions, une religion de la même nature que celle de l'Egypte et qu'en général toutes les grandes religions du paganisme. Lorsqu'on y pénétrait au delà de l'écorce extérieure de polythéisme grossier qu'elle avait revêtue dans les superstitions populaires, et qu'on s'élevait jusqu'aux conceptions d'un ordre plus haut qui en avaient été le point de départ, on y retrouvait la notion fondamentale de l'unité divine, mais défigurée par les monstrueuses rêveries du panthéisme, qui confond la créature avec le Créateur et transforme l'être divin en un dieu-monde, dont tous les phénomènes de la nature sont les manifestations. Au-dessous de ce Dieu suprême et unique, puisqu'il est le grand Tout dans lequel toutes choses se confondent et s'absorbent, est échelonné, dans un ordre d'émanation qui correspond à leur ordre d'importance, un peuple de dieux secondaires, qui ne sont autres que ses attributs et ses manifestations personnifiées. C'est dans ces personnages divins secondaires et dans leur nature réciproque que se marquent surtout les différences entre les principales religions païennes, dont le principe premier est toujours le même. L'imagination des Égyptiens, comme je l'ai dit tout à l'heure, avait été surtout frappée par les péripéties successives de la course journalière et annuelle du soleil; ils y avaient vu la manifestation la plus imposante de la Divinité, celle qui révélait le mieux les lois de l'ordre du monde, et ils y avaient cherché leurs personnifications divines. Les Chaldéo-Babyloniens, au contraire, adonnés d'une manière toute spéciale à l'astronomie, lurent dans l'ensemble du système sidéral et surtout planétaire la révélation de l'être divin. De même que les peuples syro-phéniciens, avec les religions desquelles la leur a la plus étroite parenté, ils considérèrent les astres comme les vraies manifestations extérieures de cet être divin, et ils en firent dans leur système religieux l'apparence visible des hypostases émanées de la substance de l'être absolu, qu'ils identifiaient avec le monde, son ouvrage. Seulement, sous sa forme définitive, leur religion classa ces émanations dans une échelle philosophique et savante, résultat d'un très-puissant effort de pensée, auquel la Syrie et la Phénicie n'offrent rien d'analogue.

Le dieu suprême, le premier et unique principe d'où dérivent tous les autres dieux, était Ilou (en accadien Dingira), dont le nom signifie « le dieu » par excellence. C'est le Un et le Bon, que les philosophes néoplatoniciens disent avoir été la source commune de tout dans la théologie des Chaldéens (1); et en effet on trouve le premier principe appelé « le Dieu Un » dans quelques documents de l'époque très-tardive où, le langage philosophique s'étant complétement formé dans les écoles sacerdotales, on disait (2) qu'au commencement, de l'Abîme (*Apsu*) et de la Mer primordiale (*Tamti*) était né l'Être existant (*Auv kinuv*), adoré sous ce nom même par Nabuchodo-

---

(1) Anonym., *Compend. de doctr. Chaldaic.*, ap. Stanley, *Histor. philosoph.*, t. II, p. 1125.

(2) Damasc., *de Princip.*, 125, p. 384, ed. Kopp.

rossor (1). Mais ceci appartient à un développement philosophique tout à fait récent. Dans la religion des âges classiques du bassin de l'Euphrate, la conception d'Ilou était trop compréhensive, trop vaste, pour recevoir une forme extérieure bien déterminée, et par conséquent les adorations du peuple; à ce point de vue, les Grecs lui trouvèrent une certaine analogie avec leur Cronos, auquel ils l'assimilèrent. En Chaldée, il ne paraît pas qu'aucun temple lui ait été spécialement dédié, bien que Babylone lui dût son nom de Bab-Ilou (en accadien Kâ-Dingira). Pendant longtemps même, on ne distingua pas nettement la personnalité de Ilou; son rôle et sa qualification de « Dieu Un » furent d'abord donnés à Anou, « l'ancien des dieux, » premier personnage de la triade suprême qu'on regarda ensuite comme émanée d'Ilou; on ne distinguait pas alors le principe primordial du chef de cette triade, qu'on tint après pour sa première émanation. C'est seulement chez les Assyriens que le culte d'un *deus exsuperantissimus*, source et principe d'où découlent tous les autres, prit une importance presque égale à celle d'Ahouramazdâ chez les Perses, en la personne de leur dieu national Assur, d'où le pays lui-même tirait son nom.

Au-dessous d'Ilou, la source universelle et mystérieuse, venait une triade composée de ses trois premières manifestations extérieures et visibles, qui occupait le sommet de l'échelle des dieux dans le culte populaire :

---

(1) Inscription de Borsippa, col. 1, l. 2 : W. A. I. ɪ, 51, 4.

Anou, l'Oannès des Grecs, le chaos primordial, le dieu Temps et Monde (χρόνος et κόσμος à la fois), la matière incréée, issue du principe fondamental et unique de toutes choses ; Nouah, l'intelligence, nous dirions volontiers le Verbe, qui anime la matière et la rend féconde, qui pénètre l'univers, le dirige et le fait vivre, en même temps le roi de l'élément humide, en un mot « l'Esprit porté sur les eaux »; enfin Bel, le démiurge, ordonnateur de l'univers organisé. C'est la grande triade signalée chez les Chaldéens par Damascius (1), qui en désigne les personnages par les appellations accadiennes de Anna ('Ανὸς), Êa ('Αὸς) et Enoú ("Ιλ-ινος). Ces trois personnifications divines, égales en puissance et consubstantielles, n'étaient pas placées sur le même degré d'émanation, mais regardées, au contraire, comme issues les unes des autres : Nouah d'Anou et Bel de Nouah.

A chacun des dieux de la triade suprême correspondait une divinité féminine, qui en était le dédoublement, la forme passive, et, pour me servir de l'expression même contenue dans plusieurs inscriptions, « le reflet. » C'est ainsi que, dans l'Inde, le Trimourti se reproduit dans le Çakti-Trimourti, triade féminine. Anat ou Nana répondait à Anou, Belit à Bel et Davkina à Nouah ; mais la distinction de ces trois personnages femelles est beaucoup moins claire que celle des trois dieux mâles. Ils se confondent les uns avec les autres, et en réalité ils se réduisent à un seul, Belit, que les invocations au

---

(1) *De Princip.*, 125, p. 384, ed. Kopp.

cycle des grands dieux mentionnent presque toujours à l'exclusion des deux autres. Belit est le principe féminin de la nature, la matière humide, passive et féconde dans le sein de laquelle se produit la génération des dieux et des êtres. Une inscription de Sargon II, l'Assyrien, dit « qu'elle triture comme le fard les éléments du monde ». Ses principales qualifications sont celles de « déesse souveraine, dame de l'abîme d'en bas, mère des dieux, reine de la terre, reine de la fécondité. » Comme l'humidité primordiale d'où tout est sorti, elle est Tamti, « la mer »; comme déesse chthonienne et infernale, Allat ou Oum-Ourouk, « la mère de la ville d'Érech », la grande nécropole de la Chaldée. Enfin, dans le monde des étoiles, elle se manifeste sous la forme d'Istar; mais cette dernière manifestation prend un caractère de personnalité plus distincte que les autres, et reçoit une place spéciale dans la hiérarchie systématique du Panthéon.

Après la première triade, représentant la genèse du monde matériel, émané de la substance de l'être divin, la série des émanations se continuait et produisait une seconde triade, dont les personnages, abandonnant désormais le caractère général et indéterminé de ceux de la première, prenaient une physionomie décidément sidérale et représentaient des corps célestes déterminés, ceux dans lesquels les Chaldéo-Babyloniens voyaient les manifestations extérieures les plus éclatantes de la Divinité : c'étaient, pour les citer dans leur ordre hiérarchique, Sin, le dieu-lune, fils de Bel; Samas, le Soleil, fils de Nouah; enfin Bin, le dieu de l'atmosphère et de ses phénomènes, des vents, de la pluie et du tonnerre, fils d'Anou.

Ce sont là les trois triades, « composées chacune de père ou premier principe, de puissance et d'intelligence », *pater, potentia et mens,* que les philosophes de l'école néoplatonicienne, très-exactement informés des religions asiatiques, attestent avoir été regardées par les Chaldéens comme émanées de l'Un et Bon, *unum et bonum,* et avoir constitué la base fondamentale de leur religion (1). De plus, comme les Chaldéo-Babyloniens, aussi bien que les peuples syro-phéniciens, n'ont jamais admis un dieu sans dédoublement de sa substance en principe mâle et femelle, chacun de ceux de la triade des principaux corps célestes est assisté de son épouse. Pour Sin, c'est la « Dame suprême », dont nous ne savons pas encore lire phonétiquement le nom avec certitude; pour Samas, la déesse Goula, triforme en sa qualité de personnification lunaire et quelquefois remplacée par un groupe de trois épouses égales entre elles : Malkit, Goula et Anounit; enfin, la compagne de Bin est Sala.

L'échelle descendante des émanations et de la hiérarchie suprême du Panthéon place ensuite les dieux des cinq planètes : Adar (Saturne), Mardouk (Jupiter), Nergal (Mars), Istar (Vénus) et Nébo (Mercure). Les

---

(1) Anonym., *Compend. de doctr. chaldaic.*, ap. Stanley, *Histor. philos.*, t. II, p. 1125. — Damasc., *de Princip.*, 111, p. 345, ed. Kopp. — Lyd., *de Mensib.*, IV, 78, p. 121.

planètes Vénus et Mercure ayant chacune deux apparitions, au soir et au matin, on admit, dans les derniers temps, une double Istar, et on divisa Nébo en deux personnages : Nébo et Nouskou. Ceux d'entre eux qui sont considérés comme des dieux mâles, Istar étant une déesse, ont tous à côté d'eux la parède féminine qui les complète par son union conjugale : Zarpanit pour Mardouk, Laz pour Nergal et Tasmit pour Nébo ; quant à Adar, on le représente comme étant à la fois fils et époux de la grande Belit. Istar, de son côté, possède un époux mystérieux, Doûzi ou Douwazi (Tammuz), enlevé, florissant de jeunesse, à sa passion, et qu'elle va rechercher jusqu'au fond du Pays immuable où descendent les morts, ce qui ne l'empêche pas d'avoir beaucoup d'autres amours, sur lesquelles la légende mythologique se donne carrière en fait de détails scandaleux. Ces dieux des planètes ne sont, du reste, — et ce point de vue est très-nettement indiqué dans un grand nombre de passages, — que des formes, des manifestations secondes des dieux de l'ordre supérieur, Adar-Samdan répondant à Anou, Mardouk à Bel, Nébo à Nouah, Istar à Belit ; la relation de Nergal est moins claire.

Avec ces personnages planétaires se clôt la série des douze grands dieux qui constituaient le véritable Olympe chaldéo-babylonien, l'ordre supérieur de la hiérarchie divine, ceux que Diodore de Sicile (1), en exposant très-exactement le système astronomico-théologique des

---

(1) II, 30.

Chaldéens, appelle « maîtres » ou « seigneurs des dieux », et qu'il dit avoir présidé aux douze mois de l'année et aux douze signes du zodiaque (1). Ce sont ceux qui, presque seuls, sont nommés dans les inscriptions comme étant l'objet d'un culte public, officiel et général dans tout le pays, et dont les appellations entrent dans la composition de la plupart des noms propres; mais, au-dessous de ces grands dieux, la théologie et la mythologie de Babylone et de l'Assyrie admettaient des légions de *dii minores*, représentant des ordres inférieurs d'émanation, qui paraissent, du reste, n'avoir jamais été distribués aussi régulièrement que ceux du sommet de la hiérarchie; il y avait là tout un peuple qui resta toujours assez confus et en grande partie relégué dans les cultes locaux. Ce sont des divinités mineures de ce genre que le récit cosmogonique de Bérose introduit aux côtés de Bel, exécutant ses ordres et l'aidant dans son œuvre de démiurge. Les tablettes mythologiques et astrologiques fournissent un grand nombre de noms divins qu'il faut rapporter à cette classe. On doit surtout étudier à ce point de vue celles qui contiennent des généalogies de dieux, et encore plus le précieux fragment d'un texte où étaient énumérées, temple par temple, les divinités synthrones des grands dieux dans les principaux sanctuaires de la Babylonie et de l'Assyrie (2).

(1) Les douze se comptent de la manière suivante : Anou, Bel, Nouah, Belit, Sin, Samas, Bin, Adar, Mardouk, Nergal, Istar, Nébo.
(2) W. A. I. III, 66.

Sans doute beaucoup de noms fournis par ces documents comme ceux de personnages séparés se retrouvent sur les autres tablettes mythologiques, en tant que qualifications des grands dieux. Le culte populaire leur donnait seul une existence distincte, tandis que dans le système général et scientifique de la religion ils n'étaient considérés que comme des formes diverses d'une même divinité. Mais il est aussi quelques-uns des *dii minores* qui figurent toujours à titre de personnages d'un caractère nettement individuel, ayant un rôle d'une certaine importance. Tels sont Serakh, appelé aussi Nirba, le dieu des récoltes; Manou le grand, qui préside au sort, ainsi que la déesse Mamit; Akh-soukkalli, le messager des grands dieux; Bau, le chaos personnifié; Martou, l'occident, fils d'Anou; Asmoun; Samila; Ousou; et beaucoup d'autres dont l'énumération serait trop longue. A côté d'eux sont un certain nombre de dieux locaux, de fleuves ou de villes, dont l'adoration n'est jamais devenue générale dans le pays et auxquels, dans le travail de classement définitif du Panthéon, l'on n'a pas assigné une place plus élevée, Souboulal, le dieu de l'Euphrate, et Tourtak, dieu du Tigre (1), Sarrakh de Kis, Kanisourra de Cutha; quelques-uns de ceux-ci ont même une origine étrangère, et c'est ainsi que dans les provinces orientales, le long de la frontière d'Elam, nous voyons adorer certains dieux empruntés à ce pays, tels que Lagouda à Kisik et dans d'autres localités Sousinka et Lagamar ou La-

---

(1) C'est le Tartak de la Bible (II Reg., XVII, 31).

gamal. C'est aussi dans la tourbe confuse des *dii minores* qu'on relègue les antiques dieux de l'âge purement accadien, dont le culte est complétement tombé en désuétude par la suite, mais qui continuent à être mentionnés dans les livres magiques conservés traditionnellement ; ceux-ci sont les épaves d'une autre phase religieuse, à laquelle nous essayerons de remonter dans quelques instants.

Mais il faut mettre à part, entre les dieux groupés au-dessous du cycle suprême comme des puissances et des émanations inférieures, la nombreuse série des personnifications stellaires, représentant « les mansions célestes et l'armée entière du ciel » (1), constellations ou étoiles envisagées isolément. Elles correspondaient aux conceptions astrologiques et apotélesmatiques qui depuis une époque fort ancienne avaient pénétré la religion chaldéo-babylonienne plus qu'aucun autre système religieux du monde antique. Ces personnifications, du reste, étaient savamment distribuées par classes et hiérarchisées par ordre d'importance et d'attributions dans une construction systématique dont Diodore de Sicile (2) expose l'économie avec une précision très-exacte et sur laquelle nous reviendrons avec détail dans le livre où nous traiterons de l'astrologie. Toutes n'étaient pas comptées au nombre des dieux proprement dits, et on regardait beaucoup d'étoiles comme animées seulement, sous les ordres

(1) II Reg., XXIII, 5.
(2) II, 30 et 31.

des grands dieux, par des êtres surnaturels, continuant toujours plus bas la chaîne des émanations, participant encore de l'essence divine, mais se rapprochant de l'humanité, par suite se mêlant davantage à elle et à ses destinées.

Dans cette nouvelle sphère on rangeait les quatre classes principales de génies protecteurs : le Sed, Alap ou Kiroub, taureau à face humaine ; le Lamas ou Nirgal, lion à tête d'homme ; l'Oustour, d'apparence entièrement humaine ; et le Nattig, à tête d'aigle ou de percnoptère, dont le prophète Ézéchiel (1) a adopté les types comme ceux des quatre êtres symboliques qui dans ses visions supportent le trône de Jéhovah. Au-dessus étaient les anges ou esprits, divisés en deux groupes : les Igili ou esprits célestes et les Anounnaki ou esprits terrestres. Une tablette de la bibliothèque de Ninive compte sept dieux magnifiques et suprêmes (2), cinquante grands dieux du ciel et de la terre, trois cents esprits des cieux et six cents esprits de la terre (3). L'admission de ces chœurs d'anges et de génies au-dessous des dieux permit de faire une place à la démonologie des vieux livres d'Accad et d'accepter au nombre des sciences sacerdotales la magie des âges antiques, qui ne connaissait pas les dieux devenus désormais les premiers et, reposant sur un système religieux

---

(1) I, 10 ; x, 14.
(2) Ce sont évidemment les deux triades mâles supérieures, avec Belit, comme on les voit dans plusieurs inscriptions.
(3) G. Smith, *North British review*, janvier 1870, p. 309.

antérieur, n'avait pour théologie qu'un système de dieux et d'esprits élémentaires, les uns bons, les autres mauvais.

II

Mais il suffit de lire l'exposé de ce système savant et si habilement coordonné, tel que nous venons de le faire d'après les indications précises des textes et sans donner aucune place à la conjecture et à l'imagination, pour acquérir la conviction qu'il ne saurait être primitif et qu'il résume un puissant effort de pensée religieuse et philosophique, lequel a dû demander plusieurs siècles de travail successif dans des écoles sacerdotales. Et en effet, malgré ce qu'ont encore de bien incomplet, faute de documents assez nombreux, nos connaissances sur l'histoire antique de la Chaldée avant le développement de la puissance assyrienne, elles sont suffisantes pour nous permettre d'affirmer que le système définitif de la religion chaldéo-babylonienne, avec sa hiérarchie divine et sa série d'émanations successives, est le résultat d'une grande évolution sacerdotale. Ce fut presque une révolution religieuse, qui offre plus d'un trait d'analogie avec la transformation que la vieille religion védique subit dans l'Inde sous l'action des colléges de Brahmanes. Elle fut de même l'œuvre d'un sacerdoce fortement constitué, rompu aux spéculations les plus abstraites de la pensée et à la méditation des grands problèmes religieux tels qu'ils pouvaient se présenter à des esprits imbus d'une préoccupation toute panthéiste, sacerdoce dont nous aurons à rechercher plus loin l'origine et qui acheva de fonder par là sa suprématie religieuse. Et nous pouvons même fixer dès à présent la date approximative de 2,000 ans avant l'ère chrétienne, date de l'avénement de la dynastie d'Aganê, dans la Babylonie propre, dont Sargon Ier fut le chef, comme celle où l'évolution religieuse que nous indiquons, ayant formé presque complétement son système, l'emporta d'une manière définitive et étendit son empire sur tout le pays. L'établissement d'une domination unique sur les provinces du sud et du nord, sur la Chaldée et la Babylonie, d'abord avec la dynastie d'Aganê, puis avec la nouvelle famille, intronisée par la conquête, que vint fonder Hammonragas, dut singulièrement en faciliter le triomphe et l'établissement.

En effet, nous avons des monuments positifs de l'état antérieur de la religion. Dans les inscriptions assez nombreuses des premières dynasties de l'ancien empire de Chaldée qui sont parvenues jusqu'à nous, on n'entrevoit encore aucune trace de la systématisation savante de l'Olympe, qui se montre déjà dans les livres dont la rédaction est formellement attribuée à l'époque du premier Sargon. Les noms des dieux sont ce qu'ils resteront plus tard, mais ces personnages divins ne sont pas encore rattachés les uns aux autres par les liens du système théogonique que nous venons de développer, groupés et subordonnés dans les degrés d'importance et d'émanation d'une hiérarchie régulière. Leurs attributions sont beaucoup moins tranchées et moins distinctes que plus tard ; ils se ressemblent davantage entre eux, et surtout ils ont alors un caractère presque exclusivement local. Chacun d'eux est adoré seul avec son épouse dans une ville, où du reste il continue jusqu'à la fin d'avoir son principal sanctuaire, et dans cette ville il est regardé comme le premier des dieux. Anou (accadien Anna) règne ainsi dans Érech avec Nana (accad. Dingiri) ; Bel (accad. Moul-ge) avec Belit (accad. Nin-ge), dans Nipour ; Nouah (accad. Êa) avec Davkina, dans Eridou ; Sin (accad. Hourki) avec Nana, dans Our ; Samas (accad. Oud) dans Larsa en Chaldée, et Sippara en Babylonie, où il est associé à Anounit ; Mardouk et Zarpanit sont les dieux de Babylone, Nébo celui de Borsippa, où il a par exception Nana pour épouse ; Nergal et Laz sont adorés à Cutha. Quand la dynastie d'Our exerce une suprématie effective sur toute la Chaldée, cette suprématie se traduit dans l'ordre de la religion par une prééminence reconnue partout à Sin, le dieu spécial de la ville ; mais la même prééminence passe à Samas quand le pouvoir et l'hégémonie appartiennent à des rois sortis de Larsa. Aucune inscription de ces âges reculés (de 3,000 à 2,000 environ avant J.-C.) ne réunit, comme on le voit si souvent aux époques postérieures, le cycle des grands dieux dans les mêmes adorations.

C'est au même état de choses et à la même période historique que se rapporte la collection d'hymnes liturgiques rédigés en langue accadienne et accompagnés d'une traduction interlinéaire assyrienne que j'ai eu l'occasion d'étudier dans un autre travail (1). Les belles recherches de M. le comte de Vogüé ont prouvé que c'est dans cet état que sont toujours demeurées les religions des peuples de la Syrie et de la Palestine, qui ne subirent pas, comme celles du bas Euphrate, l'influence du travail d'une corporation sacerdotale unique et puissante (2). Et la formule qu'en a donnée l'éminent académicien -- ambassadeur aujourd'hui, au grand préjudice de la science — n'a besoin d'être modifiée en rien pour s'appliquer à la forme de la religion chaldéo-babylonienne antérieure à sa systématisation, qui fut en réalité sur bien des points fort artificielle. Il y a là tout un groupe de religions étroitement apparentées entre elles et qu'on peut qualifier de kouschito-sémitiques ou d'euphratico-syriennes, qui présentent toutes les mêmes données fondamentales, avec des noms de dieux en grande majorité communs. C'est une des familles les mieux caractérisées et les plus définies qui s'offrent à l'étude de la science des religions.

La conception de l'être divin unique et universel qui

---

(1) *Un Véda chaldéen*, dans le tome II de mes *Premières Civilisations*.

(2) De Vogüé, *Mélanges d'archéologie orientale*, p. 51-57. Voy. mon *Manuel de l'histoire ancienne de l'Orient*, 3ᵉ édition, t. III, p. 127 et suiv., 303, 352 et suiv.

Dans le tome II de mes *Lettres assyriologiques*, j'ai montré que l'antique religion de l'Arabie avait le même caractère.

se confond avec le monde matériel, émané de la substance et non créé par lui, s'y rencontre partout à la base et en a été certainement la notion primordiale. Mais l'essence de ce dieu, comme dans tous les panthéismes antiques, est d'être à la fois un et plusieurs. C'est un dieu-nature, opérant dans tout l'univers et auteur de la vie physique, ravageant chaque année son œuvre, pour la renouveler ensuite au changement des saisons; et ces opérations successives de destruction et de renouvellement, par suite de la conception panthéistique de son essence, il était regardé comme les produisant, non pas dans un monde distinct de lui, mais dans sa propre substance, par une réaction sur lui-même. A chaque phase de ces opérations correspondait un nom divin particulier et une hypostase distincte, qui devenait dans la forme extérieure une personnification spéciale. De là un développement primitif de mythologie, qui avait pris un caractère tout local, même sur les bords de l'Euphrate et du Tigre, jusqu'au moment du grand travail d'unification et de systématisation que ne connurent ni la Syrie, ni la Phénicie. Chaque tribu et chaque ville envisagea plus spécialement l'être divin sous un des aspects dont il était susceptible, dans un phénomène déterminé de la nature ou dans un des principes qu'admettait la physique grossière du temps. Il en résulta autant de dieux en apparence distincts, mais qui, pour celui qui veut les étudier attentivement, tendent bientôt à se confondre entre eux et à se ramener à l'unité primordiale de la substance divine.

Cause et prototype du monde visible, un dieu-nature a nécessairement une double essence ; il possède et résume les deux principes de toute génération terrestre, le principe actif et le principe passif, mâle et femelle ; c'est une dualité dans l'unité, conception qui, par suite du dédoublement des symboles, a donné naissance à la notion des divinités féminines. La déesse, dans les religions du groupe euphratico-syrien, est qualifiée de « manifestation » du dieu mâle auquel elle correspond. Elle n'en diffère donc pas essentiellement ; c'est pour ainsi dire une forme subjective de la divinité primitive, une deuxième personne divine, assez distincte de la première pour pouvoir lui être associée conjugalement, mais pourtant n'étant autre que la divinité elle-même dans sa manifestation extérieure. Cette conception générale de la divinité féminine se subdivise, aussi bien que la divinité mâle, en une foule de personnifications locales ou attributives. Aussi, dans la Chaldée et la Babylonie comme dans la Syrie et la Phénicie, tout dieu est nécessairement accompagné d'une déesse qui lui correspond. Les personnages divins ne se conçoivent pas isolément, mais par couples ; et chacun de ces couples constitue une unité complète, reflet de l'unité primitive. D'où résulte que les deux personnages qui le forment sont réciproquement complémentaires, l'un par rapport à l'autre. Quand le dieu a un caractère solaire, la déesse a une nature lunaire : si l'un préside au jour, l'autre préside à la nuit ; si l'un personnifie les éléments regardés comme actifs, le feu et l'air, l'autre personnifie les éléments passifs, l'eau et la terre.

Dans ce fond commun des religions euphratico-syriennes, les formes divines ont quelque chose de vague, d'indécis et de flottant. Les dieux de la Chaldée et de Babylone, tels que nous les voyons dans les plus anciennes inscriptions et dans la collection des hymnes liturgiques en accadien, avant le grand travail qui fixa définitivement leurs rangs et leurs attributions, sont pareils à ces dieux de la Syrie dont on a dit justement qu'ils n'ont « nulle fermeté dans les contours, nulle détermination sensible, rien qui rappelle la vie et la personnalité des dieux homériques; qu'ils ressemblent plutôt à ces dieux de l'enfance de la race aryenne, à ces divinités presque sans consistance encore des Vêdas, où Varouna, Indra, Agni se confondent si souvent, et où le dieu qu'on invoque, Indra, Savitri ou Roudra, est toujours le plus haut et le plus puissant des dieux (1). » En les distribuant plus tard dans la savante hiérarchie d'émanations que nous avons étudiée, en donnant à chacun une personnalité plus distincte avec un rôle nettement déterminé, en les localisant, pour ainsi dire, chacun dans un des grands corps célestes, on modifia quelquefois leur nature primitive d'une manière profonde et que dans certains cas il nous est possible d'apprécier. Ainsi je crois avoir démontré (2) — et c'est,

---

(1) J. Soury, dans la *Revue des Deux-Mondes* du 1ᵉʳ février 1872.
(2) *Essai de commentaire des fragments cosmogoniques de Bérose*, p. 110 et suiv.

du reste, chose généralement admise — que Adar-Samdan, l'Hercule chaldéo-assyrien, dont on fit alors le dieu de la planète Saturne, était à l'origine une personnification solaire ; même dans son nouveau rôle, il garde bien des traits de sa première physionomie, et les tablettes mythologiques l'appellent encore « le Soleil du Sud. » En général, on peut dire que dans l'état le plus ancien de la religion chaldéo-babylonienne, aussi bien que dans celles de la Syrie, la grande majorité des dieux mâles était avant tout des dieux solaires, quelle que soit, d'ailleurs, la façon dont on est parvenu à dénaturer leur physionomie en l'individualisant davantage pour la faire entrer dans les cadres du système de hiérarchie qu'on avait conçu. Par contre, le point de vue planétaire, qui joue un rôle si capital dans la phase suivante de la religion, paraît presque absent dans la première époque, et l'influence des idées astrologiques auxquelles il se rattache semble n'avoir commencé à prédominer dans la religion qu'au moment où se produisit l'évolution qui la systématisa définitivement, en grande partie sous l'inspiration de ces idées nouvelles. La seule divinité qui dès les temps les plus anciens présente une physionomie planétaire bien déterminée est Istar. En revanche, rien de plus clair et de mieux établi que le caractère solaire de son époux Doûzi ou Tammuz ; on l'a reconnu depuis longtemps dans la religion de la Phénicie, où il jouait, d'ailleurs, un rôle beaucoup plus considérable que dans la mythologie babylonienne. Ces dieux qui meurent et ressuscitent périodiquement, propres aux cultes de l'Asie antérieure, sont des personnifications du soleil dans les phases successives de sa course diurne et de sa course annuelle. Tel a été originairement Mardouk, le dieu tutélaire de Babylone, localisé postérieurement dans la planète Jupiter, car lui aussi mourait pour revenir à la lumière, et on montrait son tombeau dans la Pyramide de Babylone. D'ailleurs, son ancien nom accadien, Amar-outouki, altéré dans le langage sémitique en Mardouk, signifiait « le cycle du Soleil ». Bin lui-même est encore qualifié dans quelques documents astrologiques de « Soleil du Sud sur Elam ». L'épopée principale de Babylone reposait sur un fondement analogue; son principal héros, Izdubar, était une personnification solaire, et ses douze grandes aventures correspondaient aux douze signes du zodiaque (1).

Cependant il y avait quelques dieux mâles qui, dès les temps les plus reculés de la religion chaldéo-babylonienne, faisaient exception à ce caractère solaire général. Sin est la lune (dont il porte le nom même dans la langue assyrienne), envisagée comme mâle et douée d'une puissance active, c'est-à-dire considérée par rapport à la terre, car la lune est conçue comme femelle par rapport au soleil, ainsi que nous le voyons dans le couple d'Anounit ou de Goula et de Samas. Aussi, dans son grand sanctuaire d'Our, a-t-il pour épouse Nana, déesse essentiellement chthonienne, personnifiant la terre, et ce rap-

---

(1) Voy. *le Déluge et l'Épopée babylonienne*, dans le tome II de mes *Premières Civilisations*.

port est clairement exprimé par son nom accadien de Hour-ki, spécial au culte de la ville d'Our, « celui qui illumine la terre (1). » Au reste, par suite de ce double aspect que la lune peut revêtir suivant le point de vue auquel on l'envisage, Sin, dans plusieurs récits mythologiques, dont le plus important a été recueilli par Ctésias, est représenté comme un dieu androgyne, de même que Mên, le dieu lunaire des religions de l'Asie Mineure, avec lequel il a une très-étroite analogie.

Quant à Anou, dans la période la plus ancienne de la religion euphratique, il réalise la conception du dieu uranique et cosmique, à la fois ciel, temps et monde, que les Grecs rendaient par Æon, en parlant des cultes asiatiques, et les Romains par *Sæculum*; de ce dieu qui s'appelait en Phénicie Oulom ou Eschmoun; à Gaza, Marna; dans d'autres parties de la Palestine, Baal-Haldim; en Arabie enfin, Audh ou Hobal (2). C'est « l'Ancien des jours » celle de toutes les personnifications divines admises dans les religions euphratico-syriennes qui est de sa nature la plus compréhensive et la plus près de la notion d'unité primordiale, mais en même temps la plus vague, un peu comme le Varouna védique et l'Ouranos des plus anciens Grecs. Aussi, du temps des vieilles dynasties chaldéennes, comme aussi dans les débuts de la

---

(1) C'est du moins ainsi qu'on le traduit en assyrien; mais le sens primitif du nom de Hour-ki paraît bien plus expressif encore : « celui qui étend son action sur la terre », « celui qui couve la terre. »

(2) Sur cette conception, voy. mes *Lettres assyriologiques*, t. II, p. 164-178.

phase où la religion fut complétement systématisée, quand on établit un rapport entre lui et les autres dieux, c'est celui de premier principe, auteur de toutes les émanations, qu'on réserva plus tard à Ilou, quand on le distingua d'Anou par un nouvel effort vers la conception abstraite de l'être divin. C'est pour cela qu'Anou est appelé « l'ancien » par excellence, « le générateur » et « le père des dieux ».

Je pourrais étendre des observations du même genre aux personnages de Bel et de Nouah, et passer successivement en revue tous les dieux du Panthéon chaldéo-babylonien, en recherchant la plus ancienne conception que l'on puisse saisir pour chacun d'eux. Mais ceci demanderait un traité complet de la mythologie du bassin de l'Euphrate et du Tigre, que je n'ai pas entrepris dans ce livre, où je ne puis traiter de semblables questions qu'incidemment et dans leurs rapports avec mon sujet principal. Les exemples qui précèdent suffisent, je crois, à faire connaître la nature et l'esprit de la religion chaldéo-babylonienne dans sa forme la plus ancienne, ainsi que son identité avec les religions qui continuèrent à régner sans changements sur la Syrie, la Phénicie et les pays de même race.

Des documents positifs, inscriptions royales et hymnes liturgiques conservés traditionnellement dans les sanctuaires de la Chaldée, nous ont ainsi permis de remonter plus haut que la systématisation régulière qui domine sans partage à partir du xxe siècle avant notre ère sur la religion chaldéo-babylonienne, et de saisir cette religion dans un état relativement primitif. Les vieilles formules magiques d'Accad vont maintenant nous reporter encore plus haut dans l'ordre des temps, au milieu d'un état tout différent des croyances religieuses sur le même sol, si différent que nous serons obligés de reconnaître que nous avons affaire aux conceptions d'une autre race d'hommes.

CHAPITRE IV

SYSTÈME RELIGIEUX DES LIVRES MAGIQUES D'ACCAD

I

Lorsqu'après avoir étudié la religion qui de Babylone et de la Chaldée passa en Assyrie, dans les documents nombreux qui en subsistent et en font connaître le système, soit après la grande réforme sacerdotale qui y introduisit une hiérarchie savante et philosophique, soit dans son état antérieur et non encore régularisé, — lorsque, dis-je, après cette étude, on pénètre dans les vieux livres magiques d'Accad, on se sent immédiatement transporté dans un autre monde.

Il n'est plus question des mêmes dieux. Des noms qui, plus tard, disparaissent absolument des invocations et de la mythologie, auxquels on ne sait pas même donner un équivalent fixe et connu dans les versions assyriennes, jouent un rôle de premier ordre dans les textes magiques. Les dieux dont les noms se retrouvent dans le

Panthéon de la religion publique et officielle, ou que les traducteurs assyriens ont assimilés tant bien que mal à des personnages de cette religion, se présentent dans ces textes avec un rôle et des attributions tout à fait différents, du moins pour la plupart; enfin, sauf le Soleil, les personnifications sidérales, dieux de l'atmosphère et des planètes, qui tiennent un rang si important dans le système définitif et raisonné de la théologie des grandes écoles sacerdotales, auxquelles cette théologie attribue le gouvernement du monde et la direction des événements, n'ont aucune place dans les incantations et les hymnes des recueils de magie. Tout au plus en trouve-t-on la mention passagère et tout à fait en sous-ordre dans un très-petit nombre de formules, parmi les invocations qui les terminent, à la suite des paroles sacramentelles : « Esprit du ciel, souviens-t'en ! Esprit de la terre, souviens-t'en ! » Encore, par une circonstance bizarre et que nous chercherons à expliquer plus loin, circonstance qui donne un caractère particulier à ces mentions, ce ne sont pas, en général, les dieux sidéraux eux-mêmes qu'on y invoque, mais leurs esprits, auxquels on semble donner une existence distincte.

Ainsi, à la fin d'une incantation contre la peste (*Namtar*), les maladies, les démons et les sortiléges en général (1), nous lisons :

Esprit du ciel, souviens-t'en ! Esprit de la terre, souviens-t'en !

---

(1) W. A. I. ɪᴠ. I, col. 3.

Esprit de Moul-ge (1), seigneur des contrées, souviens-t'en !

Esprit de Nin-gelal (2), dame des contrées, souviens-t'en !

Esprit de Nin-dar (3), guerrier puissant de Moul-ge, souviens-t'en !

Esprit de Pakou (4), intelligence sublime de Moul-ge, souviens-t'en !

Esprit de En-zouna (5), fils aîné de Moul-ge, souviens-t'en !

Esprit du Tiskhou (6), dame des armées, souviens-t'en !

Esprit de Im (7), roi dont l'impétuosité est bienfaisante, souviens-t'en !

Esprit de Oud (8), roi de justice, souviens-t'en !

Esprit Anounna-ge (9), dieux grands, souvenez-vous-en !

Dans d'autres invocations du même genre, ces esprits des dieux sidéraux sont mêlés à ceux de dieux que ne connaît plus la religion publique des grands siècles de Babylone et de Ninive, et à d'autres esprits, en partie très-nettement élémentaires, comme des êtres de même nature et de même rang. Voici, par exemple, une énumération de ce genre, la plus développée qui se rencontre

---

(1) C'est le grand dieu appelé Bel en assyrien.
(2) En assyrien Belit.
(3) En assyrien Adar, l'Hercule de la religion des bords de l'Euphrate et du Tigre, dieu de la planète Saturne.
(4) En assyrien Nébo, dieu de la planète Mercure.
(5) En assyrien Sin, dieu de la Lune.
(6) En assyrien Istar, déesse de la planète Vénus.
(7) En assyrien Bin, dieu de l'atmosphère lumineuse et des phénomènes atmosphériques.
(8) En assyrien Samas, dieu du Soleil.
(9) En assyrien Anounnaki, les Esprits de la terre.

dans le grand recueil magique copié par ordre d'Assourbanipal (1) :

De la fièvre, Esprit du ciel, souviens-t'en ! Esprit de la terre, souviens-t'en !

Esprits mâles et femelles, seigneurs de la terre, souvenez-vous-en ?

Esprits mâles et femelles, seigneurs des étoiles, souvenez-vous-en !

Esprits mâles et femelles, ennemis (du mal), souvenez-vous-en !

Esprits mâles et femelles de la montagne sublime, souvenez-vous-en !

Esprits mâles et femelles de la lumière de vie, souvenez-vous-en !

Esprits mâles et femelles de la région inférieure, souvenez-vous-en !

Esprits seigneurs du père et de la mère de Moul-ge, souvenez-vous-en !

Esprits femelles du père et de la mère de Moul-ge, souvenez-vous-en !

Esprit de Hour-ki (2)...., souviens-t'en !

Esprit de Oud, le roi, arbitre des dieux, souviens-t'en !

Esprit de Tiskhou, qui commande aux Anounna-ge, souviens-t'en !

Esprit de la Déesse-onde, mère de Êa, souviens-t'en !

Esprit de Ninouah, fille de Êa (Nouah), souviens-t'en !

Esprit de la déesse Nin-si (3)...., souviens-t'en !

Esprit du dieu Feu, pontife suprême sur la surface de la terre, souviens-t'en !

---

(1) W. A. I. iv, 1, col. 2.
(2) Autre nom du dieu Lune.
(3) Cette déesse, mentionnée quelquefois dans les tablettes astrologiques, personnifie un des aspects de la planète Vénus.

Esprit de Nin-iz-zida (1), qui porte ses ravages à la surface de la terre, souviens-t'en !

Esprits des sept portes du monde, souvenez-vous-en !

Esprit des sept clôtures du monde, souvenez-vous-en !

Esprit du dieu Negab, grand portier du monde, souviens-t'en !

Esprit Rous-bi-sakh (2), épouse du Namtar (3), souviens-t'en !

Esprit Gan-dim-kour-koû (4), fille de l'Océan, souviens-t'en !

Ces longues litanies sont, du reste, fort rares. Nous manquons jusqu'à présent d'un critérium pour déterminer l'antiquité respective des morceaux de diverse nature rassemblés dans le grand recueil magique; mais il est évident qu'il y en a d'époques fort différentes, comme dans les collections vêdiques, et que la composition de ces incantations, de ces formules et de ces hymnes devra s'échelonner sur une série de plusieurs siècles écoulés avant leur réunion et leur mise en écrit, qui remonte elle-même à une date fort élevée. Une étude approfondie, minutieuse, appelant à son aide tous les procédés les plus délicats de la critique, permettra seule d'y établir plus tard un certain degré de chronologie; mais il n'est pas encore temps d'aborder ce difficile travail. Cependant, il semble dès à présent, par la comparaison de la simplicité des formules qui portent en elles-mêmes le

---

(1) Le seigneur de l'arbre propice.
(2) Son choc est de bon augure.
(3) La peste.
(4) Nous ne pouvons pas encore traduire ce nom, dont les deux derniers éléments sont « de la montagne élevée ».

cachet manifeste d'une antiquité tout à fait primitive, que celles où l'on rencontre des énumérations en litanies, comme je viens d'en citer, devront être rangées parmi les plus récentes. Elles représentent une dernière phase de formation des documents magiques, un âge où la fusion des éléments kouschito-sémitique et touranien de la population avait déjà donné naissance aux conceptions religieuses qui finirent par prédominer exclusivement dans le culte extérieur et public. La vieille religion des Esprits, sur laquelle la magie était exclusivement fondée, subsistait encore, à cette époque, d'une manière pleinement indépendante, et c'était la doctrine des prêtres magiciens, qui continuaient — ce qu'ils semblent avoir cessé de faire plus tard — à composer des incantations et à les joindre au fond traditionnel qu'ils avaient reçu de leurs prédécesseurs. Mais si leur doctrine n'était pas changée et résistait encore à l'influence de la religion nouvelle qui s'élevait à côté d'eux, ils tenaient compte de la popularité des dieux de cette religion rivale, et il leur était facile de leur trouver une place dans le monde infini des esprits, tel qu'ils le concevaient.

Il paraîtra peut-être au premier abord bien hardi de s'exprimer ainsi, et l'on sera tenté de voir dans ce qui précède des hypothèses sans fondement assez solide. Cependant je crois qu'à quiconque étudiera le grand recueil magique découvert par sir Henry Rawlinson, une semblable étude fera constater des faits positifs qui légitiment ces conjectures et cette manière de voir.

On peut extraire des incantations et des autres formules de ce recueil, mais particulièrement des hymnes qui en composaient le troisième livre, un système religieux complet, qui a servi de fondement à la doctrine magique. Ce système est tout à fait différent de celui de la religion publique et officielle ; il repose sur d'autres données ; et les deux ont été certainement indépendants l'un de l'autre dans leur origine et dans leur développement. Ce sont les religions de deux races diverses, dualité correspondant à celle que l'histoire reconnaît aujourd'hui dans les éléments constitutifs de la population de la Chaldée et de la Babylonie ; et je crois qu'il me sera possible d'établir que les textes magiques, dans leur système religieux, nous offrent les croyances de la couche ethnique la plus ancienne qui ait couvert le sol de ces contrées.

Quoi qu'il en soit, malgré les différences profondes des deux systèmes et leur indépendance respective, puisqu'ils ont certainement coexisté pendant un certain temps, sans doute en état d'hostilité et d'opposition, il a dû, malgré cet antagonisme, se produire dans une certaine mesure une influence réciproque, comme il est arrivé toujours en pareil cas. Et c'est ainsi que s'expliquent, d'un côté, l'admission de noms de dieux qui tiennent aux conceptions intimes de la religion rivale et sont étrangers au vieux fonds des documents de cette nature, dans les litanies de quelques formules magiques qui ne doivent pas être des plus anciennes, de l'autre, l'introduction dans le Panthéon de la religion chaldéo-babylonienne —

car il faut désigner ainsi celle qui a fini par prévaloir dans le culte public, en appelant accadienne la religion des livres magiques — de certains personnages qui appartiennent essentiellement à l'autre système, et par suite ne se retrouvent en aucune façon dans les cultes étroitement apparentés de la Phénicie et de la Syrie.

L'influence réciproque ne fut pourtant que peu considérable. Les deux doctrines de la religion la plus antique, conservée par les corporations de prêtres magiciens, et de la religion nouvelle qui l'avait graduellement supplantée dans les adorations publiques au fur et à mesure des progrès de l'élément kouschito-sémitique de la population, demeurèrent, suivant toutes les probabilités, indépendantes et en opposition jusqu'à la grande réforme sacerdotale, qu'on pourrait appeler le brahmanisme des bords de l'Euphrate et qui fut consommée environ 2,000 ans avant Jésus-Christ, vers l'époque de l'avènement du premier Sargon. Cette réforme n'eut pas en effet pour seul objet et pour seul résultat de systématiser dans une hiérarchie d'émanations réglées d'après des conceptions de philosophie naturaliste la foule des dieux adorés jusque-là dans les différentes cités ; elle poursuivit l'absorption dans un même ensemble de toutes les branches et de toutes les écoles de sciences surnaturelles existant dans le pays, quelle qu'en fût l'origine, de même que le brahmanisme combina avec le vieux fonds des croyances vêdiques et avec ses idées propres un certain nombre de données empruntées aux populations anté-aryennes de l'Inde. Ce fut une véritable œuvre de syncrétisme, où le culte accadien des esprits élémentaires prit place à côté de l'adoration des dieux chaldéo-babyloniens, mais en s'y s'y subordonnant, mais en voyant les esprits auxquels il adressait ses invocations relégués dans la classe inférieure des émanations, intermédiaire entre les dieux et l'humanité. Alors ceux qui continuaient la tradition des prêtres magiciens des âges primitifs furent agrégés au grand corps sacerdotal, comme dans l'Inde on admit parmi les brahmanes un certain nombre de familles de pontifes de la race brune antérieure aux Aryas. Reçus dans ce corps sacerdotal, les prêtres magiciens y formèrent des collèges spéciaux et d'ordre inférieur, ceux que le livre de Daniel appelle *kharlumim*, *hakamim* et *asaphim*. Le recueil de leurs formules traditionnelles et de leurs incantations, dont la formation et la compilation paraissent avoir été closes à partir de cette époque, fut admis au nombre des livres sacrés et revêtu d'un caractère canonique ; et il devint le livre spécial de ces collèges de prêtres adonnés à la magie, de la même façon que dans l'Inde l'Atharva-Vêda, contraire pourtant en bien des points aux pures croyances aryennes primitives et même à une orthodoxie brahmanique rigoureuse, fut accepté parmi les écrits sacrés, en tant que le Vêda propre aux familles de prêtres appelés Goptris ou Angiras.

II

Essayons maintenant de donner une idée du système religieux exposé dans les écrits magiques d'Accad, en appuyant cette analyse de citations empruntées principalement aux hymnes du troisième livre du grand recueil, dont nous n'avons fait jusqu'ici que peu d'usage.

Ce système n'est autre que celui des esprits élémentaires, aussi absolu et aussi caractérisé qu'il a jamais pu l'être chez les populations altaïques ou dans la Chine primitive. La magie accadienne repose sur la croyance à d'innombrables esprits personnels répandus en tous lieux dans la nature, et tour à tour confondus avec les objets mêmes qu'ils animent, ou séparés de ces objets. C'est là certainement une des conceptions les plus grossières du surnaturel et de la puissance inconnue qui gouverne le monde, mais aussi l'une des plus primitives, car elle touche au fétichisme et en conserve même une large part, dans la confiance aveugle aux talismans et à leur pouvoir mystérieux. Les esprits partout répandus produisent tous les phénomènes de la nature, dirigent et animent tous les êtres de la création. Ce sont eux qui causent le bien et le mal, qui conduisent les mouvements célestes, ramènent les saisons en leur ordre, font souffler les vents, tomber les pluies, produisent par leur action les phénomènes atmosphériques, bienfaisants ou destructeurs ; ce sont eux aussi qui donnent à la terre sa fécondité, font germer et fructifier les plantes, président à la naissance et à la conservation de la vie chez les êtres animés, et qui, par contre, envoient la mort et les maladies. Il y a des esprits de ce genre partout, dans le ciel des étoiles, dans la terre et dans les régions intermédiaires de l'air. Tous les éléments en sont remplis, l'air, le feu, la terre et l'eau ; rien n'existe que par eux. Il y en a de spéciaux pour chaque élément, pour chaque corps céleste, pour chaque être et chaque objet de la nature. On leur donne une personnalité très-nette et très-déterminée, et l'on n'aperçoit au-dessus de ce peuple infini d'êtres supérieurs à l'humanité, mais inférieurs à la notion que se font des dieux les religions plus hautes dans leurs tendances, aucune trace de l'idée d'un dieu suprême, d'un premier principe qui leur serve de lien et d'où ils tirent leur existence. C'est en cela que ce naturalisme, de même que celui des peuples tartares et mongols, se distingue de celui des races plus nobles, telles que les anciens Aryas, chez qui l'on retrouve toujours une conception fondamentale de monothéisme, quelque vague et mal déterminée qu'elle puisse être quelquefois, au-dessus de l'adoration des phénomènes cosmiques, personnifiés dans les dieux.

Comme le mal est partout à côté du bien dans la nature, les fléaux à côté des influences favorables, la mort à côté de la vie, la destruction à côté de la production, une idée de dualisme, aussi prononcée que dans la religion de Zoroastre, préside à la manière dont les prêtres magiciens d'Accad conçoivent le monde surnaturel, dont ils redoutent encore plus les actions malfaisantes qu'ils n'en attendent de bienfaits. Il y a des esprits bons par essence, et d'autres mauvais également par nature. Leurs chœurs opposés constituent un vaste dualisme qui embrasse l'univers entier et poursuit dans toutes les parties de la création une lutte incessante et éternelle. Les mauvais esprits sont partout répandus comme les bons : dans le ciel, sur la terre et dans l'atmosphère, ils sont les uns en face des autres et se combattent avec acharnement. Ce sont leurs alternatives de triomphe et de défaite qui font succéder les fléaux aux bienfaits de la nature et qui interrompent le cours régulier des choses du monde par des catastrophes subites. De même qu'à chaque corps céleste, à chaque élément, à chaque phénomène, à chaque objet et à chaque être est attaché un bon esprit, un mauvais esprit s'y attache également et cherche à l'y supplanter. La discorde est ainsi partout dans l'univers, et rien ne se trouve à l'abri de cette lutte, toujours renouvelée, du bien et du mal, envisagée principalement au point de vue physique : car le côté moral du dualisme reste tout à fait à l'arrière-plan et n'apparaît presque pas dans les écrits magiques, même dans les hymnes où il eût pu se développer plus facilement. Ces écrits semblent presque ne connaître d'autre péché que de négliger les rites propitiatoires, et surtout d'entrer en rapport avec les mauvais esprits par les pratiques de la magie noire, au lieu de s'adresser aux bons par le moyen des rites considérés comme saints et pieux, et par l'intermédiaire des magiciens autorisés.

C'est sur la conception dualiste que repose tout l'édifice de la magie sacrée, de la magie envisagée comme le commerce saint et légitime établi par les rites d'origine divine entre l'homme et les êtres surnaturels qui l'entourent de toutes parts. Emporté fatalement lui-même au milieu de cette lutte perpétuelle entre les bons et les mauvais esprits, l'homme en sent à chaque instant les atteintes; son propre sort en dépend. Tout ce qui lui arrive d'heureux est le fait des uns, tout ce qui lui arrive de mal celui des autres. Il lui faut donc un secours contre les attaques des mauvais esprits, contre les fléaux et les maladies qu'ils déchaînent sur lui. Ce secours, c'est dans les incantations, dans les paroles mystérieuses et toutes-puissantes dont les prêtres magiciens ont le secret, c'est dans leurs rites et dans leurs talismans qu'il le trouve. Par là, les démons funestes sont écartés, les esprits favorables rendus propices et appelés au secours de l'homme. On se fait une si haute idée du pouvoir et de l'efficacité de ces formules, de ces pratiques, de ces amulettes, qu'on en vient jusqu'à les regarder comme fortifiant les bons esprits eux-mêmes dans leur combat contre les démons, comme leur prêtant une aide et leur fournissant des armes invincibles qui assurent leur triomphe. Ainsi la puissance surnaturelle du magicien n'est pas seulement comme un bouclier pour l'homme; elle arrête les plus grandes catastrophes de la nature, influe sur le cours des phénomènes et intervient avec une efficacité décisive dans les discordes du monde des esprits.

Ces données fondamentales sont empreintes à chaque pas dans le grand recueil magique et dans les formules de même nature que l'on peut recueillir ailleurs. Elles me paraissent ressortir assez clairement des citations que j'ai faites jusqu'ici, pour n'avoir pas besoin d'être confirmées par de nouveaux exemples.

En se développant, du reste, et en marchant toujours davantage vers la constitution d'un système auquel elle prétendait donner une rigueur scientifique, la doctrine magique a introduit un ordre et une hiérarchie dans la foule des esprits dont elle admettait l'existence. Elle a réparti les bons en classes parallèles à celles que nous avons déjà constatées chez les démons. Malheureusement les indications des textes sont encore moins précises sur sur la distribution et le rang respectif de ces chœurs des esprits favorables que sur ceux des groupes diaboliques. Nous y discernons seulement que, dans l'armée du bien comme dans celle du mal, on reconnaissait des génies, des catégories appelées *mas* et *lamma*, et des démons qualifiés *utuq*. « Le mas favorable », le « lamma favorable » et « l'outouq favorable » sont très-fréquemment opposés dans les formules incantatoires au « mas mauvais », au « lamma mauvais », à « l'outouq mauvais ».

Il est aussi question des esprits proprement dits (zi), spécialement élémentaires, ou attachés à des êtres et à des objets déterminés, et des anges, plus indépendants, de formes naturelles précises, parmi lesquels on distingue les Anounna, presque toujours terrestres, et les Igili, qui ont leur demeure dans les cieux.

Au plus haut sommet de la hiérarchie, on admet même un certain nombre de dieux (*an*, *dingir* ou *dimir*). Mais leur nature ne diffère pas essentiellement des autres esprits, nom qu'on leur donne (zi), aussi bien que celui de dieux. Ce sont des êtres de même essence, qu'on distingue seulement par une qualification particulière, parce qu'on croit leur pouvoir plus grand que celui des autres, et surtout parce qu'on y attribue un champ plus étendu. Car, autant qu'on peut le discerner, ce qui distingue, dans ce système, le dieu du simple esprit, c'est qu'il est moins étroitement localisé, qu'on le regarde comme animant et dirigeant une grande division du monde, un ensemble de phénomènes, une classe d'êtres ou d'objets semblables, dont chacun, de plus, possède individuellement son esprit. Ce sont donc, si l'on peut ainsi parler, les esprits des catégories d'êtres naturels ou de phénomènes, conçus comme distincts des esprits individuels, et supérieurs à eux. Leur personnalité, du reste, est aussi déterminée que celle des esprits inférieurs, et l'on ne trouve pas davantage entre eux un lien d'unité de substance et de principe primordial. Deux des plus grands de ces dieux, de ceux qui priment tous les autres, Anna et Êa, n'ont pas de titres plus hauts que ceux d' « Esprit du ciel » (*Zi anna*) et d' « Esprit de la terre » (*Zi kia*). C'est ainsi que s'adressent à eux les invocations les plus solennelles, et ceci caractérise nettement leur nature originaire et fondamentale.

Les dieux ainsi conçus paraissent avoir été fort nombreux. Beaucoup sont nommés dans les incantations contre les démons ou les maladies et dans les hymnes magiques. Mais, pour beaucoup aussi, la mention n'a lieu que dans un seul passage, isolément, et dans de telles conditions, que nous ne pouvons rien en tirer de précis sur le rôle et les attributions du dieu; d'autant plus que souvent l'imperfection de nos connaissances sur la langue accadienne ne nous permet pas encore d'expliquer son nom, toujours significatif, et que le traducteur assyrien l'a purement et simplement copié, sans essayer de l'assimiler à celui d'un dieu de son propre Panthéon, pourtant démesurément riche. Qu'est-ce en effet que le dieu Zî, le dieu Nin-iz-zida, « le seigneur de l'arbre propice » ou « de l'arbre de la main droite »; la déesse Ninka-si, « la Dame à la face cornue; » le dieu Nin-akha-qouddou, et tant d'autres encore dont les noms apparaissent çà et là dans les documents magiques ? De nouveaux textes pourront seuls nous l'apprendre. Peut-être quelques-uns de ces noms ne sont-ils que des qualifications de personnages divins que nous connaissons mieux sous d'autres appellations.

Du moins, si nous ne sommes pas encore en état de

définir avec précision le caractère et le domaine propre d'une partie des dieux, cette incertitude ne règne que sur les personnifications divines de second ordre. Les renseignements abondent, au contraire, sur les principaux dieux, grâce à la manière dont ils figurent dans les incantations, et surtout grâce aux hymnes qui leur sont adressés. On peut dès à présent les définir d'une manière complète, et c'est ce que nous allons tenter. Mais il faut auparavant jeter un coup d'œil sur la conception particulière du monde à laquelle ils se rattachent.

« Les Chaldéens, dit Diodore de Sicile (1), ont une opinion tout à fait spéciale sur la forme de la terre : ils croient qu'elle a la figure d'une barque renversée et qu'elle est creuse par en dessous. » Cette opinion se conserva jusqu'au dernier jour dans les écoles sacerdotales de la Chaldée ; leurs astronomes l'admirent, et il paraît, toujours d'après Diodore, qu'ils cherchaient à la justifier par des arguments scientifiques. Mais elle remontait aux temps les plus antiques, elle était un legs des idées de la période purement accadienne ; et si l'on ne prenait pas cette donnée pour point de départ, ce que disent les textes magiques sur la forme et l'économie de l'univers serait absolument inintelligible, aussi bien que leur répartition des principales parties de cet univers sous l'empire de différents dieux.

Que l'on imagine donc une barque retournée, non pas une barque telle que nous avons l'habitude d'en voir,

(1) II, 31.

mais un de ces esquifs absolument ronds qui servent encore habituellement, sous le nom de *koufa*, dans les parages du bas Tigre et du bas Euphrate, et dont les sculptures historiques des palais de l'Assyrie nous offrent la représentation ; telle était la figure de la terre pour les auteurs des formules magiques d'Accad, comme pour les astrologues chaldéens des âges postérieurs. Nous exprimerions aujourd'hui la même idée en la comparant à un bol renversé. La surface supérieure convexe constitue ce qu'on appelle proprement la terre (*ki*), la terre habitable ou la surface terraquée (*ki-a*), désignée aussi sous l'expression collective des pays (*kalama*). La concavité inférieure est l'abîme terrestre (*ge*) ; c'est là que résident les génies de la terre, là que se trouve la demeure des morts (*kur-nu-de, arali*). Le point central en est le nadir (*ur*), le fondement de tout l'édifice du monde, et c'est dans cette région ténébreuse que le soleil accomplit son voyage nocturne.

Au-dessus de la terre s'étend, « comme une couverture » (1), le ciel (*anna*), constellé de ses étoiles fixes (*mul*), tournant autour de la montagne de l'Orient (*kharsak kurra*), colonne qui joint le ciel à la terre et sert d'axe à la voûte céleste. Le point culminant du ciel, le zénith (*paku*), n'est pas le même que cet axe ou pôle, car il se trouve immédiatement au-dessus du pays d'Accad, regardé comme le centre de la terre, et la montagne sur la cime de laquelle pivote le ciel des étoiles fixes est

---

(1) W. A. I. iv, 20, 2.

située au nord-est de ce pays. L'astrologie chaldéenne admit plus tard un ciel sphérique, enveloppant complétement la terre ; mais il paraît, d'après plusieurs expressions caractéristiques, qu'à l'époque de la composition du plus grand nombre au moins des morceaux du recueil magique, on se représentait le firmament comme une calotte hémisphérique, dont les bords inférieurs reposaient sur les extrémités de la terre, au delà du grand réservoir des eaux (*zuab*), lequel entourait de tous les côtés la surface continentale, exactement à la façon de l'Océan d'Homère. Aussi lui appliquerons-nous ce nom d'océan, aussi bien que celui de réservoir des eaux, gardant, pour désigner la cavité souterraine ou *ge*, l'appellation d'abîme, par laquelle on a traduit quelquefois l'accadien *zuab*, ou son équivalent assyrien *apsu*. Les mouvements périodiques des planètes (*lubat*), que leur nom accadien assimile à des animaux doués de vie (1), s'opèrent au-dessous du ciel des étoiles fixes ; plus tard, l'astrologie leur a attribué sept sphères concentriques et successives, au-dessus desquelles s'étend le firmament, mais nous n'apercevons rien de semblable dans les documents magiques. Entre la terre et le ciel est la zone où se produisent les phénomènes atmosphériques, où soufflent les vents (*im*) et les tempêtes (*im-kab*), où circulent les nuages (*im-dir*), qui, fendus par la foudre (*amaktu*) partie des planètes, laissent échapper la pluie (*a-an*) par leurs gouttières (*ganul*).

---

(1) *Lubat* signifie d'abord une espèce de quadrupède carnassier, probablement voisin de l'ours.

Il y a donc trois zones de l'univers : le ciel, la surface terrestre avec l'atmosphère, et l'abîme inférieur. C'est à ces zones que répondent et président les trois plus grands dieux : Anna, Êa et Moul-ge. Par la suite, ils ont été assimilés aux dieux de la triade suprême de la religion chaldéo-babylonienne, Anou, Nouah et Bel, et leurs noms sont devenus les appellations accadiennes des dieux de cette triade. Mais, en réalité, sauf pour Êa, leur conception primitive, dans les fragments magiques, est profondément différente de celle des dieux de la religion postérieure avec lesquels on les a identifiés.

Nous n'avons pas, dans les parties de la collection parvenues jusqu'à nous, d'hymne spécial adressé à Anna; mais c'est lui qui est invoqué, dans la formule sacramentelle de toutes les incantations, sous le nom d'Esprit du ciel (*Zi anna*). Comme son nom l'indique, il ne se distingue pas du ciel matériel ; il est ce ciel même tout autant qu'il en est l'âme ; c'est peut-être celui, de tous les esprits surnaturels, dont la conception se dégage le moins de l'objet auquel il est attaché. Anna, dans les plus vieux documents magiques accadiens, est donc exactement pareil au Thian des Chinois primitifs. Mais, dans la plus antique religion de la Chine, Thian, « le ciel, » est aussi Chang-ti, « le seigneur suprême ; » il plane au-dessus des esprits de la nature comme souverain maître et premier principe, couronnant l'édifice du culte des esprits par une notion réellement monothéiste. Il en a peut-être été de même à l'origine chez le peuple d'Accad, et deux indices importants pourraient le faire soupçonner : c'est que, dans la langue, un des deux mots qui expriment la notion absolue de divinité, *an* (état emphatique *anna*), est le même mot qui signifie « ciel », puis que l'hiéroglyphe antique du signe qui, dans l'écriture cunéiforme, inventée par les Accadiens, rend l'idée de « dieu », est la figure d'une étoile. Mais si elle a dû exister à l'origine et si elle reparaît dans la religion chaldéo-babylonienne, cette notion est déjà complétement oblitérée dans les morceaux qui composent le recueil magique. Anna ne s'y montre en rien supérieur aux deux autres grands dieux des deux autres zones de l'univers, et il n'en est pas non plus le principe primordial d'où ils sont issus.

Le nom d'Êa signifie « demeure » (*é*, *éa*, maison) ; ce nom se rattache donc manifestement à l'époque où le dieu fut conçu d'abord comme se confondant avec la zone du monde à laquelle il préside, la zone qui sert de « demeure » aux hommes et aux êtres animés ; mais sa notion s'est ensuite bien plus dégagée de l'objet matériel que celle d'Anna. Il est le seigneur de la surface terrestre (*mul-ki*), et ce titre devient pour lui une seconde appellation, aussi fréquemment employée que son nom même de Êa. C'est donc lui qui, dans la formule sacramentelle des incantations, est invoqué comme l'Esprit de la terre, ou plus précisément encore de la surface terraquée (*Zi ki-a*). Il est en même temps le seigneur de la région de l'atmosphère. C'est l'esprit de cette zone de l'univers, l'âme qui y anime tout, y pénètre partout, y fait vivre et mouvoir tout ce qui existe. Les Accadiens, — et cette idée fut transmise par eux aux Chaldéo-Babyloniens des âges plus récents, — les Accadiens considéraient l'élément humide comme le véhicule de toute vie, la source de toute génération ; ils voyaient, d'ailleurs, cet élément circulant partout dans la zone qui embrasse la surface terrestre et l'atmosphère. Êa, qui en est l'âme et l'esprit, fut donc pour eux intimement lié à l'élément humide. Il en est spécialement le roi : les eaux (a) adorées dans leur réalité matérielle, et les esprits qui y président, sont ses enfants. On ne lui assigne pas de père ; mais comme il s'engendre éternellement lui-même dans le sein de l'élément humide, on le dit quelquefois (1) issu d'une déesse Ria, dont le nom signifie « l'onde », ou plus exactement « le fluide » (*ria*, « couler »). Sa résidence habituelle est dans le grand réservoir (*zuab*) qui, comme nous l'avons déjà dit, environne la terre. De là à le représenter sous la forme sensible d'un dieu-poisson, il n'y avait qu'un pas, et ce pas fut franchi ; car un de ses titres les plus habituels est « le grand poisson de l'Océan» (*gal khanna zuab*) ou « le poisson sublime » (*khan makh*).

C'est comme l'esprit du monde habité, l'âme qui en dirige les phénomènes, que Êa est le dépositaire de toute science. Nous saisissons ici l'enchaînement d'idées qui a conduit à cette notion bizarre que le dieu savant est un dieu ichthyomorphe. Devenue une notion symbolique

---

(1) W. A. I. ıv, 1, col. 2, l. 36.

générale, et s'appliquant désormais en dehors du cas spécial qui l'avait produite, elle fut empruntée par la religion chaldéo-babylonienne postérieure et appliquée à ses propres conceptions, d'origine très-différente pourtant. Aussi, quand la tradition mythologique voulut peindre le dieu Anou en législateur, établissant chez les premiers hommes les fondements de la religion et de la société, elle le représenta, lui aussi, dans ce rôle spécial, sous la forme d'un poisson.

Comme âme de la zone du monde habitée par les êtres vivants, de la « demeure » par excellence, Êa est le dieu qui veille à son bon ordre, qui la défend contre les ravages qu'y apportent incessamment les mauvais esprits. Comme dieu possesseur de la science, il connaît toutes les ruses de ceux-ci pour les déjouer, et c'est lui seul qui a la notion des secrets magiques au moyen desquels on peut les vaincre et les repousser. De là son importance exceptionnelle dans la magie conjuratoire, dont il est le grand dieu. Les citations que nous avons placées antérieurement sous les yeux du lecteur ont mis en pleine lumière son caractère de suprême protecteur des hommes et de la nature dans la lutte que produit l'antagonisme du bien et du mal, de *deus averruncus* ou annulant et détournant les influences funestes, d'auteur de l'action théurgique. C'est auprès de lui qu'on cherche le suprême secours, quand aucune parole, aucun rite, aucun talisman, ni même l'intervention d'aucun autre dieu n'a pu briser la puissance des démons.

Tandis que les textes magiques ne font aucune mention d'une compagne d'Anna, ils donnent à Êa une épouse, Damkina ou Davkina. D'après son nom même, qu'on ne peut guère rendre avec précision qu'en latin, *uxor ex terrâ* (*dam-kina*), elle paraît avoir été primitivement une personnification de la surface de la terre, que le dieu domine et féconde. C'est de l'union de Êa et de Davkina que naissent les eaux matérielles qui coulent sur la terre (1).

Êa est le seul dieu de l'antique mythologie accadienne que la religion qui finit par la supplanter ait adopté sans modifier de fond en comble sa conception, avec son épouse Davkina, laquelle n'a jamais reçu d'appellation sémitique et gardait, même à Ninive, son nom accadien. Aussi est-ce le seul dieu des Chaldéo-Babyloniens qui n'ait pas son parallèle en Syrie et en Phénicie. On a purement et simplement traduit son nom de Êa dans la langue assyrienne sémitique, sous la forme Nouah, de la racine *navah*, « demeurer, résider ». Continuant son rôle de protecteur et de sauveur, c'est lui qui, dans le récit babylonien du déluge, sauve Sisithrus et dirige son navire au milieu du cataclysme. Et ce n'est certainement pas par une coïncidence fortuite que la Bible, dans sa narration du déluge si voisine de celle de Babylone, donne au patriarche sauvé un nom presque semblable à celui que les Chaldéens appliquaient au dieu sauveur, Nouahh (Noé), de la racine apparentée *navahh*,

---

(1) W. A. I. IV, 14, 2, recto, l. 13 et 15.

« se reposer, résider, » ainsi que l'ont compris les Septante en traduisant le verset 29 du chapitre v de la Genèse. Ceci nous fait comprendre comment la tradition juive a toujours mêlé le nom de Noé à celui du dieu chaldéo-assyrien Nisroch — une des appellations de Nouah — d'une façon qui était jusqu'à présent inexplicable. « Nisroch, dit le célèbre rabbin Raschi (1), est une planche de l'arche de Noé. » Nous nous rendons également, par là, compte de la manière dont s'est formée la légende populaire qui faisait dire à Bérose (2), après avoir raconté comment le vaisseau de Sisithrus s'était arrêté sur une haute montagne : « Une partie de ce vaisseau subsiste encore dans les monts Gordyéens, en Arménie, et les pèlerins en rapportent l'asphalte qu'ils ont raclé sur les débris ; on s'en sert pour repousser l'influence des maléfices. » La légende n'a fait qu'appliquer au vaisseau de Sisithrus, dont on montrait aux dévots les prétendues reliques, les idées qui se rapportaient d'abord au vaisseau symbolique sur lequel le dieu Êa ou Nouah était censé parcourir son humide empire. Un des hymnes du recueil magique (3), extrêmement difficile à comprendre parce que nous n'en avons que le texte accadien, sans version assyrienne, et qu'il est rempli de termes techniques inexpliqués, roule tout entier sur ce vaisseau de Êa,

---

(1) Sur Isaïe, xxxvii, 38.
(2) Fragm. 15 de mon édition. — L'extrait d'Abydène (frag. 16) dit également : « Du bois du navire, les habitants du pays font des amulettes qu'ils suspendent à leur col contre les maléfices. »
(3) W. A. I. iv, 25.

que garnissent « sept fois sept lions du désert », et où naviguent « Êa, qui fixe les destinées, avec Davkina, dont la parole vivifie, Silik-moulou-khi, qui prophétise le renom favorable, Moun-abge (1), celui qui conduit le seigneur de la terre, et Nin-gar (2), le grand pilote du ciel. » Cet hymne en énumère toutes les parties, en indique la signification conjuratoire et se termine par le vœu :

Que le vaisseau devant toi navigue sur les canaux ! — Que le vaisseau derrière toi navigue sur la surface (des eaux) ! — En toi que la joie du cœur se développe dans sa plénitude !

Un autre hymne (3) célèbre en termes pompeux « la grande arme de gloire de la royauté » de Êa, « roi de l'Océan », « l'arme élevée qu'il lance pour l'affermissement de sa royauté », et aussi « l'arc sublime et la lance » de son pilote, qui y est appelé, avec une variante de nom, Nin-si-gar. On y invoque le secours de ces armes puissantes, et on énumère longuement toutes les pierres précieuses qui les garnissent. On se représentait donc Êa armé comme un guerrier pour combattre les démons, quand il fendait sur son navire les eaux du grand réservoir, en faisant la garde autour de la terre.

C'est sans doute dans la bouche de Êa, envisagé sous cet aspect guerrier, qu'était placé le dithyrambe (4) d'un

---

(1) Bienfaisant sur les vagues.
(2) Maître du gouvernail (?).
(3) W. A. I. iv, 18, 3.
(4) W. A. I. ii, 19.

accent si fier, si curieux par ses nombreuses allusions mythologiques, où un dieu célèbre la puissance de ses armes, et en particulier de son disque à cinquante pointes et à sept rayons concentriques, analogue au *tchakra* des héros indiens et au « glaive tournant » dont la Genèse arme le Chérub qui garde la porte du Paradis terrestre (1).

En présence de la terreur immense que je répands, pareille à celle d'Anna, qui garde la tête haute?

Je suis maître. Les montagnes escarpées de la terre agitent violemment leurs sommets sur leurs fondements.

La montagne d'albâtre, de lapis et de marbre, dans ma main, je la [possède.

Esprit divin,.... comme un oiseau de proie qui fond sur les passereaux,—dans la montagne, par ma vaillance héroïque, je décide la querelle.

Dans ma main droite, je tiens mon disque de feu ; — dans ma main gauche, je tiens mon disque meurtrier.

Le soleil aux cinquante faces, l'arme élevée de ma divinité, je la tiens.

Le vaillant qui brise les montagnes, son soleil qu'on ne détourne pas (?), je le tiens.

La grande arme qui, comme l'épée, dévore en cercle les cadavres des combattants, je la tiens.

Celle qui brise les montagnes, l'arme meurtrière d'Anna, je la tiens.

Celui qui courbe les montagnes, le poisson aux sept nageoires, je le tiens.

La lame flamboyante de la bataille, qui dévaste le pays rebelle, je la tiens.

(1) Voy. mes *Premières Civilisations*, t. II, p. 193 et suiv.

Le grand glaive qui bouleverse les rangs des vaillants, le glaive de ma divinité, je le tiens.

Celle aux atteintes de qui la montagne n'échappe pas, la main des mâles puissants de la bataille, je la tiens.

La joie des héros, la lance qui fait la force dans la bataille, je la tiens.

Le lacet qui enveloppe les hommes et l'arc de la foudre, je les tiens.

La massue qui écrase les demeures du pays rebelle et le bouclier de la bataille, je les tiens.

La foudre de la bataille, l'arme aux cinquante pointes, je la tiens.

Pareil à l'énorme serpent à sept têtes, le.... à sept têtes, je le tiens.

Pareille au serpent qui bat les flots de la mer, [attaquant] l'ennemi en face, — dévastatrice dans le choc des batailles, étendant sa puissance sur le ciel et la terre, l'arme aux [sept] têtes, [je la tiens.

Faisant jaillir son éclat comme celui du jour, le dieu brûlant de l'orient, je le tiens.

Créateur du ciel et de la terre, le dieu Feu dont la main n'a pas d'égale, je le tiens.

L'arme qui [répand] ses terreurs immenses sur le pays, — dans ma main droite puissamment, le projectile d'or et de marbre.... — qui fait la force du dieu ministre de la vie dans ses miracles, je le tiens.

L'arme qui comme..... combat le pays rebelle, l'arme à cinquante pointes, je la tiens.

Mais si Êa, tout en ayant son nom traduit en Nouah, est passé sans changer de rôle et de nature dans la mythologie chaldéo-babylonienne, en revanche Moul-ge, dans les documents de la collection magique, ne ressemble guère au Bel démiurge dont on l'a rapproché plus tard, afin de lui trouver une équivalence dans la religion qui l'emportait. L'assimilation se faisait mieux entre son épouse Nin-ge et Belit, quand on envisageait cette dernière sous sa face chthonienne. En effet, Moul-ge et Nin-ge sont, comme leur nom l'indique, le Seigneur et la Dame de l'abîme inférieur et des entrailles de la couche terrestre. Les formules d'Accad ne les connaissent pas autrement. Tantôt on donne comme une seconde dénomination de Nin-ge, tantôt comme l'appellation d'une déesse distincte, le nom de Nin-ki-gal, « la grande Dame de la terre, » identifiée dans les listes bilingues de dieux à la sémitique Allat, la reine des enfers dans la religion chaldéo-babylonienne. Ce nom de Nin-ki-gal caractérise une personnification de la terre prise dans la masse, de même que Damkina était originairement une personnification de sa surface. Au reste, Moul-ge et Nin-ge étant les maîtres de la masse terrestre, la possession du fond est quelquefois regardée comme entraînant celle de la superficie, et on les appelle « le Seigneur » et « la Dame des pays »; de ce côté, la frontière des empires de Êa et de Moul-ge n'est pas bien définie.

Ainsi que je l'ai dit tout à l'heure, c'est dans l'abîme inférieur (*ge*), domaine incontesté de Moul-ge, que se trouve le lieu où descendent des morts; on appelle ce lieu le Pays immuable (*kur-nu-de*), le Tombeau (*arali*), où, par une expression euphémique, le Temple (*é-kur*), ce que remplace quelquefois l'expression moins déguisée de Temple des morts (*é-kur-bat*, auquel on donne pour synonyme *arali*). A l'époque de formation de l'épopée chaldéo-babylonienne, le récit de la descente d'Istar aux enfers décrit le Pays immuable (désigné dans la langue assyrienne par le nom de *mat-la-nakir*) sous des traits aussi sombres que ceux que la poésie hébraïque emploie pour peindre le *schéôl*.

Vers le Pays immuable, la région [d'où l'on ne revient pas.] — Istar, fille de Sin, son oreille — a tourné; la fille de Sin [a tourné] son oreille, — ... — vers la demeure où l'on entre sans en sortir, — vers le chemin que l'on descend sans revenir, — vers la demeure où l'on entre, la prison, — le lieu où l'on n'a que de la poussière pour (apaiser) sa faim, de la boue pour aliment, — où l'on ne voit pas la lumière et [l'on demeure] dans les ténèbres, — où les ombres, comme des oiseaux, [remplissent] la voûte.

Dans les documents magiques accadiens, la peinture n'est pas moins sombre. Un hymne, où malheureusement toutes les fins des lignes manquent (1), ce qui rend impossible d'en donner une traduction suivie, qualifie cette région en l'appelant « le Temple, lieu où n'existe plus de sentiment..... le fond de l'intérieur (*gi-dé*), lieu où il n'y a pas de bénédiction.... le Tombeau, lieu où l'on ne voit pas.... le Temple redouté..... » et y fait régner « Nin-ge sur ses autels élevés », ainsi que son époux Moul-ge.

Au reste, dans la conception de cet enfer, aussi bien

---

(1) W. A. I. IV, 24, 2.

d'après les documents mythologiques de l'époque chaldéo-babylonienne que d'après les documents magiques de l'époque purement accadienne, nous n'apercevons aucune idée morale de rémunération, aucune distinction de récompenses ni de peines; les tristesses du Pays immuable sont les mêmes pour tous les hommes, quelle qu'ait été leur conduite pendant la vie; les seules récompenses dont il soit question pour la piété et pour la vertu sont purement terrestres. Cependant, le récit épique de la descente d'Istar place au fond du Pays immuable une source des eaux de vie, que gardent avec un soin jaloux les puissances infernales; un commandement des dieux célestes peut en ouvrir l'accès, et celui qui a bu l'eau de la fontaine retourne vivant à la lumière. Pareille idée devait exister déjà dans la conception de l'enfer à l'époque de la composition des morceaux magiques, car nous verrons un peu plus loin un hymne au médiateur Silik-moulou-khi (1) lui attribuer le pouvoir de « ramener les morts à la vie ». Mais nous ignorons dans quelles conditions était censée s'opérer cette résurrection; peut-être était-elle seulement admise pour justifier la prétention des prêtres magiciens d'opérer, par le pouvoir de leurs incantations, de semblables prodiges. Remarquons, du reste, que Diogène Laërte (2) attribue formellement aux écoles philosophiques de la Chaldée la croyance à une résurrection finale, après laquelle les hommes seront

(1) W. A. I. iv, 29, 1.
(2) *De Vit. philosoph.*, procem.

immortels. C'est le dernier terme du développement de l'idée dont nous apercevons ici le premier germe.

Dans la narration épique des aventures d'Istar, le Pays immuable est divisé en sept cercles, comme ceux de l'enfer du Dante, sur le modèle des sept sphères planétaires. C'est un résultat de l'influence des doctrines astrologiques sur la religion, et rien de semblable ne se remarque dans les données plus anciennes des livres magiques. Il y est cependant question de « sept portes et de sept fermetures du monde (1) », qui paraissent bien avoir été celles qui conduisaient de la surface de la terre dans les régions inférieures ; mais on semble les avoir plutôt imaginées comme réparties autour de la circonférence terrestre. Quoi qu'il en soit, l'entrée principale des enfers, celle à laquelle est préposé le dieu Negab, « le grand portier du monde (2), » est située à l'Occident, auprès de la grande montagne qui, de ce côté, fait pendant à la « montagne de l'Orient » ou plus précisément du Nord-Est, berceau du genre humain, « père des pays, » pôle des révolutions célestes, où la mythologie babylonienne plaça le lieu de l'assemblée des dieux. La montagne de l'Occident, où se couche le soleil, est un lieu funèbre par excellence ; c'est là que le dieu Moul-ge prend naissance. Un fragment d'hymne (3) en parle en ces termes :

---

(1) W. A. I. iv, 1, col. 2, l. 49.
(2) Son nom signifie portier.
(3) W. A. I. iv, 27, 2.

La grande montagne de Moul-ge, dont la tête égale les cieux,
— le réservoir sublime des eaux [baigne] ses fondements ; —
entre les pays (elle est) comme un buffle puissant qui se repose ;
— la corne, comme un rayon de soleil, étincelle, — comme
l'étoile du ciel qui annonce (le jour) (1), complétant son
éclat.

L'entrée des enfers est donc auprès de cette montagne
de l'Ouest, mais au delà des eaux du grand réservoir ou
de l'Océan. C'est ce qu'on admettait encore au temps où
fut composé le poëme de la descente d'Istar aux enfers,
car lorsque la déesse appelle le portier des sombres demeures, elle lui dit : « Gardien des eaux, ouvre ta porte ; »
et quand il rend compte à Allat de la demande d'Istar,
désireuse d'entrer, il s'exprime en ces termes :

Ces eaux, ta sœur Istar veut [les franchir, — elle veut parvenir à] la révélation des grands cercles.

C'est aussi ce que nous trouvons dans un des plus curieux et des plus étranges fragments du troisième livre
de la collection magique (2). Ce fragment, qui ne nous
est parvenu, comme tant d'autres, que dans un déplorable état de mutilation, et dont manquent le commencement et la fin, contient une série d'invocations qui
rappellent celles du *Rituel funéraire* égyptien et qui se
rapportent à toutes les phases d'une descente aux enfers.
Les employait-on dans une sorte de liturgie funèbre ou
dans des rites d'évocation ? C'est ce qu'on ne saurait dire ;

(1) Dilbat, la planète Vénus.
(2) W. A. I. IV, 23, 1.

mais les renseignements qui s'y trouvent contenus n'en sont pas moins précieux.

Il y est d'abord question de « sept dieux, fils du Seigneur infernal (1), » et de « douze dieux de bronze placés à l'intérieur de la clôture de bronze, soutenant la clôture de bronze ». L'invocation qui vient ensuite s'adresse au taureau placé « à la droite de la clôture de bronze de l'entrée qui donne sur le réservoir des eaux », car on se représentait la porte des enfers flanquée de taureaux à face humaine comme les portes des palais ; seulement ceux-ci étaient des génies vivants :

« O grand taureau, taureau très-grand, qui piétines aux portes élevées, — qui ouvres l'accès à l'intérieur, qui ouvres largement les canaux, — qui sers de base au dieu Serakh, le moissonneur des champs (2), — mes mains élévées ont sacrifié devant toi. »

Le taureau de gauche de la même porte est invoqué à son tour :

« Tu es le taureau engendré par le dieu Zi ; — c'est toi qui portes les zones du Tombeau (*ki-gina*) où résident les morts ; — pour l'éternité le dieu Nin-iz-zida t'a placé. — Les grandes [portes], les clôtures, les barrières, les portes, — ... qui établissent les divisions du ciel et de la terre, — ... qu'il les garde !

On invoque aussi « dans l'intérieur de la clôture de

---

(1) Ces dieux étaient énumérés dans une tablette mythologique : W. A. I. III, 69, 3.

(2) C'est une manière de dire qu'il soutient sur ses épaules la terre, où poussent les moissons.

bronze » la montagne qui en domine l'entrée et à laquelle on s'adresse comme à un dieu personnel et actif :

O toi qui ombrages, seigneur qui répands ton ombre sur les pays, — grand mont, père du dieu Moul-ge, qui répands ton ombre sur les pays, — pasteur qui règles les destinées, qui répands ton ombre sur les pays — .....

Une fois que la porte est définitivement franchie, c'est à Moul-ge que s'adresse la prière de celui qui a pénétré ainsi dans son domaine. Elle débute :

Pasteur véritable, pasteur [sublime], — Moul-ge, pasteur [véritable], — seigneur de la totalité des pays, pasteur [véritable], — seigneur de la totalité des anges, pasteur [véritable].

La suite des qualifications du dieu est trop mutilée pour se traduire, jusqu'au vœu final :

Dirige la main, [fortifie] la main, — dirige la main, [dirige] les pas, — dirige cette invocation, [fais réussir] cette invocation.

Différents dieux sont invoqués avec Moul-ge dans la même prière : Êa, roi de l'Océan ; Silik-moulou-khi ; Im, l'inondateur ; Oud, le seigneur vaillant ; enfin, Dounpaouddou, personnification de la planète Mercure, désignée par son nom sidéral au lieu de l'être par l'appellation du dieu que la religion chaldéo-babylonienne y fait présider. Malgré ce que cette dernière particularité a d'original, il me paraît évident que le morceau dont je viens de traduire les principaux passages doit être, d'après ses nombreuses allusions mythologiques éloignées de la simplicité des incantations primitives, attribué à une époque récente, par rapport à beaucoup d'autres pièces du recueil où il avait été compris. Mais les données qu'il renferme ne sont sans doute qu'un développement de germes qui devaient exister dans les conceptions les plus anciennes.

Les démons et les esprits des maladies « sortent de l'enfer (1); » ils sont « les produits de l'Arali (2) ». L'un des plus redoutables d'entre eux, le Namtar, la peste personnifiée, est qualifié de « fils favori de Moul-ge, engendré par Nin-ki-gal (3). » Voici donc un Dieu qui n'appartient pas essentiellement au mauvais principe, qu'on invoque quelquefois comme favorable, et qui est le père d'un des plus méchants démons, qui compte la plupart des autres parmi ses sujets. Ajoutons que « l'épouse du Namtar » est invoquée parmi les bons esprits (4), et que cette qualité ressort de son nom même, Rous-bi-sakh; « son choc est de bon augure, est propice. » Ceci fait disparaître tout côté moral dans le dualisme de la religion des livres magiques accadiens. Les bons et les mauvais esprits ne se rattachent pas à des principes différents; ils peuvent s'enfanter réciproquement et s'unir entre eux. Si les uns sont bons et les autres mauvais, c'est par une sorte de fatalité aveugle, et leur lutte éternelle, plus ap-

(1) W. A. I. ɪv, 22, 1, l. 51.
(2) W. A. I. ɪv, 1, col. 1, l. 12.
(3) W. A. I. ɪv, 1, col. 1, l. 5 et 6.
(4) W. A. I. ɪv, 1, col. 2, l. 51.

parente que réelle, n'est autre que la lutte des éléments dans leur propre sein, condition nécessaire de la vie de l'univers.

Aussi, par une conséquence logique de ce point de vue, l'on ne place pas seulement des démons dans l'empire ténébreux de Moul-ge; parmi les esprits protecteurs, on trouve mentionnés « les Esprits mâles et femelles, seigneurs de la région infernale (1). » Surtout on fait naître du maître de l'abîme inférieur, en même temps que le Namtar, un des dieux guerriers dont la mission spéciale est de combattre les démons, les monstres et les fléaux, comme un véritable Hercule. C'est Nin-dar, que l'on a ensuite assimilé à l'Adar chaldéo-babylonien, et qui a en effet fourni une grande partie des traits caractéristiques de la physionomie originaire de ce dieu dans la nouvelle religion. Nin-dar est le Soleil de nuit, le soleil caché dans le monde inférieur pendant la moitié de sa course. Lumineux par essence, bien que plongé dans les régions de la nuit, il combat les ténèbres qui l'environnent et dont il finira par triompher à son lever. C'est pour cela qu'il est le dieu guerrier par excellence. Régulateur du temps et des heures dans sa marche périodique, il influe sur la vie et le mouvement de toute la nature; aussi, de même qu'Oud, le soleil diurne, est-il regardé comme un arbitre, un juge, un régulateur du destin. Nous avons un grand hymne magique à Nin-dar (2),

---

(1) W. A. I. iv, 1, col. 2, l. 23 et 24.
(2) W. A. I. iv, 13, I.

qui, de distance en distance, présente, comme refrain, l'invocation :

> Nin-dar, seigneur, fils de Moul-ge, mesure et juge.

Ou bien :

> Nin-dar, seigneur, fils de Moul-ge, décide la destinée.

L'hymne, d'un accent fort épique, roule sur les exploits du dieu. Il y est question de la conquête de pierres précieuses auxquelles on attribue une valeur symbolique. L'antiquité a toujours rapporté à la Chaldée l'origine des croyances superstitieuses à la valeur talismanique des gemmes. Pline (1) signale un livre sur ce sujet d'un certain Zachalias de Babylone, dédié au roi Mithridate. C'était évidemment un des écrits de cette littérature gréco-babylonienne, qui eut un grand développement dans les siècles voisins de l'ère chrétienne, et était avec les véritables doctrines chaldéennes dans le même rapport que la littérature grecque des Livres Hermétiques avec les doctrines de l'ancienne Égypte.

On dit à Nin-dar dans l'hymne dont nous parlons : « Tu es le cuivre solide (brillant) comme l'éclair, » et à ce titre on lui attribue la souveraineté du pays de Makkan, la péninsule du Sinaï, célèbre par ses mines de cuivre, que les Égyptiens exploitaient depuis l'époque de la quatrième dynastie.

Ainsi, le Soleil dans l'hémisphère inférieur est aussi le dieu des trésors métalliques cachés, qui n'attendent,

---

(1) *Hist. nat.*, xxxvii, 10.

comme lui, que de sortir de la terre pour briller d'un éclat lumineux. Ceci nous fait pénétrer dans un ordre d'idées tout particulier et très-caractéristique des nations de race touranienne, l'adoration des esprits qui, dans le sein de la terre, gardent les richesses qu'elle recèle, des dieux de la métallurgie. Comme l'a très-justement remarqué le baron d'Eckstein (1), « il y a des peuples qui adorent les dieux de l'abîme, dans leur rapport avec la fécondité du sol, avec les produits de l'agriculture, comme les races pélasgiques, etc. Il y en a d'autres, et ce sont les races finnoises, turques, mongoles, tongouses, qui les adorent sous un point de vue différent, puisqu'ils rendent hommage aux splendeurs d'un monde métallique, rattachant cette adoration à des cultes magiques, à des superstitions talismaniques. » Les traces de ces notions ne manquent pas dans les livres magiques d'Accad, et c'est ainsi que nous y voyons invoquer (2), en tant que protecteurs, aux côtés de Silik-moulou-khi, le dieu de l'or, « qui purifie l'or, » le dieu de l'argent, le dieu du cuivre, le dieu seigneur de l'Orient, dans sa montagne de pierres précieuses, avec le dieu du cèdre, arbre auquel on attribuait une puissance particulière pour repousser les influences funestes et les maléfices.

---

(1) *Athenæum français* du 19 août 1854.
(2) W. A. I. ii, 58, 6.

III

Issus de l'abîme inférieur, les démons, comme les sorciers qui entretiennent commerce avec eux, affectionnent particulièrement les ténèbres dans lesquelles ils ont pris naissance. Ils aiment à profiter de l'obscurité pour se glisser dans le monde et y faire le mal. Les ténèbres elles-mêmes sont une manifestation sensible du mauvais principe, comme la lumière une manifestation du bien. Les Accads primitifs paraissent avoir eu la même terreur de la nuit que les Aryas des âges védiques, bien différents en cela des Chaldéo-Babyloniens des temps postérieurs, qui se plaisaient au spectacle des nuits étoilées, et ne connaissaient pas de plus haute ni de plus splendide expression de la Divinité que ces légions sidérales auxquelles ils adressaient leurs adorations.

Aussi le Soleil diurne, brillant au plus haut des cieux et dissipant les ténèbres, Oud, est-il un des dieux protecteurs les plus actifs, un des grands ennemis des démons et des sorciers.

O toi, lui dit un hymne (1), qui fais évanouir les mensonges, toi qui dissipes la mauvaise influence — des prodiges, des augures, des pronostics fâcheux, des songes, des apparitions mauvaises, — toi qui déçois les complots méchants, toi qui

_____
(1) W. A. I. IV, 17, verso.

mènes à la perdition les hommes et les pays — qui s'adonnent aux sortiléges et aux maléfices, j'ai enfermé devant toi — dans les monceaux élevés de grains leurs images (des mauvais esprits) (1)... — Ne laisse pas s'élever ceux qui font des sortiléges et sont endurcis. — ..... — Que les dieux grands, qui m'ont créé, prennent ma main! — Toi qui guéris ma face, soutiens ma main, — soutiens-la, seigneur, lumière de l'univers, Soleil.

Le Soleil n'est pas un des dieux les plus élevés dans le système religieux qui a servi de base à la magie accadienne ; il n'approche pas de la puissance des trois grands esprits des zones de l'univers. Mais son rang moins haut le rend précisément plus accessible aux prières des hommes ; le caractère directement sensible de son action sur l'humanité et sur les phénomènes de la vie lui fait attribuer un rôle d'arbitre des événements et du destin ; enfin, comme dissipateur des ténèbres, et, par suite, champion toujours en lutte avec les mauvais esprits, il est un des personnages surnaturels auxquels s'adressent le plus souvent les invocations magiques. La collection comprenait un grand nombre d'hymnes qui lui étaient adressés. Souvent ils ont un cachet de vraie poésie, comme ce début, dont malheureusement la suite a disparu (2) :

Soleil, dans le plus profond des cieux tu brilles ; tu ouvres les verrous qui ferment les cieux élevés ; — tu ouvres la porte

---

(1) Nous avons ici une nouvelle indication sur l'emploi talismanique des images monstrueuses des démons pour les repousser.

(2) W. A. I. IV, 20, 2.

du ciel. — Soleil, vers la superficie de la terre tu tournes ta face ; — Soleil, tu étends au-dessus de la superficie de la terre, comme une couverture, l'immensité des cieux.

Voici le début d'un autre hymne qui avait un très-grand développement (1) :

Seigneur grand, du milieu des cieux élevés (vient) ta [splendeur] ; — héros vaillant, Soleil, du milieu des cieux élevés (vient) ta [splendeur] ; — dans la face des cieux élevés, les merveilles…. (sont) ta [splendeur]. — La rosée dans les cieux élevés [est ta production] (2). — Dans la grande porte des cieux élevés, dans l'ouverture qui t'appartient, — dans les plus hauts [sommets] des cieux élevés, auprès de tes trésors, — [les Esprits célestes] respectueusement et en joie s'approchent de toi, — ….. ils exaltent ta couronne, ils t'élèvent en fête. — ….. Dans le repos de ton cœur les jours s'écoulent. — [Les esprits] de la totalité des pays grandement t'environnent.

Cet hymne était composé pour la guérison d'une maladie, comme le montre le texte à partir de l'endroit où il reprend, sur la tablette originale, après une lacune d'une douzaine de versets. Le prêtre magicien y parle tour à tour en son nom propre et au nom du malade :

Le seigneur, quant à moi, m'a abattu, — le seigneur, grand, Êa, quant à moi, m'a abattu. — …..

Toi, dans ta venue, guéris le mal de sa tête ; — toi qui affermis la paix, agis ainsi, guéris sa maladie. — L'homme fils de son dieu place (devant toi) son affliction et sa crainte. — ….. Apaise sa maladie.

Soleil, à l'élévation de mes mains, viens à l'appel, — mange

(1) W. A. I. iv, 17, recto.
(2) Je n'ai pas besoin de faire remarquer que ces restitutions sont conjecturales et n'ont d'autre objet que de compléter approximativement le sens général indiqué par ce qui subsiste.

son aliment, absorbe sa victime, raffermis sa main. — Que par ton ordre il soit délivré de son affliction; que sa crainte soit enlevée; — ..... qu'il revive de sa maladie! — Que son roi vive; — qu'à son seigneur, par ta sublimité, les jours de sa vie soient doublés!

Nous avons dans cette prière une notion nouvelle et importante, que nous n'avons pas encore rencontrée jusqu'ici, mais dont on pourrait relever d'autres indications (1), c'est que la maladie a quelquefois un caractère de châtiment et peut venir, en ce cas, par la volonté des dieux bienfaisants et célestes, même par la volonté du dieu propice par excellence, c'est-à-dire de Êa. Mais Êa n'est pas susceptible de faire le mal par lui-même; s'il châtie donc, c'est en suspendant son action protectrice et en livrant l'homme sans défense à l'action des mauvais Esprits, des démons des maladies. Aussi peut-on obtenir la guérison du mal que Êa a permis, par le moyen du secours d'un dieu moins grand que lui, tel que le Soleil, ce qui ne serait pas possible si ce mal était l'œuvre personnelle de Êa.

Le rôle protecteur et bienfaisant attribué au Soleil, ainsi que la facilité pour l'homme d'entrer en communication avec lui, plus grande qu'avec les trois dieux supérieurs, sont aussi le propre des éléments purs de la zone atmosphérique, intermédiaire entre la terre et le ciel. On les adore, soit dans leur réalité matérielle, soit dans les esprits qui les animent.

(1) Voy. principalement W. A. I. ɪv, 10, col. 2.

De même que, dans les Vêdas, les vents s'offrent tantôt comme un dieu unique, Vâyou, tantôt comme une réunion de dieux, les Marouts, les morceaux du recueil magique accadien reconnaissent, outre les esprits spéciaux à chaque vent, qui sont les uns bons, les autres mauvais, un dieu ou esprit du vent en général, Im, mentionné souvent, mais toujours d'une manière incidente, dans les fragments parvenus jusqu'à nous ; il y est représenté principalement comme celui qui amène les pluies fertilisatrices. Plus tard, on l'a identifié au dieu chaldéo-babylonien, Bin, dont les attributions sont plus larges, puisqu'elles embrassent tous les phénomènes atmosphériques, et qui paraît avoir personnifié à l'origine une des faces de la puissance solaire.

Un hymne s'adresse aux eaux qui coulent sur la terre (1) :

Eaux sublimes, [eaux du Tigre,] — eaux de l'Euphrate, qui [coulent] en leur lieu, — eaux qui se rassemblent dans l'Océan, filles de l'Océan qui sont sept, — eaux sublimes, eaux fécondes, eaux brillantes, — en présence de votre père Êa, — en présence de votre mère, l'Épouse du grand poisson (2), — qu'il soit sublime ! qu'il fructifie ! qu'il brille ! — que la bouche malfaisante et nuisible n'ait pas d'effet ! — Amen.

Un autre invoque le fleuve comme un dieu spécial et personnel (3) :

Dieu Fleuve, qui pousse en avant comme l'éperon d'un na-

(1) W. A. I. IV, 14, 2, recto.
(2) La version assyrienne remplace ceci par le nom de Davkina.
(3) W. A. I. IV, 14, 2, recto et verso.

vire (!), — repousse de devant lui le mauvais sort, pareil à un fauve redoutable. —... Que le soleil à son lever dissipe les ténèbres! dans la maison jamais plus elles ne prévaudront. — Que le mauvais sort s'en aille dans le désert et dans les lieux élevés.

Le mauvais sort, Esprit du ciel, souviens-t'en! Esprit de la terre, souviens-t'en!

Amen. Le mauvais sort qui se répand sur la terre, Dieu Fleuve, brise-le.

Nous avons encore un hymne (2) à la vague de l'Océan, personnifiée comme une divinité protectrice dont on célèbre « l'eau sublime, l'eau féconde, l'eau vivifiante. »

C'est enfin parmi les personnifications des eaux qu'il faut ranger « Gan-dim-kour-koû, fille de l'Océan (3), » car son nom, que nous avons laissé plus haut sans explication, paraît signifier « la source des eaux de la montagne sublime ».

Bien autre est l'importance du feu. On l'adore dans sa réalité matérielle comme un dieu supérieur au Soleil même, sous les deux noms qui signifient flamme (bil-gi) et feu (iz-bar ou bar) (4), noms qui, précédés du caractère idéographique de « dieu », s'échangent pour le désigner. La manière dont on le conçoit et les attributions qu'on lui assigne le rapprochent étroitement de l'Agni des Vêdas.

Feu, dit un hymne (5), seigneur qui rassemble, s'élevant haut

---

(1) La version assyrienne omet cette comparaison.
(2) W. A. I. ii, 18, 6.
(3) W. A. I. iv, col. 2, liv. 53.
(4) La lecture de ce mot est douteuse, car on ne sait s'il faut y prononcer le premier signe ou le regarder comme un déterminatif aphone.
(5) W. A. I. iv, 14, 2, verso.

dans le pays, — héros, fils de l'Océan, qui s'élève haut dans le pays ; — Feu, éclairant avec ta flamme sublime, — dans la demeure des ténèbres tu établis la lumière ; — prophète de toute renommée, tu établis le destin. — Le cuivre et l'étain c'est toi qui les mêles ; — l'or et l'argent c'est toi qui les purifies. — L'émanation de la déesse Nin-ka-si (1), c'est toi ; — celui qui fait trembler les méchants dans la nuit, c'est toi.

De l'homme fils de son dieu, ses œuvres qu'elles brillent de pureté ! — comme le ciel qu'il soit sublime ! — comme la terre qu'il fructifie ! — comme le milieu du ciel qu'il brille !

Dans la formule qui énumère les différentes espèces de sorciers (2), nous avons déjà vu le Feu invoqué comme le grand dissipateur des maléfices, le héros qui met les démons en fuite. C'est encore ainsi que le représente un fragment d'hymne, l'un des plus récents de la collection comme date de composition, puisqu'il est d'un temps où les prêtres magiciens admettaient le caractère de démiurge, attribué à Moul-ge par suite de son identification avec le Bel chaldéo-babylonien (3) :

(Toi) qui chasses les maskim mauvais, — qui gratifies de la vie,..... — qui ramènes la crainte parmi les méchants, — qui protéges les œuvres de Moul-ge, — Feu, destructeur des ennemis, — arme terrible qui chasses la peste, — fécond, brillant, — ..... anéantis la méchanceté.

A la protection de ce dieu est due la paix uni-

---

(1) La dame à la face cornue.
(2) Musée Britannique, tablette K, 142.
(3) W. A. I. iv, 21, 1, verso.

verselle, à l'abri des attaques des esprits malfaisants :

Repos du dieu Feu, le héros, — avec toi que soient en repos les pays et les fleuves ; — avec toi que soient en repos le Tigre et [l'Euphrate;] — avec toi que soient en repos la mer et [les montagnes] ; — avec toi que soit en repos le chemin de la fille des dieux (1).....; — avec toi que soit en repos l'intérieur des productions [de la nature ;] — avec toi que soient en repos les cœurs de mon dieu et de ma déesse, esprits [purs?]; — avec toi que soient en repos les cœurs du dieu et de la déesse de ma ville, esprits [purs?].
Dans ces jours...., que les cœurs de mon dieu et de ma déesse s'ouvrent — et qu'en sorte le prononcé du destin de mon corps (2).

Les hymnes au feu sont très-nombreux dans la collection magique. On l'adore avant tout dans la flamme du sacrifice, et c'est pour cela qu'on l'appelle « le pontife suprême sur la surface de la terre » (3). Mais on reconnaît aussi ce dieu dans la flamme qui brûle au foyer domestique et qui protége la maison contre les influences mauvaises et les démons :

Je suis la flamme d'or, la grande, la flamme qui s'élève des roseaux, l'insigne élevé des dieux, la flamme de cuivre, protectrice, qui élève ses langues ardentes ; — je suis le messager de Silik-moulou-khi.
Il revient en s'élevant, — ..... à la porte.... il s'élève haut. — Que le dieu de la maison s'installe dans la maison ! — Que

---

(1) Ceci semble une allusion à la voie lactée.
(2) W. A. I. IV, 8, col. 3.
(3) W. A. I. IV, 1, col. 2, l. 42.

le démon favorable, le dieu favorable entrent dans la maison.

De l'outouq mauvais, [du alal] mauvais, du gigim mauvais, — du tetal mauvais, [du dieu mauvais,] du maskim mauvais, — du fantôme, [du spectre, du vampire,] — Esprit du ciel, souviens-t'en ! Esprit de la terre, souviens-t'en (1)!

Ce dieu qui réside dans la flamme du sacrifice et dans celle du foyer est aussi le feu cosmique, répandu dans la nature, nécessaire à la vie et brillant dans les astres. Envisagé sous cet aspect, il est « le dieu qui s'élève haut, grand chef, qui étend la puissance suprême du Ciel (Anna), — qui exalte la terre, sa possession, sa délectation, » et c'est ainsi que nous l'avons vu luttant vainement pour empêcher les ravages que les terribles *maskim* portent dans l'économie générale du monde (2). Voici encore un début d'hymne (3) qui s'adresse à lui dans son rôle le plus vaste et le plus haut :

Seigneur exalté, qui diriges les voies des dieux très-grands, — [splendeur] du zénith, seigneur exalté, qui diriges les voies des dieux, — [splendeur] de Moul-ge (4), qui diriges les voies des dieux, — héros, Feu, qui t'élèves, mâle héroïque, — qui [étends] le voile (du ciel), qui revêts l'immensité, — Feu, puissant,..... — ..... qui illumines les ténèbres.

Ces citations montrent, je crois, assez clairement quelle était l'importance du dieu Feu dans le système re-

(1) W. A. I. IV, 6, col. 5.
(2) W. A. I. IV, 15.
(3) W. A. I. IV, 26, 3.
(4) Ce dieu est pris ici comme personnifiant la région inférieure à laquelle il préside.

ligieux des livres magiques d'Accad. Il y reste absolument propre, et dans les documents de la période assyrienne on ne le voit cité qu'une fois, parmi les *dii minores*, et à titre de personnification symbolique plutôt que de dieu, quand Sargon appelle le mois d'ab (juillet-août) « le mois de la descente du feu, chassant les nuées humides (1). » Les traducteurs assyriens des hymnes magiques reproduisent le plus souvent son nom purement et simplement dans leurs versions; d'autres fois ils en tentent une assimilation à des dieux de la religion chaldéo-babylonienne, le rapprochant tantôt de Nébo et tantôt de Bin. Mais s'il a perdu sa place dans le Panthéon, en revanche il en a trouvé une dans l'épopée. Prenant un caractère solaire, il est devenu, sous le nom d'Izdubar (*iz-dhu-bar*, masse de feu), le héros d'une des principales histoires épiques (2), de celle où intervient incidemment le récit du déluge.

Le Feu est le plus grand et le plus actif des dieux avec lesquels l'homme peut entrer directement en communication par le moyen des rites sacrés et des incantations magiques; il est celui avec lequel ce commerce s'établit de la manière la plus intime, puisque l'homme le produit lui-même ou du moins l'installe à volonté sur son autel en y allumant la flamme du sacrifice. Quant à Êa, l'*averruncus* par excellence, l'âme de la zone super-

---

(1) Oppert, *Inscriptions de Dour-Sarkayan*, p. 18.
(2) Il faut peut-être lire Dhoubar, en prenant le signe *iz* pour un déterminatif aphone.

terrestre, le protecteur suprême, le dieu auprès duquel se trouve le dernier recours, malgré toute la puissance qu'on attribue aux paroles sacramentelles et aux opérations magiques, il est trop haut, trop éloigné de l'humanité pour que les prières des hommes parviennent directement jusqu'à lui et exercent une action sur ses volontés. On conçoit donc un dieu spécialement chargé du rôle de médiateur entre l'homme et Êa, dieu qui ne paraît correspondre à aucun phénomène particulier de la nature et n'a pas d'autre rôle que cette médiation. C'est Silik-moulou-khi, dont le nom signifie « celui qui dispose le bien pour les hommes ».

Je suis celui qui marche devant Êa, lui fait dire un hymne (1), — je suis le guerrier, le fils aîné de Êa, son messager.

Silik-moulou-khi révèle aux hommes les volontés et la science de Êa. Nous l'avons vu en scène dans toutes les incantations qui revêtent une forme dramatique; c'est lui qu'on y représente portant à Êa l'appel des hommes tourmentés par les esprits malins et par les maladies, il lui expose leurs souffrances et appelle son secours; c'est aussi lui à qui Êa enseigne le secret qui doit assurer la défaite des démons et qu'il charge d'exécuter les rites libérateurs. Bien plus, quand les dieux tels que le Soleil et le Feu veulent implorer aussi l'aide de Êa, son intervention suprême, ils doivent également recourir à la médiation de Silik-moulou-khi (2). Tout ceci n'a pas besoin, du

(1) W. A. I. ɪv, 30. 3.
(2) W. A. I. ɪv, 15.

reste, d'être longuement développé ni appuyé de nouvelles preuves, après les citations que nous avons faites dans notre premier chapitre.

C'est à Silik-moulou-khi que s'adresse ce beau fragment, dont les expressions ont tant d'analogie avec celles du psaume CXLVII (1) :

Devant ta grêle qui se soustrait? — Ta volonté est un décret sublime que tu établis dans le ciel et sur la terre.

Vers la mer je me suis tourné, et la mer s'est aplanie ; — vers la plante je me suis tourné, et la plante s'est flétrie ; — vers la ceinture de l'Euphrate je me suis tourné, et — la volonté de Silik-moulou-khi a bouleversé son lit. — Seigneur, tu es sublime; qui t'égale ?

Silik-moulou-khi, parmi les dieux, prophète de toute gloire, c'est toi qui..... — héros, parmi les dieux..... — Silik-moulou-khi, l'ennemi..... — seigneur des batailles (2)....

Un hymne, postérieur à l'assimilation qu'on établit plus tard entre Silik-moulou-khi et le Mardouk de Babylone, développe son rôle bienfaisant en termes très-remarquables (3) :

Seigneur grand] du pays, roi des contrées,—..... fils aîné de Êa, — ..... qui ramènes (dans leurs mouvements périodiques) le ciel et la terre, — ..... Seigneur grand du pays, roi des contrées, — dieu des dieux, — [directeur] du ciel et de la terre, qui n'a pas d'égal, — [serviteur] d'Anna et de Moul-ge (4), — miséricordieux parmi les dieux, — miséricordieux, qui relèves les morts à la vie, — Silik-moulou-khi, roi du ciel et de la

---

(1) Voy. mes *Premières Civilisations*, t. II, p. 169 et suiv.
(2) W. A. I. IV, 26, 4.
(3) W. A. I. IV, 29, 1.
(4) Pris dans le sens du ciel et de la terre.

terre, — roi de Babylone, roi de la Maison qui dresse la tête (1), roi de la Maison de la main droite (2), roi de la Maison suprême de vie (3), — affermis le ciel et la terre ! — affermis autour le ciel et la terre ! — affermis la lèvre de vie ! — affermis la mort et la vie ! — affermis la digue sublime de la fosse de l'Océan !

L'ensemble des hommes qui ombragent leur tête (4), — ce qui développe la vie, tout ce qui proclame la gloire dans le pays, — les quatre régions dans leur totalité, — les esprits divins des légions du ciel et de la terre dans leur totalité...

Ici une lacune de quelques lignes.

Tu es le colosse [favorable;] — tu es celui qui vivifie...; — tu es celui qui fait prospérer....., — le miséricordieux parmi les dieux, — le miséricordieux qui relève les morts à la vie.

Silik-moulou-khi, roi du ciel et de la terre, — j'ai invoqué ton nom, j'ai invoqué ta sublimité; — la commémoration de ton nom, que les dieux [la célèbrent;] — la soumission à toi, qu'ils [la bénissent.] — Que celui dont la maladie est douloureuse soit [délivré.] — [Guéris] la peste, la fièvre, l'ulcère.

L'outouq mauvais, l'alal mauvais, le gigim mauvais, le telal mauvais, le maskim mauvais, — le fantôme, le spectre, le vampire, — l'incube, le succube, le servant, — la peste mauvaise, la fièvre douloureuse, la maladie mauvaise, — ..... ce qui fait le mal, ce qui produit le mal, — [Esprit du ciel, souviens-t'en ! Esprit de la terre, souviens-t'en !]

Silik-moulou-khi est très-nettement identifié dans cet hymne au Mardouk de la religion chaldéo-babylonienne, et c'est aussi par Mardouk que les traducteurs assyriens

---

(1) La pyramide de Babylone.
(2) La tour à étages de Borsippa.
(3) Autre temple de Borsippa.
(4) Les hommes qui ont le droit de porter au-dessus de leur tête un parasol, insigne de puissance.

des textes magiques ont toujours rendu son nom. Mais cette assimilation ne répond pas exactement à sa conception primitive ; car nous n'entrevoyons rien qui donne à Silik-moulou-khi le caractère planétaire que Mardouk revêtit dans l'organisation définitive du système chaldéo-babylonien, ni le caractère solaire qu'il avait à l'origine. Elle a été probablement établie quand Mardouk fut devenu décidément le dieu de la planète Jupiter, la Grande Fortune des astrologues, ce qui permettait de rapprocher de ses attributions le rôle favorable et protecteur de Silik-moulou-khi. Il est, du reste, à remarquer que la vieille orthographe accadienne du nom de ce dieu n'est jamais employée, dans les documents de la religion qui finit par triompher, comme une notation idéographique ou allophone du nom de Mardouk.

Ce qui ne peut manquer de frapper, c'est l'étroite parenté de la conception première de Silik-moulou-khi dans les livres magiques d'Accad avec celle de l'archange Çraoscha, « le saint et le fort, » dans les plus anciens textes de la religion zoroastrienne, et surtout avec le rôle de médiateur attribué à Mithra à partir du temps des Achéménides (1), suivant toutes les probabilités sous l'influence toujours croissante du magisme médique, qui tendait alors à corrompre profondément l'antique pureté du mazdéisme (2). Il n'est personne de versé dans la con-

---

(1) Voy. G. Rawlinson, *The five great monarchies of the ancient eastern world*, t. II, p. 328 ; t. III, p. 348.
(2) Voy. mes *Lettres assyriologiques*, t. I, p. 103.

naissance des religions de l'antiquité à qui échapperont les points de contact frappants qui existent entre la doctrine de la magie accadienne et celle du zoroastrisme, principalement dans ses livres les plus récents : le dualisme fondamental, le culte du feu, l'existence d'un dieu spécialement médiateur entre l'homme et l'Esprit pur et suprême, Ahouramazdâ. Ce sont là des analogies très-significatives, qui demandent à être creusées encore par une étude approfondie des documents accadiens, mais qui ouvrent dès à présent des horizons nouveaux aux recherches. Déjà quelques-uns des savants qui ont consacré leurs veilles à l'étude des livres sacrés de la religion iranienne, comme M. Spiegel, ont cherché à Babylone la source d'une partie des données étrangères aux traditions védiques, qui se rencontrent dans les écrits attribués à Zoroastre. Ce point de vue devra sans doute être modifié, en ceci que l'influence qui s'est ainsi mêlée au vieux fonds de l'aryanisme pur est plutôt celle du système proprement accadien que celle de la religion chaldéo-babylonienne, sœur des religions de la Syrie et de la Phénicie. Mais il faut aussi tenir grand compte d'un élément important de la question. Il n'est aucunement question de Mithra et surtout de son rôle de médiateur (puisque le nom lui-même est déjà dans les Vêdas celui d'une des personnifications solaires) dans les parties les plus antiques du recueil de l'Avesta, c'est-à-dire dans les hymnes appelés *gâthâs*. Les analogies que nous venons de signaler se prononcent surtout dans les parties du recueil qui représentent un développement postérieur du mazdéisme, et les érudits sont aujourd'hui unanimes à admettre que ces parties de l'Avesta appartiennent à une phase nouvelle de la religion de la Perse, où son esprit originaire avait été déjà très-modifié par l'influence du magisme médique. Ce magisme lui-même, qui demeura longtemps en lutte avec le mazdéisme orthodoxe, était le résultat d'un mélange des anciennes doctrines iraniennes, exprimées dans les *gâthâs*, avec des doctrines étrangères, celles de la religion propre à l'antique population touranienne de la Médie, apparentée de près aux Accads de la Chaldée. Les idées étrangères primaient dans le magisme les idées iraniennes. Et dans ce que l'on peut entrevoir de ses données fondamentales d'après les témoignages des écrivains classiques, son culte des éléments et de leurs esprits, joint à l'importance qu'y avaient les rites magiques, rappelle étroitement la religion de nos livres d'Accad. Il serait donc possible que les analogies signalées tinssent à une communauté originaire de doctrine, comme de race, entre les Accads et le fonds touranien de la population de la Médie, plutôt qu'à une action directe des croyances des plus vieux habitants de la Chaldée sur le mazdéisme.

Sir Henry Rawlinson (1) a soutenu avec une grande

---

(1) *Memoir on the Atropatenian Ecbatana*, dans le tome X du *Journal of the Royal Geographical Society*; *Journal of the Royal Asiatic Society*, t. XV, p. 254.

érudition que le culte du feu, qui constitue le rite permanent et principal du mazdéisme, est un emprunt fait par le magisme à l'antique religion des Touraniens, une chose étrangère au système primitif de Zoroastre, et que le berceau en fut dans l'Atropatène. J'ai combattu cette idée, en m'appuyant principalement sur l'importance du culte d'Agni dans les Vêdas. Aujourd'hui, je dois l'avouer, je ne serais plus si affirmatif, en présence du rôle que le dieu Feu et son culte jouent dans la religion primitive accadienne, tandis que les *gâthâs* ne contiennent rien de semblable au développement du culte d'Agni dans les hymnes vêdiques. La question me semble donc devoir être examinée à nouveau, et sa solution dépendra en partie des études ultérieures sur les livres d'Accad. Car on doit désormais ranger parmi les hypothèses défendables celle qui consisterait à penser que le culte du feu, d'abord commun aux Touraniens et aux Aryens, et remontant ainsi à une origine prodigieusement antique, aurait été répudié par la réforme zoroastrienne, puis ramené postérieurement dans le mazdéisme, altéré déjà par une influence des Mages de Médie.

On voit combien de questions nouvelles, et d'une très-haute importance pour l'histoire religieuse, soulèvent ces livres magiques d'Accad, dont nous ne faisons qu'aborder l'examen et qui appellent encore tant de longs et patients travaux. Ce sont autant de points d'interrogation qui se dressent devant la science et auxquels la réponse définitive ne pourra pas être donnée d'ici à longtemps.

Mais c'est déjà beaucoup qu'un problème soit nettement posé ; c'est le premier pas vers sa solution. Et parmi les analogies les plus saisissantes qui existent entre les croyances de nos documents magiques et certains côtés du développement secondaire de la religion mazdéenne, nous n'avons pas encore cité la première de toutes, la doctrine des Fravaschis (les Fervers des Parses modernes).

Les fravaschis, dans le zoroastrisme, sont les formes pures des choses, des créatures célestes répondant aux créatures terrestres, dont elles sont les types immortels. Les astres, les animaux, les hommes, les anges eux-mêmes, tout être, en un mot, a son fravaschi, qu'on implore par des prières et des sacrifices, protecteur invisible qui veille incessamment sur l'être auquel il est attaché. Ce sont là bien manifestement nos esprits personnels de chaque être et de chaque objet de la nature, introduits dans les conceptions mazdéennes et y prenant place au rang inférieur de la hiérarchie céleste du bon principe. Le prototype du fravaschi humain se retrouve aussi nettement que ceux des fravaschis des autres êtres dans le système qui a servi de base à la magie chaldéenne. De même que, d'après les parties de l'Avesta qui ne sont pas les plus anciennes, tout homme a son fravaschi, d'après les livres magiques d'Accad, — et cette doctrine s'y trouve à chaque instant exprimée, — tout homme, depuis sa naissance, a un dieu spécial attaché à lui, son protecteur, son type spirituel, qui vit en lui, ou, comme la même idée se trouve encore également exprimée, un couple divin, « un dieu et sa déesse, esprits purs, » car on aimait à scinder tout être surnaturel en une dualité conjugale. De là ces expressions tant de fois multipliées: « l'homme fils de son dieu, le roi fils de son dieu, » pour dire : l'homme pieux, le roi pieux. De là les incantations où celui qui a la parole dit, par exemple, au dieu Feu : « Avec toi que soient en repos les cœurs de mon dieu et de ma déesse, esprits purs ! » De là enfin la formule qui accompagne en bien des cas la prière en faveur de la guérison d'un malade ou d'un possédé : « Qu'il soit replacé dans les mains propices de son dieu ! » Du reste, le dieu attaché à chaque homme, qu'il soit envisagé comme unique ou décomposé en un couple divin, est un dieu d'un caractère particulier, qui participe à la nature humaine, à ses imperfections et à ses faiblesses. Il n'est pas, en effet, aussi décidément bon, puissant et protecteur que pourrait le faire croire la formule que nous venons de rappeler. Comme l'homme auquel il est uni, il peut être subjugué par les démons ou les maléfices et devenir leur serviteur. Enchaîné par la puissance de l'imprécation, c'est lui-même qui fait dans le corps de l'homme le mal qu'elle commande (1). Quand le Namtar, c'est-à-dire la peste personnifiée, s'est emparée d'un individu, son dieu et sa déesse sont au pouvoir de l'esprit de la maladie, aussi bien que le corps (2). Nous avons cité précédemment les

(1) W. A. I. IV, 7.
(2) Musée Britannique, tablette K, 1284.

textes qui l'établissent. On peut donc dire que le dieu et la déesse spéciaux à chaque homme sont une partie de son âme, comme on le dit du fravaschi dans les livres mazdéens. Seulement, dans ces derniers, la conception s'est élevée davantage, en se dégageant de la matérialité et des imperfections de l'homme terrestre.

Les êtres purement spirituels, tels que les Ameschaçpentas et les Yazatas, et même le dieu suprême, Ahouramazdâ en personne, ont leurs fravaschis, qui peuvent être distingués d'eux-mêmes. N'est-ce pas là précisément la distinction bizarre et subtile que les textes magiques nous ont offerte, dans les citations qui commencent ce chapitre, entre tel ou tel dieu et son esprit, envisagé comme une entité séparée? La conception est compliquée et suppose un grand raffinement de spéculation sur la nature des êtres spirituels, mais son expression est formelle, et c'est elle qui a permis, à une certaine époque, d'admettre dans les litanies incantatoires les esprits des dieux planétaires de la religion chaldéo-babylonienne, qu'on n'acceptait pas au rang des dieux nationaux.

Tel que nous venons de l'exposer, sans rien avancer qui ne fût justifié par un passage formel des textes, le système de croyances qui a marqué son empreinte dans le grand recueil accadien découvert par sir Henry Rawlinson, ne pouvait donner naissance qu'à un culte tout magique. Il mérite une place à part dans l'histoire des religions, où il restera le type du développement le plus riche et le plus complet auquel soit parvenue l'adoration exclusive des esprits de la nature et des éléments, caractéristique des nations de race touranienne.

CHAPITRE V

LES RELIGIONS ET LA MAGIE DES PEUPLES TOURANIENS

I

J'ai déjà parlé plus haut du naturalisme grossier, se traduisant par l'adoration des esprits de la nature, que professent encore aujourd'hui les tribus ougro-finnoises de la région de l'Oural et de l'Altaï, et qui subsiste chez les Mongols à l'état de superstition populaire, sous le bouddhisme qu'ils ont adopté depuis un certain nombre de siècles. Cette variété des croyances religieuses s'y présente sous la forme la plus enfantine et la plus rudimentaire, avec une démonologie confuse où la part du bien et la part du mal ne se distinguent pas nettement, où aucune hiérarchie ne classe les esprits et où nul parmi ces esprits ne s'élève assez au-dessus des autres pour devenir un dieu. Les choses devaient rester ainsi, dans cet état primitif, sans aucun progrès dans les croyances, sans aucun effort vers une systématisation plus philosophique et plus raisonnable, chez des tribus restées, depuis l'origine de la race, nomades et barbares, isolées dans des contrées infécondes et étrangères à la civilisation.

Les populations en question ne connaissent pas d'autre culte que des rites magiques, d'autres prêtres que des sorciers. Les tribus ougriennes et altaïques ont leurs chamans (1); les Mongols, à côté des lamas bouddhistes, conservent les prêtres magiciens de leur ancien culte, qu'ils appellent abysses (2). Ainsi que je l'ai dit, ces magiciens, qui remplacent les prêtres, sont à la fois devins, exorcistes, médecins, thaumaturges, fabricants d'amulettes. Ils ne remplissent pas de ministère de culte permanent et régulier. « On ne les appelle qu'en cas de nécessité, dit M. Maury (3), mais ils n'en exercent pas moins un empire considérable sur les populations auxquelles ils tiennent lieu de ministres sacrés. On redoute leur puissance et surtout leur ressentiment; on a une foi aveugle en leur science. Ces enchanteurs ont d'ordinaire dans le regard, dans l'attitude, je ne sais quoi qui inspire la crainte et qui agit sur l'imagination. Cela tient sans doute parfois au soin qu'ils prennent d'imprimer à leur physionomie quelque chose d'imposant ou de farouche, mais cette expression particulière est plus souvent l'effet de l'état de surexcitation entretenu par les

---

(1) Sur les chamans, voy. de Wrangell, *le Nord de la Sibérie*, trad. par le prince E. Galitzin, t. I, p. 268; P. Hyacinthe, *Du chamanisme en Chine*, dans les *Nouvelles Annales des Voyages*, 5ᵉ série, juin 1851, p. 287 et suiv.

(2) P. de Tchibatchef, *Voyage scientifique dans l'Altaï oriental*, p. 45.

(3) *La Magie et l'Astrologie*, p. 13.

procédés auxquels ils recourent; ils emploient en effet divers excitants pour exalter leurs facultés, se donner une force musculaire factice et provoquer en eux des hallucinations, des convulsions ou des rêves qu'ils regardent comme un enthousiasme divin, car ils sont dupes de leur propre délire; mais lors même qu'ils s'aperçoivent de l'impuissance de leurs prédictions, ils n'en tiennent pas moins à être crus. »

Chez tous ces peuples, la maladie, quelle qu'elle soit, est toujours regardée comme une possession, comme l'œuvre d'un démon (1).

« Les Baschkirs, dit encore M. Maury (2), ont leurs *Schaïtan-kouriazi* ou chasseurs de diables, qui se chargent, par l'administration de certains remèdes, de traiter les malades regardés comme autant de possédés (3). Ce Schaïtan, dont le nom a été emprunté, depuis le contact des Baschkirs avec les Russes, au Satan des chrétiens, est tenu aussi chez les Kalmouks pour l'auteur par excellence de toutes nos souffrances corporelles. Veulent-ils l'expulser, ils ont non-seulement recours aux conjurations, mais encore à la ruse. L'abysse fait placer devant les malades des offrandes, comme si elles étaient destinées au malin esprit; il suppose que, tenté par leur nombre ou leur richesse, l'esprit, afin de se précipiter sur cette nouvelle proie, quittera le corps qu'il obsède (4). Selon les

---

(1) Castrèn, *Vorlesungen über die finnische Mythologie*, p. 173.
(2) *La Magie et l'Astrologie*, p. 283 et suiv.
(3) C. d'Ohsson, *Histoire des Mongols*, t. I, p. 17.
(4) P. de Tchihatchef, *Voyage scientifique*, p. 45.

Tchérémisses, les âmes des morts viennent inquiéter les vivants, et, pour les en empêcher, ils percent la plante des pieds et le cœur des morts, convaincus que, cloués ainsi dans leur tombe, ils n'en pourront sortir (1)....

« Les Kirghises s'adressent de même à leurs sorciers ou *baksy*, pour chasser les démons et guérir ainsi les maladies qu'on suppose produites par eux. Pour cela, ils fouettent le malade jusqu'au sang et lui crachent au visage. Toute affection est à leurs yeux un être personnel (2). Cette idée est pareillement si accréditée chez les Tchouvaches, qu'ils assurent que le moindre oubli des devoirs est puni par une maladie que leur envoie Tchémen, démon dont le nom est une forme altérée de Schaïtan (3). On retrouve à peu près la même opinion chez les Tchouktchis ; ces sauvages ont recours, pour délivrer les malades, aux plus bizarres conjurations; leurs chamans sont aussi sujets à des crises nerveuses dont ils provoquent l'apparition par une exaltation factice (4). »

Il y a bien de la parenté entre cette sorcellerie tenant lieu de tout autre culte et aussi entre les croyances qui l'inspirent, d'une part, et d'autre part ce que nous avons constaté dans les livres de la magie accadienne. Le système y est encore rudimentaire, grossier et confus,

(1) Haxthausen, *Études sur la situation intérieure de la Russie*, t. I, p. 419.
(2) Levchine, *Description des hordes et des steppes des Kirghiz-Kazaks*, trad. française, p. 356, 358.
(3) *Nouvelles Annales des voyages*, 5ᵉ série, t. IV, p. 191.
(4) Wrangell, *le Nord de la Sibérie*, trad. Galitzin, t. I, p. 265 et suiv.

tel qu'il devait nécessairement demeurer chez des tribus qui ne sont jamais sorties de la barbarie. Mais on y distingue clairement le germe qui, dans des circonstances plus favorables, s'est développé sur les bords de l'Euphrate et du Tigre, avant que des éléments ethniques issus d'une autre souche vinssent se mêler au peuple d'Accad. Cependant, si la comparaison ne pouvait s'établir qu'avec les croyances et les rites de ces tribus à demi sauvages, qui n'ont pas de livres et qu'on ne connaît que par des récits incomplets de voyageurs, tribus reléguées d'ailleurs dans les régions lointaines de la Sibérie, la démonstration serait bien faible et peu probante, les analogies trop vagues et trop insuffisamment justifiées pour être acceptées par la critique. On pourrait, d'ailleurs, en signaler de pareilles et de presque aussi frappantes avec les croyances et la magie des Peaux-Rouges d'Amérique et des noirs de l'Afrique, car, suivant la judicieuse remarque de M. Maury, « ce n'est pas seulement par les traits généraux, mais jusque par les détails, que la magie de tous les peuples barbares se ressemble. »

Où la comparaison doit nous conduire à des résultats vraiment décisifs, c'est si nous la faisons porter sur les faits que l'on peut constater dans les deux pays où des peuples de race touranienne — au sens précis et étroit où nous entendons ce mot — ont su, en s'élevant à un degré plus haut de civilisation, tirer du fonds de leurs croyances primitives un véritable système de religion, gardant encore son cortége de superstitions magiques, mais donnant naissance à un développement de mythologie et à des conceptions plus raisonnées, c'est-à-dire chez les Mèdes et les Finnois. Le magisme médique est le résultat de la combinaison d'une antique religion touranienne avec le mazdéisme, sur lequel il a exercé ensuite une très-grande influence; la mythologie finnoise est une création spontanée du fond touranien, mais elle s'est développée au Nord, au sein d'une nature absolument opposée à celle où vivaient les Accads, et elle en a reçu l'empreinte. Malgré les différences qui ont forcément résulté de conditions si diverses de développement, je crois qu'après un coup d'œil jeté sur le magisme médique et sur les croyances des anciens Finnois, telles qu'elles ont leur expression dans la grande épopée du *Kalevala*, les affinités avec le système que nous venons d'exposer d'après les débris du recueil de la magie accadienne deviendront si nombreuses et si frappantes, que le lecteur sera conduit à constater avec nous l'existence d'une famille de religions très-nettement caractérisée. Et cette famille, qu'on a jusqu'ici trop laissée dans l'ombre, correspond exactement à une grande division ethnique et linguistique, à laquelle il faut désormais faire sa part dans l'histoire générale de l'humanité.

II

Les faits relatifs à la Médie ont pour nous une importance particulièrement considérable. Un certain nombre de savants, et des plus distingués, hésitent encore à admettre le fait — il est vrai bien inattendu — de l'existence en Chaldée d'une primitive population de même souche que les nations ougro-finnoises et tartares, ayant eu à la naissance de la civilisation chaldéo-babylonienne une large part. J'essayerai un peu plus loin — car je crois la chose nécessaire — de répondre aux doutes de ces érudits, dont le jugement a trop de poids pour ne pas être discuté sérieusement et avec déférence, et j'ai quelque confiance que les faits nouveaux exposés dans ce livre pourront peut-être contribuer à obtenir leur acquiescement. Ce qu'ils réclament, en effet, ce sont des preuves formelles du fait qui leur semble *a priori* peu vraisemblable, et, si je ne m'abuse, nos recherches en apportent qui ne sont pas sans valeur. Quoi qu'il en soit, un des éléments les plus importants de la question réside dans les faits qui montrent que si les Accads appartenaient, par leur langue et leur génie religieux, à la race proprement touranienne, ils ne constituaient pas un phénomène sporadique et difficilement explicable, mais se rattachaient à une chaîne de populations de même race qui dans la haute antiquité descendaient depuis le p... ..a de l'Asie centrale jusqu'au golfe Persique. Aussi aurai-je à revenir sur les conséquences des beaux travaux par lesquels MM. Westergaard, de Saulcy, Norris, Oppert et Mordtmann ont établi que la Médie avait été primitivement habitée par un peuple dont la langue était étroitement apparentée d'un côté aux rameaux philologiques turco-tartare et mongol, de l'autre à l'accadien de la Chaldée.

Ce peuple, que faute de meilleure désignation il faut appeler *proto-médique*, demeura exclusivement maître du pays jusqu'à l'établissement des Mèdes proprement dits, de race iranienne, événement capital dans l'histoire de l'Asie, dont j'ai essayé de fixer la date au VIIIe siècle avant notre ère, d'après les données des inscriptions assyriennes (1). Même après l'invasion, les Iraniens ne constituèrent jamais qu'une caste dominante et peu nombreuse. Du temps des Achéménides, la masse du peuple parle encore sa vieille langue, qui est admise à l'honneur de compter parmi les idiomes officiels de la chancellerie des rois de Perse. La Médie touranienne ne garde pas seulement sa langue, mais son génie propre, et elle ne cesse que très-tard de lutter, avec des chances diverses, contre la religion de Zoroastre; ses croyances particulières s'infiltrent jusque chez les conquérants de race iranienne et produisent, par leur amalgame avec les idées religieuses de ces

---

(1) Dans la première de mes *Lettres assyriologiques*, tome I. — Voy. les articles de M. Maury dans le *Journal des savants* de février, mars, avril et mai 1872.

conquérants, au système du *magisme*, ainsi nommé d'après la tribu des Mages qui étaient en possession du privilége d'y exercer le sacerdoce (1).

On a longtemps appliqué ce nom de magisme à la religion zoroastrienne, et c'est là une confusion dont les écrivains grecs ont été les premiers auteurs, à commencer par Hérodote, qui avait voyagé en Médie et non dans la Perse proprement dite : mais elle repose sur une erreur formelle, et les découvertes de la science contemporaine ont conduit à distinguer désormais les deux systèmes non-seulement comme différents, mais comme ennemis (2).

Darius, fils d'Hystaspe, qui devait savoir ces choses encore mieux qu'Hérodote, raconte formellement, dans les annales de son règne gravées sur le rocher de Behistoun, que les Mages, devenus un moment les maîtres de l'empire avec Gaumâta, le faux Smerdis, avaient entrepris de substituer leur religion à celle de la nation iranienne, et que lui, Darius, à son avénement, renversa leurs autels impies :

Lorsque Cambyse était en Égypte, le peuple tomba dans l'impiété, et les fausses croyances (*drauga,* le mensonge) devinrent puissantes dans le pays, en Perse, en Médie et dans les autres

---

(1) Herodot., I, 132.
(2) Voy. Westesgaard, dans la préface de son édition du Zend-Avesta, p. 17. — Et surtout sir Henry Rawlinson, *Journal of the Royal Asiatic Society,* t. XV, p. 247 et suiv.; George Rawlinson, p. 426-431 du tome Ier de sa traduction d'Hérodote; *The five great monarchies of ancient eastern world,* 2e édit., t. III, p. 322-355.

provinces (1)...... La royauté, qui avait été enlevée à notre race, je l'ai recouvrée : c'est moi qui l'ai rétablie de nouveau. Les temples que Gaumâta le Mage avait détruits, je les ai relevés ; je les ai rendus au peuple ; j'ai restitué les chants sacrés et les rites aux familles auxquelles Gaumâta le Mage les avait enlevés ; j'ai rétabli l'État sur ses anciennes bases, et la Perse, et la Médie, et les autres provinces (2).

Dans l'inscription de son tombeau, à Nakch-i-Roustam, il dit encore : « Quand Ahouramazdâ vit cette terre livrée à la superstition, il me la confia. » Le mot employé par le texte perse à cet endroit est *yâtum*, la religion des Yâtous, nom des ennemis de Zoroastre dans le Zend-Avesta ; dans le texte babylonien, l'expression est paraphrasée : « Quand il vit que ces pays adoraient suivant des doctrines de perdition (3). » Nous comprenons, d'après les expressions de ces textes, le massacre des Mages par les Perses aussitôt après que le faux Smerdis eut été tué, et l'institution, autrement inexplicable, de la fête de la Magophonie, qui pendant longtemps en célébra l'anniversaire (4). Jamais, dans aucun document positivement zoroastrien, de date antique et d'origine perse ou bactrienne, il n'est question des Mages comme ministres de la religion. Au reste, la corruption des doctrines nationales et primitives de la race iranienne, c'est-à-dire du mazdéisme pur des gâthâs et des premiers fargards du

---

(1) Inscription de Behistoun, table 1, § 10.
(2) Table 1, § 14.
(3) Voy. Oppert, *Expédition en Mésopotamie*, t. II, p. 178.
(4) Herodot., III, 79 ; Ctes., *Persic.* p. 68, ed. Bœhr ; Agath., II, 47, éd. de Paris.

Vendidad-Sadé, dut se produire de bonne heure chez les Mèdes, au contact des populations touraniennes, avant même qu'ils eussent conquis toute la région à laquelle ils valurent le nom de Médie, car le Vendidad (1) place dans les séjours à Raghâ et à Tchakhra, c'est-à-dire à Ragæ et dans le Khorassân actuel, le berceau de graves hérésies religieuses, dont l'une était caractérisée par l'usage de la crémation des corps après le décès. Le même fait est attesté par un curieux texte que cite M. Haug (2).

Il y avait donc, au moment de la fondation de l'empire des Achéménides et sous les premiers rois de cette dynastie, quand la religion des Perses se maintenait encore dans toute sa pureté, un antagonisme profond de doctrines comme de situation entre le sacerdoce médique, dont le titre spécial était *magus*, et le sacerdoce perse, dont le titre était *âthrava* (3). Cet antagonisme alla en s'effaçant plus tard, à mesure que la religion des Perses eux-mêmes perdit de sa pureté. Vaincus dans leur tentative de faire triompher leur système sur le mazdéisme, tentative qui avait un moment réussi avec le faux Smerdis, les Mages adoptèrent une autre voie, plus prudente et plus tortueuse, et travaillèrent à s'introduire d'une manière détournée dans la forteresse qu'ils ne pouvaient pas renverser. Dès le règne de Xerxès, ils commençaient

---

(1) I, 59-66.
(2) Dans le tome V de Bunsen, *Ægyptens Stelle*, t. V, p. 116.
(3) Voy. Spiegel, *Avesta*, t. II, p. vi et suiv.

à être en crédit à la cour (1), et ce crédit augmenta toujours. C'est à leur influence que furent dues presque toutes les altérations qui, à la fin de l'empire des Achéménides, corrompirent profondément la foi zoroastrienne et la firent glisser dans l'idolâtrie, altérations dont la marche progressive a été très-bien suivie par M. George Rawlinson (2). Ainsi se substitua au mazdéisme pur une religion syncrétique, dans laquelle les éléments du magisme tenaient une large part et dans laquelle le *magus* trouvait sa place à côté de l'*âthrava*. Les parties du Zend-Avesta qui appartiennent à la seconde époque de rédaction portent elles-mêmes la marque très-manifeste de cette infiltration d'idées étrangères, bien qu'elles n'y aient pas le développement que leur donnèrent par leurs décrets dans le culte public certains des rois achéménides. Et plusieurs siècles après, quand les Sassanides entreprirent de restaurer le mazdéisme dans une plus grande pureté, sans le ramener cependant à son état primitif, ils conservèrent le titre sacerdotal de Mages, dont la signification hétérodoxe s'était effacée avec le temps. Tous les écrivains grecs et latins qui à cette époque ont bien connu la religion de la Perse donnent en effet à ses ministres le nom de Mages (3). Dans la grande inscription pehlevie de Nakch-i-Rajab, le titre romain de *pontifex maximus* est rendu par les mots *magûpat û atharpat Rûm* (4). Ces

---

(1) Herodot., VII, 19, 113, 191.
(2) The ve great onarchies, 2ᵉ édit., t. III, p. 357-362.
(3) Ammian. Marcell., XXIII. 6 ; Agath., II, 36.
(4) Haug, *Essay on the pahlavi language*, p. 37.

deux mots, qui dérivent du zend *magupaiti* et *aêthrapaiti*, « chef des Mages » et « chef des Athravas », sont employés encore indifféremment dans d'autres inscriptions des Sassanides pour rendre l'idée de « pontife suprême », et ce sont eux qui ont produit les deux appellations des ministres religieux du parsisme plus récent, *mobed* et *herbed*.

La distinction fondamentale qu'il faut établir à l'origine, et dans les premiers temps des Achéménides, entre le magisme et le mazdéisme explique la contradiction qui existe entre l'esprit et la doctrine de la religion de Zoroastre, d'un côté, telle qu'elle est exprimée dans les parties anciennes du Zend-Avesta, telle que nous la trouvons dans les inscriptions de Darius et de Xerxès ou dans l'admirable réfutation du dualisme perse adressée à Cyrus par un prophète inconnu, qui a été insérée au milieu des écrits d'Isaïe, dont elle forme le chapitre XLV, et de l'autre côté les renseignements sur la religion des Mèdes et des Perses fournis par Hérodote et par Dinon.

La doctrine mazdéenne, si nettement exprimée à plusieurs reprises par Darius, est essentiellement spiritualiste. Elle repose sur une notion de dualisme, mais dans laquelle la supériorité du bon principe, d'Ahouramazdâ, brille d'une manière éclatante. Ahouramazdâ est en réalité le dieu unique, « le dieu seigneur des cieux », « celui qui a donné (créé) le ciel et la terre »; tous les décrets officiels des rois débutent par la proclamation de la grandeur du dieu Ahouramazdâ, et aucun autre dieu n'y est nommé. Les princes se disent souverains « par la grâce d'Ahouramazdâ »; de lui viennent la victoire, la conquête, le salut, la prospérité et tous les biens. La « loi d'Ahouramazdâ » est la règle de la vie; sa protection est une bénédiction qu'on appelle continuellement par de ferventes prières. Rien d'étonnant, par conséquent, dans la sympathie que les premiers rois perses manifestèrent pour la religion des Juifs et dans la façon dont Cyrus identifia Jéhovah à son propre dieu (1). On parle bien, il est vrai, quelquefois, mais sans les nommer, d'autres dieux, et ce sera la porte par où les influences étrangères s'introduiront dans la religion pour la corrompre. Ainsi Ahouramazdâ, au lieu d'être appelé absolument « le grand dieu », est désigné quelquefois comme « le plus grand des dieux », et on invoque à plusieurs reprises à sa suite « les autres dieux », ou « les dieux qui gardent la maison ». Mais ces dieux sont certainement des personnages d'ordre inférieur, des esprits puissants créés par Ahouramazdâ et dépendant de lui, bien qu'ayant encore droit aux adorations des hommes; ils correspondent aux Amescha-çpentas et aux Yazatas du Zend-Avesta. Quant à l'adversaire d'Ahouramazdâ, au représentant du mauvais principe, l'Angrômainyous (Ahriman) des livres attribués à Zoroastre, c'est « l'ennemi » qu'on regarde avec horreur et qu'on charge de malédictions; les rois se font représenter habituellement le combattant lui-même ou ses génies, symbolisés sous

---

(1) Esdr., i, 2 et 3.

la figure de monstres horribles (1). Dans les inscriptions, il n'est mentionné qu'une fois, à Behistoun (2), où Darius l'appelle *Drauga*, « le mensonge » personnifié, et lui attribue toutes les révoltes qu'il eut à combattre.

Hérodote et les autres écrivains classiques peignent bien le véritable esprit du mazdéisme, quand ils représentent les Perses comme ayant l'horreur de l'idolâtrie et des religions étrangères, quand ils les montrent dans leurs expéditions s'acharnant contre tout ce qui touchait au paganisme, brûlant les temples (3), détruisant les images des dieux ou les enlevant comme trophées (4), outrageant ou tuant les prêtres (5), empêchant la célébration des fêtes (6), frappant du glaive les animaux sacrés (7), et même poussant la passion contre les rites des cultes étrangers jusqu'à porter la main sur les sépultures (8). Mais quand le même Hérodote prétend donner des détails précis sur la religion propre aux Perses, il ne connaît même pas le nom d'Ahouramazdâ. Il parle d'un culte rendu au soleil, à la lune, au feu, à la terre, à l'eau et aux vents (9), c'est-à-dire d'un culte qui n'a rien de commun avec les préceptes et l'esprit du Zend-Avesta, d'une religion toute natura-

---

(1) Lajard, *Culte de Mithra*, pl. II et XXV ; voy. G. Rawlinson, *The five great monarchies*, 2ᵉ édit., t. III, p. 355.
(2) Table 4, § 4.
(3) Herodot., III, 25 ; VI, 19, 96, 101 ; VIII, 33 et 53 ; Cic., *De leg.*, II, 10 ; Strab., XIV, p. 634 ; Pausan., X, 35, 2.
(4) Herodot., I, 183 ; III, 37.
(5) Herodot., I, 183 ; III, 27 et 29.
(6) Herodot., III, 29.
(7) Herodot., III, 29.
(8) Herodot., I, 187 ; III, 16 et 37 ; Diod. Sic., X, 13.
(9) Herodot., I, 131 ; Cf. III, 16.

liste, étrangère au spiritualisme mazdéen, et qui ressemble bien plutôt à celle des Aryas védiques, et encore plus à celle de nos livres magiques d'Accad. Il est vrai qu'il dit formellement que les Mages étaient les ministres nécessaires de ce culte, et ceci nous montre que sous le nom de religion des Perses il parle du magisme, qu'il avait vu exercer ses rites en Médie. Dinon (1) et Diogène Laërte (2) attestent aussi que les Mages adoraient les éléments; mais le premier remarque qu'ils honoraient principalement de leur culte l'eau et le feu. Ce sont précisément les éléments que nous avons vu adorer directement par les magiciens d'Accad dans leur réalité matérielle, d'où leurs esprits ne se distinguent pas nettement. Si l'on pèse attentivement les termes des passages que nous indiquons comme les principaux sur le culte élémentaire des Mages de Médie, l'impression qu'ils laisseront sera celle d'un culte des esprits de la nature, où la personnalité de ces esprits se confondait dans beaucoup de cas avec les objets et les éléments qu'ils étaient censés animer et gouverner.

J'ai signalé plus haut le problème que soulève le rite de l'adoration du feu entretenu sur le pyrée. Mais quelle qu'en doive être la solution, quand même on parviendra — ce qui est très-possible — à établir que ce rite faisait partie intégrante du système du mazdéisme dans sa pureté primitive, il existait certainement aussi, avec

---

(1) *Ap.* Clem. Alex., *Protrept.*, I, 5.
(2) *De Vit. philos.*, proœm., 6.

une importance de premier ordre, dans le magisme et déjà dans la religion des Mèdes touraniens avant toute invasion iranienne. La démonstration me paraît en avoir été faite d'une manière décisive par sir Henry Rawlinson (1) et par son frère (2), et le fait est d'ailleurs tout à fait conforme à ce que nous avons observé chez les Accads. Les Mages prétendaient avoir le pouvoir de faire descendre du ciel le feu de leurs pyrées au moyen de cérémonies magiques (3).

Le culte des astres avait un grand développement dans le magisme médique. Ce culte figure à peine dans les livres zends (4), et encore dans un morceau qui n'est pas des plus anciens ; aussi les plus habiles critiques modernes n'hésitent pas à l'y regarder comme le résultat d'une introduction postérieure et d'une influence étrangère (5). A la fin de l'empire perse, au contraire, il avait pris une grande importance, et il en est de même dans les écrits zoroastriens de très-basse époque (6). C'est des Mages qu'il était venu. Le rôle capital de ce culte chez les Mèdes est, en effet, attesté par la description que donne Hérodote (7) des sept enceintes d'Ecbatane, avec leurs revêtements aux couleurs sacrées des

---

(1) *Journal of the Royal Asiatic Society*, t. XV, p. 254.
(2) *The five great monarchies*, 2ᵉ édit., t. II, p. 345 et suiv.
(3) Dio Chrysost., *Orat.* XXXVI. p. 149, ed. Reiske; Clem., *Recognit.*, IV, 29 ; Cf. Ammian. Marcell., XXIII, 6.
(4) Seulement dans le 21ᵉ fargard du Vendidad-Sadé.
(5) Spiegel, *Avesta*, t. I, p. 258, p. 271 et suiv.; t. II, p. cxix et cxx.
(6) Voy. Spiegel, *Avesta*, t. I, p. 273 et suiv.
(7) I, 98.

sept planètes. La même disposition sacramentelle était répétée dans la ville de Ganzakh, la Gazaca des écrivains classiques, en Atropatène, puisque Moïse de Khorène (1) l'appelle « la seconde Ecbatane, la ville aux sept enceintes. » Plus tard, au temps des Sassanides, le poëte persan Nizami, auteur du Heft-Peïher, la décrit encore comme reproduite dans le palais des sept planètes bâti par Bahrâm-Goûr ou Varahrân V (2). C'était un emprunt direct fait aux usages de la civilisation et de la religion babyloniennes, car la fameuse tour de Borsippa, après sa restauration par Nabuchodorossor, avait sept étages revêtus des couleurs des sept corps planétaires (3); il en était de même de la *ziggurrat* ou tour sacrée du palais de Khorsabad (4). Au reste, le culte des astres et des planètes devait provenir originairement, comme l'a pensé M. Spiegel, d'une infiltration des doctrines religieuses de Babylone, où il jouait un rôle si capital, et des doctrines kouschito-sémitiques, puisque nous l'avons vu étranger au vieux fonds accadien. Mais il est probable qu'il avait passé d'abord de l'Assyrie chez les Touraniens de la Médie, de même que le culte d'Anat, devenue Anâhitâ (5), dans leurs contacts prolongés avec la civili-

(1) II. 89.
(2) Cité par sir Henry Rawlinson, *Journal of the Royal Asiatic Society*, t. X, p. 127.
(3) H. Rawlinson, *Journal of the Royal Asiatic Society*, t. XVIII, p. 1-34.
(4) Place, *Ninive et l'Assyrie*, pl. 36 et 37. — Voy. mon *Essai de commentaire des fragments cosmogoniques de Bérose*, p. 369 et suiv.
(5) Voy. mon *Essai de commentaire des fragments cosmogoniques de Bérose*, p. 157 et suiv.

sation du bassin de l'Euphrate et du Tigre, et que c'est par leur intermédiaire que le reçurent les Mages, qui le propagèrent ensuite chez les Perses et dans le reste de la race iranienne.

L'esprit de panthéisme naturaliste, d'une nature particulière et analogue à celui des livres magiques d'Accad, que révèle ce culte des éléments et des astres, est l'antipode de l'esprit spiritualiste de la pure religion mazdéenne dans ses plus anciens documents. Les Mages l'avaient également transporté dans la sphère des personnages les plus élevés dans leur système religieux, où ils avaient complétement dénaturé la conception fondamentale du mazdéisme, tout en conservant la forme dualiste, que la vieille religion proto-médique devait d'ailleurs admettre avant même le contact avec les Iraniens, puisque nous l'avons retrouvée chez les Accads. Il n'est pas douteux, en effet, qu'ils ne plaçassent au sommet de l'échelle des êtres surnaturels le culte en antagonisme d'Ahouramazdâ et d'Angrômainyous. Car c'est bien certainement Ahouramazdâ qu'il faut reconnaître dans le Zeus qu'Hérodote (1) donne comme adoré chez les Mages, et le même Hérodote (2) représente ceux-ci, armés du *khrafçthraghna* (3), poursuivant pour les tuer les animaux de la mauvaise création, reptiles et insectes, avec le même zèle que les plus orthodoxes maz-

---

(1) I, 97.
(2) I, 140.
(3) Yaçna, LVII, 6.

déens. Mais l'antagonisme pour eux n'était qu'apparent, car ils considéraient les représentants des deux principes contraires comme consubstantiels, égaux en puissance et émanés tous les deux d'un seul et même principe préexistant. Je n'hésite pas, en effet, à rapporter au magisme médique l'origine du personnage de Zrvâna-akarana, « le Temps sans bornes, » source commune d'Ahouramazdâ et d'Angrômainyous, conception qui substitue le panthéisme le plus complet et le plus indifférent en morale au dualisme de Zoroastre, en le maintenant dans l'apparence. Ce personnage, qui prend une très-grande importance dans les livres rédigés postérieurement à Alexandre et dont la conception devint au moyen âge le dogme fondamental d'une hérésie du mazdéisme, celle des Zarvaniens, n'appartient pas au fonds premier de la religion zoroastrienne. Ses plus anciens livres ne le connaissent pas, et tous les savants les plus autorisés en pareille matière s'accordent à y reconnaître une corruption de la doctrine originaire, due à des influences étrangères (1). Eudème, le disciple favori d'Aristote, en parlant très-exactement de ce personnage et du couple dualiste qu'on en faisait sortir, le donne comme une conception des Mages (2). Et il est curieux de se souvenir ici que, dans un passage dont la donnée première remonte à Bérose (3),

---

(1) D'Eckstein, *Questions sur les antiquités sémitiques*, § XV ; Oppert, *Annales de philosophie chrétienne*, janvier 1862, p. 61 ; Spiegel, *Avesta*, t. I, p. 271 ; t. II, p. cxix, p. 216 et suiv. Voy. aussi ce que j'en ai dit dans mon *Manuel d'histoire ancienne de l'Orient*, 3ᵉ édit., t. II, p. 316.
(2) *Ap.* Damasc., *De princip.*, 125.
(3) Mos. Choren., I, 5.

ce même nom de *Zrvâna* est appliqué à la personnification mythique de la vieille race touranienne, dans la forme qu'avait prise en Arménie la légende chaldéo-babylonienne sur l'origine des diverses races (1). Nous avons constaté dans les fragments du grand recueil magique d'Accad des idées analogues à celles qui ont produit la conception de Zrvâna-akarana ; nous y avons vu émaner à la fois de Moul-ge des démons odieux, comme le Namtar, et des dieux favorables, adversaires des démons, comme Nin-dar. Supposez, d'ailleurs, que dans une religion qui n'était pas précisément celle d'Accad, et avait dû donner une forme un peu différente aux mêmes imaginations sur les esprits et les dieux, on eût prononcé davantage le côté sombre de la figure de Moul-ge pour l'opposer au caractère favorable de Êa, et qu'on eût en même temps conservé pour Anna quelque chose de la notion de premier principe qui s'attachait à lui dans l'origine, avec une très-légère modification, qui sera d'ailleurs pour chacun d'eux dans le sens de sa nature, on y verra les trois dieux que les Accads attachaient aux trois zones du monde se grouper de telle façon que leur traduction naturelle en iranien sera le couple d'Ahouramazdâ et d'Angrômainyous ayant au-dessus de lui Zrvâna-akarana.

Il faut même reconnaître dans le magisme médique plus que la conception d'un principe commun, d'où Ahouramazdâ et Angrômainyous étaient considérés comme

(1) Voy. mon *Essai de commentaire des fragments cosmogoniques de Bérose*, p. 422 et suiv.

également émanés. Tandis que dans le mazdéisme véritable, chez les Perses, Ahouramazdâ était seul adoré, Angrômainyous chargé de malédictions ; dans le magisme, les deux principes du bien et du mal, Ahouramazdâ et Angrômainyous, recevaient également l'hommage des autels. Plutarque (1) raconte que les Mages offraient des sacrifices à Angrômainyous, Ἅιδης, Ἀρειμάνιος, et en décrit les rites, consistant dans l'offrande de l'herbe de marais appelée ὄμωμι — évidemment le *haoma* — arrosée du sang d'un loup et déposée dans un lieu obscur. Hérodote (2) nous montre Amestris, l'épouse de Xerxès, princesse entièrement adonnée à l'influence des Mages, sacrifiant sept enfants « au dieu des ténèbres et des régions inférieures ». Il représente aussi un sacrifice analogue comme opéré en l'honneur du même dieu au passage du Strymon, dans la marche des Perses sur la Grèce. Cet effroyable rite des sacrifices humains est tout ce qu'il y a de plus opposé aux principes fondamentaux de la doctrine de Zoroastre, aussi bien que l'adoration d'Angrômainyous, et nous ne le voyons se reproduire en aucune autre occasion dans l'histoire des Perses. Aussi faut-il y voir, comme M. George Rawlinson (3), un fait de magisme.

Dans cette adoration du mauvais principe sur un pied d'égalité complète avec le bon, le magisme médique se

---

(1) *De Is. et Osir.*, p. 369, ed. Reiske.
(2) VII, 114.
(3) *The five great monarchies*, 2ᵉ édit., t. III, p. 359.

révèle à nous comme inférieur, sous le point de vue moral, à la doctrine de la magie accadienne. Mais il faut ici tenir compte des circonstances particulières que la conquête iranienne avait faites à la population de la Médie. Des indices très-puissants sont de nature à faire croire qu'avant la conquête elle attribuait à un de ses dieux principaux la figure d'un serpent (1). Ce culte de dieux-serpents se retrouve chez un grand nombre de tribus touraniennes primitives (2). Les Accads faisaient du serpent un des attributs principaux et l'une des figures de Êa (3), et nous avons une allusion très-importante à un serpent mythologique dans ces paroles d'un dithyrambe en langue accadienne placé dans la bouche d'un dieu (4), peut-être de Êa, comme j'ai eu l'occasion de le dire plus haut en rapportant le morceau tout entier :

Pareille à l'énorme serpent à sept têtes, l'arme aux sept têtes, je la tiens.

Pareille au serpent qui bat les flots de la mer, [attaquant] l'ennemi en face, — dévastatrice dans le choc des batailles, étendant sa puissance sur le ciel et la terre, l'arme aux [sept] têtes, [je la tiens (5).

Une fois la fusion s'opérant entre les traditions iraniennes et les vieilles croyances de la religion proto-médique, le dieu-serpent devait naturellement se con-

(1) Voy. mes *Lettres assyriologiques*, t. I, p. 99.
(2) Voy. Fergusson, *Tree and serpent worship*, Londres, 1868, in-4°.
(3) George Rawlinson, *The five great monarchies*, 2ᵉ édit., t. I, p. 122.
(4) W. A. I. II, 19.
(5) J'ai rapproché ailleurs (dans mes *Premières Civilisations*, t. II, p. 130) cette allusion de la légende brahmanique du *Manthanam*.

fondre avec le représentant du principe ténébreux et mauvais, car le serpent était, dans les fables mazdéennes, la forme qu'Angrômainyous avait prise pour essayer de pénétrer dans le ciel d'Ahouramazdâ (1). Dans le cycle héroïque également, c'était une personnification du mauvais principe que le serpent Dahâka (2) ou Azhi-Dahâka (3) vaincu par Thraêtaona (4), forme iranienne du mythe védique de Trita, fils d'Aptya (5). Moïse de Khorène (6) attribue formellement à la dynastie des Mèdes aryens et aux descendants de leurs sujets transportés en Arménie la conservation de l'antique culte touranien du serpent, et y rattache le nom d'Astyage (7). Ainsi les descendants de Thraêtaona, se fondant avec leurs vaincus, en étaient venus à adorer Azhi-Dahâka. Et comme la population d'origine touranienne était plus disposée à honorer son ancien dieu national que celui des conquérants iraniens, dans le culte populaire Angrômainyous ou Azhi-Dahâka primait certainement Ahouramazdâ. A ce point de vue, je crois que M. Oppert (8) a eu raison de voir un reste du magisme des anciens Mèdes dans la bizarre religion des Yezidis ou « adorateurs du diable », répandus en-

(1) Lajard, *Mémoire sur les bas-reliefs découverts en Transylvanie*. sect. II et III, à la fin.
(2) Yaçna, IX, 25.
(3) Vendidad-Sadé, I, 69.
(4) Burnouf, *Journal asiatique*, 3ᵉ série, t. XLV, p. 497 et suiv.
(5) Voy. Roth, *Die Sage von Feridun in Indien und Iran*, dans la Zeitschr. der deutsch. Morgenl. Gesellsch., t. II, p. 216 et suiv.; Spiegel, *Avesta*, t. I, p. 7.
(6) I, 29.
(7) Voy. mes *Lettres assyriologiques*, t. 1, p. 97-101.
(8) *Rapport au ministre de l'instruction publique*, Paris, 1856.

core aujourd'hui dans l'Irâk-Adjémy et dans le nord de la Mésopotamie ; car cette religion professe dans ses dogmes le dualisme mazdéen, mais dans son culte n'adore que le principe mauvais (1).

Hérodote (2) dit que les Mages avaient emprunté aux Assyriens le culte de leur Aphrodite céleste, c'est-à-dire de l'Anâhitâ qu'Artaxerxe Mnémon introduisit ensuite par décret dans la religion des Perses (3). On me permettra ici de me citer moi-même et de reproduire ce que j'ai dit ailleurs (4) de cette déesse dans le magisme de la Médie :

« En signalant l'adoption de la déesse chaldéo-assyrienne par les Mages, Hérodote ajoute qu'ils l'appelaient Mithra. Cette indication du Père de l'histoire a donné lieu à bien des conjectures, à des théories mythologiques tout entières, qui se sont évanouies devant une connaissance plus approfondie des religions asiatiques. Aujourd'hui, l'opinion la plus généralement admise des savants, celle que commande l'étude des sources iraniennes originales, est que le dire d'Hérodote est inadmissible, que l'historien d'Halicarnasse a dû commettre une erreur et une confusion, comme il lui est quelquefois arrivé (5). Mais quelle en a été la cause? On ne paraît pas l'avoir jusqu'ici recherchée, et nous croyons l'avoir trouvée

---

(1) Layard, *Nineveh and Babylon*, p. 41 et suiv., 81-94.
(2) I, 131.
(3) Beros. *ap.* Clem. Alex., *Protrept.*, I, 5.
(4) *Essai de commentaire des fragments cosmogoniques de Bérose*, p. 157 et suiv.
(5) Voy. Bréal, *de Persicis nominibus apud scriptores græcos*, p. 5 et suiv.

dans la liaison étroite des deux cultes d'Anâhitâ et de Mithra dans le système du magisme médique. La conception du personnage de Mithra comme une forme du Soleil remonte au fond primitif des idées religieuses des Aryas; nous le retrouvons dans un des Adityas de la mythologie védique, et il est impossible que les auteurs de la première réforme mazdéenne ne l'aient pas connu. Mais il est évident qu'il n'avait dans leur système rien de l'importance qu'il prend dans les livres les plus récents du zoroastrisme; il était quelque personnage secondaire, inférieur peut-être même aux Amescha-çpentas; il n'était pas un dieu placé presque sur le même rang qu'Ahouramazdâ, car le mazdéisme, dans sa pureté primitive, ne reconnaît qu'à celui-ci le caractère divin suprême et complet. M. George Rawlinson (1) a très-judicieusement remarqué que l'introduction de Mithra dans le culte public eut lieu en même temps que celle d'Anâhitâ, et que les deux faits présentent une connexité historique dont il faut tenir compte. En effet, l'inscription d'Artaxerxe Mnémon à Suse est le premier document officiel des rois achéménides qui mentionnent des dieux à côté d'Ahouramazdâ, et ces dieux sont Anâhitâ et Mithra, réunis ensemble et formant un groupe indivisible. L'établissement légal de leurs adorations dans ce rang suprême a dû être par conséquent simultané et puisé à la même source. Et c'est au temps d'Artaxerxe que Xénophon (2)

---

(1) *The five great monarchies*, 2ᵉ édit., t. III, p. 360 et suiv.
(2) *Cyrop.*, VII, 5, 53; *Œconom.*, IV, 24.

commence à parler de Mithra comme d'un des principaux parmi les dieux nationaux des Perses.

« Il est bien difficile après cela de ne pas conclure qu'Artaxerxe Mnémon, dans les innovations qui sous son règne modifièrent si profondément la religion zoroastrienne, n'introduisit pas seulement dans cette religion un personnage nouveau, mais un couple divin, celui de Mithra et d'Anâhitâ, que la présence de Mithra permettait de greffer comme une branche adultère sur la vieille souche du mazdéisme, et qui s'y était déjà greffé antérieurement dans le système du magisme médique. Dans ce dernier système, autant qu'on en peut comprendre l'économie, le culte du soleil et de la lune, dont parle Hérodote, s'était constitué sous l'influence de la religion chaldéo-assyrienne avec la forme de l'adoration du couple d'un dieu solaire et d'une déesse lunaire, Mithra et Anâhitâ (1), placé immédiatement au-dessous d'Ahouramazdâ. De là l'erreur d'Hérodote, qui a confondu les deux personnages de ce couple. Elle n'en est peut-être même pas une, et il se pourrait que l'on eût quelquefois désigné le couple divin dont nous parlons comme un double Mithra. Ainsi s'expliquerait, par un reste isolé de cet état de choses, l'expression d'un passage du Yaçna (2) qui a fort embarrassé les com-

---

(1) Tandis que les Mèdes aryens empruntaient le personnage d'Anat à la religion chaldéo-assyrienne, celle-ci recevait d'eux le nom de Mithra, comme une appellation du Soleil : W. A. I. III, 69, 5, l. 63.

(2) I, 29.

mentateurs, *ahuraêibya Mithraêibya*, « les deux divins Mithra (1). »

Je ne crois pas qu'il y ait à modifier ceci ; mais l'étude que nous avons faite des textes magiques d'Accad permet de le compléter. Nous avons dû remarquer en effet l'étroite analogie du rôle de médiateur attribué à Mithra dans la religion perse, à partir du temps d'Artaxerxe Mnémon, avec celui que Silik-moulou-khi remplit entre les hommes et Êa dans le système accadien. Le nom de Mithra, qui signifie « l'ami », a pu être pris comme un équivalent iranien et presque une sorte de traduction de Silik-moulou-khi, « celui qui dispose le bien pour les hommes. » Il semble que, dans le magisme, Mithra a dû prendre à l'origine la place et les attributions de quelque dieu médiateur de la religion proto-médique, analogue au Silik-moulou-khi des Accads et portant sans doute un nom de même nature. Plus tard, on le décomposa en un couple conjugal, comme le dieu attaché à chaque homme dans le système accadien, et on lui associa la déesse Anâhitâ, empruntée à la religion chaldéo-assyrienne.

Nous devons enfin, pour compléter le tableau du magisme médique et achever de mettre en relief ses points de contact avec le système que nous avons étudié chez les Accads, signaler le développement qu'y avaient les pratiques d'incantation et de sorcellerie. Ces pratiques sont formellement interdites et sévèrement condamnées

---

(1) Voy. Burnouf, *Commentaire sur le Yaçna*, p. 351.

par tous les livres du mazdéisme, qui en attribuent l'invention aux Yâtous, les ennemis de Zoroastre (1). Aussi le mot *yâtus*, employé par Darius dans l'inscription de Nakch-i-Roustam pour désigner la religion des Mages, serait-il à lui seul une forte présomption du rôle important qu'elles y tenaient. D'ailleurs Dinon (2) décrit les incantations auxquelles se livraient les Mages, la baguette divinatoire à la main. Ils prédisaient l'avenir par le jet de bâtonnets en bois de tamarisque (3), usage que les écrivains classiques attestent avoir été d'origine scythique ou touranienne. Le *bareçma* (4), devenu à partir d'une certaine époque un des insignes essentiels des ministres du culte mazdéen, n'était autre à l'origine que le faisceau de ces baguettes, dont l'usage s'introduisit en Perse sous l'influence des Mages (5). Dans les études que nous consacrerons à l'astrologie et à la divination en Chaldée et à Babylone, nous constaterons que le jet des baguettes y était connu et pratiqué (6), qu'il y constituait même le mode de divination le plus antique, celui du temps des Accads (7).

(1) Vendidad-Sadé, I, 52-56.
(2) *Ap.* Schol. *ad* Nicandr. *Theriac.*, v. 613.
(3) *Ibid.*
(4) Yaçna, LVII, 6.
(5) Voy. G. Rawlinson, *The five great monarchies*, 2ᵉ édit., t. III, p. 351.
(6) Ezech., XXI, 26. — Les baguettes ou flèches du sort sont figurées sur plusieurs cylindres babyloniens à la main de Mardouk (Lajard, *Culte de Mithra*, pl. XXXII, n° 2; LIV, A, n° 5) ou d'Istar (Lajard, pl. XXXVII, n° 1), les divinités des planètes Jupiter et Vénus, les plus favorables dans les idées des astrologues.
(7) Il y a certainement une relation à établir entre cette divination et le jet magique des sorts, que nous avons vu mentionné dans la tablette K. 142 du Musée Britannique.

Nous avons dit qu'au moyen de certaines paroles et de certains rites, les Mages prétendaient avoir le pouvoir de faire descendre le feu du ciel sur leurs pyrées. Hérodote (1) et Diogène Laërte (2) parlent du pouvoir surnaturel qu'ils s'attribuaient. Le dernier de ces écrivains paraît avoir surtout consulté le traité spécial d'Hermippe sur les Mages, où ils étaient présentés comme des thaumaturges et des enchanteurs (3). Vers l'époque des guerres médiques se répandit en Grèce un livre attribué au Mage Osthanès, livre qui fut le point de départ de la magie qui se substitua désormais chez les Hellènes aux pratiques grossières et primitives des goètes (4); d'après ce qu'on sait de ce livre, il enseignait, comme les secrets suprêmes de la caste des Mages, toutes les espèces d'enchantements et de divinations, jusqu'à l'évocation des morts et des esprits infernaux (5). Aussi ces prêtres, qui de la Médie s'étaient répandus dans toute la Perse, furent-ils regardés en Occident comme les types des enchanteurs et des magiciens (6), et de là le sens que le mot de *magie* a gardé jusqu'à nous. On savait, du reste, que leur magie tenait de très-près à celle de la Chal-

---

(1) I, 103 et 120; VII, 19.
(2) *De Vit philos.*, proœm., 6.
(3) Plin., *Hist. nat.*, XXX, 2.
(4) Plin., XXX, 1; Euseb., *Chronic.*, I, 48; *Præpar. evangel.*, I, 10; V, 14; Suid., v° Ἀστρονομία; Apul., *Apolog.*, 27.
(5) Plin., XXX, 5.
(6) Strab., I, p. 24; XVI, p. 762; Lucian., *de Necromant.*, p. 11. ed. Lehmann; Ammian. Marcell., XXIII, 6; Origène, *Adv. Cels.*, VI, 80; Minut. Fel., *Octavian*, 26; Clem. Alex., *Protrept.*, I, p. 17, ed. Potter; S. Cyprian, *de Idol. vanit.* dans ses *Opp.*, t. I, p. 408.

dée (1), et ceci finit même par amener dans les esprits des Grecs et des Latins une confusion inextricable entre les Mages et les Chaldéens (2).

J'ai dû donner à ce qui précède un assez grand développement, afin d'exposer d'une manière suffisamment complète ce que nous parvenons à savoir du magisme médique, sujet encore très-obcur. Mais il me semble qu'après ces explications, le lecteur y distinguera assez clairement les trois éléments dont le mélange a formé ce système essentiellement mixte : l'élément iranien et mazdéen, qui est surtout comme un vêtement imposé, par suite de la conquête des Mèdes proprement dits, à des conceptions antérieures et d'une autre origine ; les emprunts à la religion chaldéo-assyrienne, consistant principalement dans le culte des astres et le personnage d'Anâhitâ ; enfin le vieux fond des croyances de la population touranienne d'avant l'invasion des Iraniens. Et ces croyances offrent avec la doctrine des vieux livres magiques d'Accad une parenté des plus étroites, une parenté tout à fait analogue à celle qui se révèle entre les idiomes de la Médie anté-aryenne et de la Chaldée accadienne.

(1) Ammian. Marcell., XXIII, 6.
(2) Plat., I *Alcibiad.*, 37 ; Justin., I, 1 ; Diogen. Laërt., I, 8 ; Plin., *Hist. nat.*, XXX, 2 ; XXXVII, 49 ; Apul., *Florid.*, II, 5 ; Tatian., *Orat. ad Græc.*, 1 ; Suid., vⁱˢ Μαγικὴ et Ζωροάστρης ; *Constitut. Apostolic.*, IV, 26 ; Clem. Alex., *Stromat.*, V, p. 598, ed. Potter ; Arnob., *Adv. gent.*, I, 52.

III

Les rapprochements avec la mythologie et la magie des Finnois seront peut-être plus frappants encore. Sur les rites et la religion de ce peuple, nous avons une mine féconde dans la grande épopée du *Kalevala,* que M. Léouzon-Leduc a entrepris de faire connaître au public français, et qui, traduite déjà dans plusieurs langues de l'Europe, n'en continue pas moins à rester presque absolument ignorée de nos érudits et de nos lettrés, bien qu'elle mérite, par son importance et sa beauté, d'être classée immédiatement après les épopées de la Grèce, de l'Inde et de la Perse. Le sujet est d'ailleurs complétement élucidé par les travaux de Ganander (1), de Castrèn (2) et des autres savants de la Finlande (3).

L'ancien paganisme finnois a pour base l'adoration des esprits de la nature, que nous avons vue se maintenant à un état encore si primitif et si grossier chez les tribus

---

(1) *Mythologia Fennica eller forklaring ofver afgudar,* 1789.

(2) *Vorlesungen über die finnische Mythologie,* 2ᵉ édition, Saint-Pétersbourg, 1856. Voy. aussi les deux dissertations : *Ueber die Zauberkunst der Finnen,* et *Allgemeine Uebersicht der Gœtterlehre und der Magie der Finnen wœhrend des Heidenthums,* dans ses *Kleinere Schriften,* publiés par M. Schiefner.

(3) Nous ne pouvons énumérer ici tous les travaux des Toppelius, des Porthan, des Téngström, des Gottlund, des Lönnrot, des Koskinen. En France, nous ne trouvons à citer que le seul M. Léouzon-Leduc qui ait résumé les recherches sur la mythologie finnoise dans un article du *Correspondant,* t. XI, p. 25-56, et dans son ouvrage spécial sur *la Finlande.*

sibériennes. Qu'elle s'y rattache directement et qu'elle en dérive, c'est un fait qui n'a plus besoin d'être démontré et que tous ceux qui en ont traité ont mis en pleine lumière. Mais de ce fonds premier l'imagination des Finnois a su tirer un riche développement mythologique, une nombreuse hiérarchie de dieux et de génies de différents ordres, qui gardent tous l'empreinte de leur origine et qui se meuvent dans des fables variées. Chez le peuple de Suomi, d'abord dans la patrie primitive et orientale, douée d'un ciel plus clément, dont il a gardé le vague souvenir, puis dans les nouvelles demeures où il a été graduellement refoulé, à l'extrémité septentrionale de l'Europe, il s'est produit sous ce rapport le même fait que chez le peuple d'Accad, sur les bords de l'Euphrate et du Tigre. Les vieilles superstitions démonologiques et magiques de la race touranienne ont donné naissance à un système religieux complet, à une abondante mythologie. Et bien que la différence des pays et des climats ait empreint d'une couleur très-dissemblable beaucoup des personnifications qui ont leur place dans l'une et l'autre mythologie, les religions de ces deux peuples sont manifestement inspirées du même génie, dérivées du fonds commun des idées d'une même race. On a lieu d'être étonné de trouver tant de ressemblances, tant de dieux et d'esprits demeurant les mêmes sous des noms différents, et une si parfaite parité dans certaines formules d'incantations, avec l'énorme distance qui sépare, aussi bien dans le temps que dans l'espace, la Finlande païenne, que le christianisme n'a entamée qu'en plein moyen âge, de la Chaldée purement accadienne, qui quinze siècles avant notre ère n'était déjà plus qu'un souvenir.

Les Finnois n'ont jamais eu d'autres prêtres que leurs magiciens ; le culte consistait uniquement en offrandes domestiques à certains jours déterminés, dont le père et la mère de famille étaient les ministres, et en opérations mystérieuses, auxquelles on attribuait un pouvoir surnaturel et pour lesquelles on appelait les dépositaires de la science des prodiges. Parmi ceux-ci, il y avait d'un côté les *tietajat*, « savants », *osaajat*, « intelligents », ou *laulajat*, « incantateurs », magiciens d'un caractère bienfaisant, qui recouraient seulement à une extase factice pour connaître l'avenir et entrer en communication directe avec les esprits, ainsi qu'aux chants sacrés et aux paroles rituelles pour agir sur eux et les amener à protéger les hommes ; M. Rein, dans une remarquable thèse soutenue à Helsingfors en 1844, leur reconnaît un certain caractère sacerdotal, que n'avaient pas les *noijat* ou sorciers proprement dits. Ceux-ci prétendaient être en relation avec les mauvais comme avec les bons esprits ; ils employaient leur science et leur pouvoir pour le mal autant que pour le bien, suivant que l'on avait ou non su se concilier leur bienveillance. Ils joignaient à l'emploi des incantations celui des philtres et des pratiques les plus bizarres ; leur rite principal était celui que les Scandinaves ont appelé dans leur langue *seidr*, et qui consistait à prononcer sur la flamme certaines paroles, accompagnées de cérémonies dont les initiés seuls avaient le secret ; au moyen du *seidr*, on revêtait toutes les formes qu'on voulait, on devenait invisible et on était instantanément transporté d'un lieu dans un autre.

Tietajat et *noijat* s'attribuaient également la puissance de guérir ou plutôt de chasser du corps les maladies, considérées comme des êtres personnels, par le moyen de leurs formules, de leurs chants, et aussi de breuvages enchantés dans la composition desquels ils faisaient entrer des substances réellement pharmaceutiques ; ils étaient les seuls médecins de la nation (1). Entre ces deux classes de personnages, il y avait la distinction que nous avons observée dans les livres d'Accad entre le prêtre magicien et le sorcier malfaisant, considéré comme un être impie. Dans le *Kalevala*, les enchantements tiennent une place immense; ils sont considérés comme une œuvre divine, et les dieux eux-mêmes y recourent à chaque instant dans les péripéties de leur vie héroïque ; mais les sorciers sont dépeints comme des hommes pervers, qui abusent de ces secrets suprêmes et en dénaturent l'emploi. Au reste, qu'on *les* mette en œuvre pour le bien ou pour le mal, les Finnois attribuent aux incantations et aux rites magiques une puissance absolue sur la nature entière, sur les éléments et leurs esprits. La terre et l'air, les régions visibles et invisibles, l'eau et le feu obéissent aux enchantements ; ils font revenir les

---

(1) Voy. Lönnrot, *Abhandlung über die magische Medicin der Finnen.*

morts pour tourmenter les vivants ; ils agissent même sur les dieux les plus puissants, paralysent leur influence ou exercent sur eux une sorte de contrainte. C'est toujours avec les formes les plus hyperboliques que les poésies finnoises décrivent les effets des enchantements. Nous en citerons un exemple :

Lemmikäinen entra dans la maison ; elle était pleine d'hommes à la libre parole : des hommes vêtus de longues robes sur les bancs, des chanteurs sur le pavé, des runoias sous les portes largement ouvertes, des joueurs d'instruments autour des murs, et, sur le siége principal, auprès du foyer, des sorciers.

Et Lemmikäinen commença les enchantements.

Il chanta, et les chanteurs les plus habiles ne firent plus entendre qu'une voix ridicule ; leurs mains se couvrirent de gants de pierre, des masses de pierre firent fléchir leur dos, un chapeau de pierre écrasa leur tête, des colliers de pierre enserrèrent leur cou.

Ainsi furent bernés les chanteurs les plus fameux, les plus habiles des runoias.

Lemmikäinen chanta encore : et les hommes furent jetés dans un traîneau tiré par un chat décoloré ; et le chat, dans sa course rapide, les emporta jusqu'aux limites extrêmes de Pohjola (1), jusqu'aux vastes déserts de Laponie, où le sabot du cheval ne retentit jamais, où le fils de la jument n'a point de pâturage.

Lemmikäinen chanta encore : et les hommes se précipitèrent dans le large golfe de Laponie, dans le détroit qui dévore les héros, dans ces flots où les sorciers boivent et éteignent la soif de leurs gorges enflammées.

Lemmikäinen chanta encore : et les hommes roulèrent dans

---

(1) La terre des ténèbres, demeure des mauvais esprits.

le fleuve impétueux de Rutya, dans le gouffre fatal où les arbres sont dévorés comme une proie, où les pins tombent avec leurs racines, où les sapins sont engloutis avec leurs couronnes.

Ainsi, par ses incantations, Lemmikäinen se joua des jeunes gens, des vieillards et des hommes mûrs (1).

Mais quelle que soit la puissance de ces enchantements, qui commandent à la nature et aux êtres surnaturels, aux esprits et aux dieux, il est un talisman plus puissant qu'eux encore, car il arrête leur effet et en protége celui qui le possède : c'est le « bâton céleste », analogue à la baguette des Mages de Médie. Les dieux eux-mêmes ne sont mis à l'abri de certains enchantements que par la vertu de ce bâton. Wäinämöinen, menacé par la grande sorcière de Laponie, lui répond :

Le Lapon ne peut me nuire par ses enchantements, car j'ai entre les mains le bâton céleste, et celui qui me porte envie, celui qui crée le malheur, ne le possède point (2).

Passons à l'examen de la mythologie, de la hiérarchie des dieux et des esprits.

Au plus haut sommet de l'échelle, nous trouvons trois dieux, qui se partagent l'empire de l'univers, Ukko, Wäinämöinen et Ilmarinnen. Ukko, dont le nom signifie « l'antique, le vénérable, » est « le vieillard céleste », *vanha taivahinen*, « le dieu du ciel, » *taivahan jumala;*

---

(1) *Kalevala*, 1re partie. 6e runa.
(2) *Kalevala*, 2e partie, 24e runa.

par rapport aux deux autres, il a une supériorité marquée et se montre quelquefois comme un premier principe, d'où son surnom de *ylijumala*, « dieu suprême. » Wäinämöinen, « l'ami des ondes, » est le dominateur de l'élément humide et de l'atmosphère; Ilmarinnen, « le forgeron éternel, » le maître de la masse terrestre, des trésors qu'elle renferme dans son sein et que seul il a su mettre en œuvre. Les trois dieux les plus hauts de la mythologie finnoise, qui à eux trois ont « fixé les portes de l'air, placé les voûtes du ciel, semé les étoiles dans l'espace (1), » Ukko, Wäinämöinen et Ilmarinnen, correspondent donc d'une manière singulièrement précise aux trois dieux supérieurs qui, dans le système du recueil magique d'Accad, président aux trois zones du monde, Anna, Êa et Moul-ge. La ressemblance est surtout frappante entre Êa et Wäinämöinen, dont les aventures font le sujet du *Kalevala*. De même que le dieu accadien, le dieu finnois n'est pas seulement le roi des eaux et de l'atmosphère, il est l'esprit d'où découle toute vie, le maître des enchantements favorables, l'adversaire et le vainqueur de toutes les personnifications du mal, le souverain possesseur de toute science. C'est lui qui communique aux hommes le feu céleste, invente la musique et les incantations. Il n'est personne qui n'ait besoin d'invoquer son nom ; guerriers, pêcheurs, magiciens éprouvent les effets de sa protection. La sueur qui découle de son corps est un baume qui guérit toute maladie. Seul il

---

(1) *Kalevala*, 2ᵉ partie, 14ᵉ runa

fournit un secours efficace contre les charmes des sorciers, et c'est à lui qu'il faut s'adresser en dernier recours contre les entreprises des démons.

C'est aussi lui seul qui est le dépositaire des « runas de la science », des « paroles suprêmes », des « paroles créatrices », qu'il a été chercher jusque dans la poitrine de l'antique Wipunen (1), paroles qui donnent la vie à tout ce qui existe et dont la puissance enchaîne les dieux, aussi bien que les êtres inférieurs. Ces paroles, comme le nom mystérieux des livres d'Accad, sont le dernier mot de la science surnaturelle, l'enchantement qui prime tous les autres; elles ont par elles-mêmes une vertu sans égale et indépendante de l'agent qui les prononce. Quand Wäinämöinen, que l'épopée fait à chaque instant descendre aux proportions d'un héros, malgré sa nature divine, quand Wäinämöinen a été blessé par la hache de Pohja, la personnification de la région infernale, il va trouver le vieillard de Suomi pour qu'il arrête le torrent de sang qui s'échappe de sa blessure; et celui-ci lui dit :

« Nous en avons arrêté de plus grands, nous en avons enchaîné de plus terribles, nous avons triomphé de plus rudes écueils, nous avons brisé des obstacles plus fiers par les trois paroles de la création, par les saintes paroles originelles. Les bouches des fleuves, le cours des lacs, l'impétuosité des cataractes ont été vaincus. Nous avons séparé les détroits des promontoires, nous avons joint les isthmes avec les isthmes (2). »

(1) *Kalevala*, 1re partie, 9e et 10e runas.
(2) *Kalevala*, 1re partie, 3e runa.

Au-dessous des trois dieux supérieurs, les Finnois embrassaient dans leurs adorations tous les objets et tous les êtres de la nature, qu'ils peuplaient partout d'esprits personnels, tantôt distingués des objets, tantôt confondus avec eux. Ils rendaient un culte aux montagnes, aux pierres, aux arbres, aux mers, aux fleuves et aux fontaines. Le feu était pour eux un être divin, adoré dans la flamme du foyer domestique, à laquelle dans la fête du *joulu* la mère de famille offrait une libation, en lui adressant l'invocation :

Elève-toi toujours aussi haut, ô ma flamme, — mais ne brille ni plus grande, ni plus ardente (1) !

Cette fête du *joulu* avait lieu aussitôt après le solstice d'hiver, quand les jours recommencent à grandir ; le rite de l'adoration de la flamme semble donc indiquer que les Finnois identifiaient le feu, honoré par eux dans sa réalité élémentaire, au Soleil, comme nous avons vu le dieu Feu des Accads devenir dans l'épopée babylonienne un personnage solaire, sous les traits du héros *Izdubar*. Au reste, les Finnois invoquaient le Soleil sous le nom de Beiwe (2) pour se protéger des démons de la nuit et guérir certaines maladies, spécialement les infirmités de l'intelligence, de même que les Accads leur Oud, qui personnifie le même astre.

(1) H.-J. Wille, *Beskrivelse over Siliejords Præstegield i ovre Tellemarken i Norge*, p. 243.
(2) Il faut en rapprocher un des noms accadiens du dieu Soleil, *Biseba*. Beiwe est aussi le dieu solaire chez les Lapons.

Pour les Finnois, chaque localité avait son Haltia, esprit ou génie, chaque maison son gnome familier ou Tonttu, chaque élément et chaque phénomène naturel son esprit de la classe de ceux que les Scandinaves ont appelés Dvergues, chaque action de l'homme, chaque circonstance de la vie son génie ou son dieu spécial. Des esprits particuliers, les Egres, faisaient pousser les plantes cultivées par le laboureur et veillaient sur leur développement. D'autres, les Kejjuset, lutins ailés, les uns noirs, les autres blancs, les uns méchants, les autres bienfaisants signalaient surtout leur présence en s'introduisant dans les maisons où il y avait un cadavre.

De cette foule infinie des esprits répandus partout dans la création, se distinguent, par un caractère plus général et une puissance plus haute, les dieux, très-nombreux aussi, qui président chacun à une classe d'êtres, à un ensemble de phénomènes, à une phase du développement des hommes, des animaux ou des plantes. C'est ici que la mythologie finnoise s'écarte complétement de celle des Accads, prend une physionomie tout à fait propre et reçoit l'empreinte des conditions de sol et de climat où elle a achevé de se former. Sous le soleil ardent des bords du Tigre et de l'Euphrate, et au milieu des sombres forêts et des marécages glacés de la Finlande, le même principe de personnification des phénomènes, des objets et des classes d'êtres du monde animé devait nécessairement produire des dieux d'un aspect différent. Il n'y a donc pas lieu d'être surpris si tout ce côté du développement mythologique des Accads n'a pour parallèles chez les Finnois que des créations absolument divergentes de la superstition populaire. Aussi éloignés par l'espace que par le temps, les deux peuples ont brodé d'une manière indépendante et différente sur le fond commun d'une même conception du monde surnaturel et de ses rapports avec la nature, que le caractère et la couleur diverse de la broderie n'empêchent pas de discerner par-dessous. Deux arbres de même espèce, plantés dans des sols différents et sous d'autres climats, ne développent pas leur végétation de la même manière ; mais le botaniste n'en reconnaît pas moins leur identité spécifique et leur origine commune. Il n'y a pas, après tout, plus de différence — il y en a beaucoup moins même — entre la mythologie des Finnois et celle des livres magiques accadiens, qu'entre les mythologies de la Grèce et de l'Inde, troncs divergents sortis d'une même racine, les croyances primitives de la race aryenne.

Je n'ai pas entrepris d'écrire ici un traité de mythologie finnoise ; je veux seulement en faire ressortir la communauté de génie et les points de contact avec l'antique mythologie accadienne, entrevue déjà par M. Sayce. Aussi laisserai-je de côté tous les dieux inspirés aux Finnois par le spectacle de la nature du Nord, et qui ne pouvaient pas avoir d'analogues dans les contrées où vivaient les Accads, ceux qui président aux grands bois de bouleaux et de sapins, comme Hittarainen, Tapio, le pasteur des bêtes fauves de ces bois, Knippala, « le vieillard barbu de la forêt joyeuse, » à qui le *Kalevala* adresse une invocation pleine d'une si grande poésie (1), et toutes les divinités secondaires qui leur forment cortége, propageant et développant les essences forestières et les animaux sauvages qui vivent à leur ombre. L'imagination populaire les a multipliées à plaisir, et l'épopée leur prête des généalogies et des histoires pareilles à celles des hommes. Non moins nombreux sont ceux qui veillent sur les troupeaux, comme Käitös, Kekri, Suvetar, et ceux qui protégent les pêcheurs de la Baltique, multipliant le poisson et le conduisant dans les filets, comme Juoletar, son épouse Hillewo, la déesse des loutres, ou la belle Ahti, la reine des détroits.

Mais ce qui nous ramène à des conceptions que nous avons observées dans les livres d'Accad, conceptions fondamentales chez tous les peuples touraniens et caractéristiques de leurs religions, c'est l'importance des dieux et des esprits présidant aux richesses enfouies dans le sein de la terre et aux travaux de la métallurgie (2). C'est là l'empire du grand Ilmarinnen, le forgeron divin qui a battu sur son enclume la voûte des cieux; c'est là que l'on rencontre les génies des roches et des mines, les Wuonen Välki, travaillant sous la conduite de Kamulainen. Cependant ici encore, à côté de l'analogie, nous observons une différence importante, découlant des conditions diverses des deux peuples d'Accad et de Suomi. Dans les livres accadiens, cette face des conceptions reli-

---

(1) 1re partie, 7e runa.
(2) Voy. à ce sujet mes *Premières Civilisations*, t. I, p. 114-126.

gieuses a surtout trait au travail du cuivre ; le dieu du cuivre est le premier et le plus important des dieux métallurgiques. Dans les poésies finnoises, il n'est pas question du cuivre, mais du fer, dont le dieu spécial, Rauta-Rekhi, est entouré d'un cortége de parents qui correspondent aux principales opérations du travail de ce métal; le mythe de la naissance du fer est un des plus remarquables et des plus originaux dans le *Kalevala* (1). Mais cette concentration des légendes métallurgiques sur le fer n'est certainement pas chez les Finnois un fait primitif ; c'est le résultat des conditions propres à leur séjour, au pays où ils ont fini par être repoussés, pays qui leur offrait le fer en abondance et ne leur fournissait plus l'occasion de maintenir les traditions antiques du travail du cuivre et du bronze, que conservaient fidèlement leurs frères de la Livonie. Les Accads, au contraire, bien que connaissant déjà le travail du fer, étaient encore en plein âge de la prédominance exclusive du bronze; c'était leur métal usuel, celui avec lequel ils faisaient leurs instruments et leurs ustensiles (2). Et ici la philologie nous présente un fait exactement pareil à celui qui se manifeste dans la mythologie. Le mot qui désigne en accadien le cuivre (*urud*) est identique à celui qui désigne le fer chez les Finlandais (*rauta*) et chez les Lapons (*rude*), et qui, de là, est passé chez les Slaves et les Lithuaniens en s'appliquant au même métal (*ruda*). C'est

(1) 1re partie, 4e runa.
(2) G. Rawlinson, *The five great monarchies*, 2e édit., t. I, p. 96-99.

ainsi que dans les langues aryennes un mot qui signifiait originairement « métal », au sens général, est devenu en sanscrit le nom du fer, *ayas*, et en latin celui du bronze, *æs*.

Dans la croyance des Finnois, chaque homme depuis sa naissance porte en lui-même un esprit divin, compagnon inséparable de sa vie. Cet esprit s'unit d'autant plus intimement à son sujet, que celui-ci se détache davantage des choses de la terre pour se retirer dans le sanctuaire de son âme. De là provient en grande partie le pouvoir surnaturel du magicien, qui aspire à l'extase transcendante, *tulla intoon*, à une exaltation complète de l'âme, *tulla haltioihin*, dans laquelle il se rapproche de l'esprit qu'il porte en lui et s'y identifie complétement. Pour arriver à cet état d'extase, il emploie des moyens artificiels, des drogues enivrantes, car c'est seulement alors qu'il parvient à se déifier, pour ainsi dire, et qu'il voit les génies et les esprits de la nature rendre hommage à son autorité. Cette doctrine, que M. Rein a particulièrement bien exposée et qui tient une place capitale dans les idées religieuses des Finnois, comme dans leur magie, est tout à fait celle du dieu spécial attaché à chaque homme et vivant dans son corps, d'après les écrits magiques d'Accad. Il y a là une affinité de conceptions et de croyances à laquelle nous attachons une importance de premier ordre, car ce n'est pas une de ces idées naturelles qui ont dû naître indépendamment chez les peuples les plus divers. Pour trouver ailleurs une notion analogue, il faut aller chercher en Perse la doctrine des fravaschis, et précisément nous avons reconnu plus haut que chez les Iraniens elle découlait peut-être, par l'intermédiaire de la Médie, de la source accadienne.

Toute religion démonologique, dès qu'elle s'élève et s'épure, conduit nécessairement au dualisme. Expliquant tout par les esprits répandus dans la nature, comme elle y voit le bien à côté du mal, la destruction à côté de la régénération et de la vie, elle explique ces contrastes par les influences et la lutte de deux armées opposées de bons et de mauvais esprits. C'est ce que nous avons vu chez les Accads et ce que nous retrouvons chez les Finnois. Eux aussi admettent deux mondes en antagonisme, celui des dieux et des esprits favorables et celui des démons, celui de la lumière et celui des ténèbres, celui du bien et celui du mal. Mais ils mettent ces deux mondes sur la terre, au lieu de faire sortir, comme les Accads, les démons d'un abîme souterrain; c'est la région bienheureuse de Kaleva, située sous l'action directe et bienfaisante des rayons du soleil, et la région sinistre de Pohja, « qui dévore les hommes et engloutit les héros, » où habitent les démons et où se trouve la demeure des morts, Tuonela, gouvernée par la sombre Tuoni. Les Finnois se représentent la région de Pohja comme existant dans les solitudes inhabitables du pôle; la Laponie y sert de frontière. C'est là que se plaisent les plus méchants sorciers et que les démons se tiennent en embuscade pour guetter les hommes. Pour l'imagination des Finnois, les plaines glacées du pays des Lapons sont ce qu'était pour celle des Accads les sables brûlants du désert d'Arabie, une contrée maudite, un repaire des esprits méchants.

Nés dans les ténèbres de Pohja, les démons, aussi nombreux que les bons esprits, se répandent dans toutes les parties de l'univers pour y porter le trouble et le ravage. Ce sont eux qui égarent les chasseurs, appellent les maladies, troublent le silence des nuits, multiplient les loups et les renards, amènent enfin toutes les souffrances de l'hiver boréal, si triste et si désolé. La mythologie finnoise ne se borne pas à inventer des classes d'esprits méchants, de démons, pour toutes les variétés du malheur et de la peine. Elle exprime dans l'épopée, sous une forme à la fois plus enfantine et plus humaine, cette pénétration des influences mauvaises par tout le monde, où elle combat et cherche à détruire l'œuvre des dieux et des génies propices. Dans ce cas, le mauvais principe se personnifie dans le géant Hiisi, auquel on donne une femme, des enfants, des chevaux, des chiens, des chats, des domestiques, tous affreux et méchants comme lui, en un mot la maison complète d'un chef de tribu. Hiisi étend partout sa mauvaise influence; Hiiden-Hejmoläinen, son serviteur, règne sur les montagnes; Wesi-Hiisi, un autre de ses serviteurs, sur les eaux; Hijjën-Lintu, son oiseau, porte le mal dans les airs; Hijjën-Ruuna, son cheval, parcourt les plaines et les déserts; Hijjën-Kissa, son chat, répand la terreur et force les voleurs à avouer leurs méfaits, tournant ainsi quelquefois au bien son action méchante ; les Hijjën-Wäki, sortes de Furies, sont ses messagers. Hiisi, courant dans les plaines avec son cheval, tandis que son oiseau le précède dans les airs, paraît avoir été originairement une personnification du vent glacial et mortel du nord. Les Finnois en avaient fait un des plus terribles démons, comme les Accads en avaient fait un de l'esprit de vent du sud-ouest, qui produisait dans leur pays des effets non moins funestes par l'excès de la chaleur.

Les sorciers, comme nous l'avons dit, communiquent avec ces démons autant et encore plus qu'avec les bons esprits ; c'est à ce commerce diabolique qu'ils doivent la majeure partie de leur puissance. Les prêtres magiciens se mettent exclusivement en rapport avec les dieux et les génies favorables, par le moyen de l'extase et des paroles sacrées. Pour les démons, ils les exorcisent par la vertu de leurs formules et le secours des êtres spirituels du bon principe ; une grande partie de leurs incantations sont destinées à repousser les mauvais esprits, à rompre l'effet des charmes diaboliques et à invoquer dans cette œuvre l'assistance des esprits purs. Mais avant tout la magie finnoise est médicale ; on l'emploie pour guérir les maladies et les blessures, et ce côté de son développement a été admirablement exposé par Lönnrot dans une dissertation spéciale (1).

Ici, nous nous trouvons en face de la notion fondamen-

---

(1) *Abhandlung uber die magische Medicin der Finnen.*

tale, et si caractéristique des idées d'une race spéciale de l'humanité, que toute maladie est un être personnel, un démon, et que son invasion constitue une véritable possession. Les maladies, pour les Finnois, sont filles de Louhiatar, la vieille dame de Pohja, comme pour les Accads elles sont enfantées par Nin-ki-gal, la dame de l'abîme ténébreux et de la demeure des morts. On distingue comme autant de personnages la Pleurésie, la Goutte, la Colique, la Phthisie, la Lèpre et la Peste. Leur résidence est à Kippumäki, la colline des douleurs. On dit cette colline située dans le pays de Kemi, que les Finnois ont habité avant de venir sur la Baltique et que Castrèn croit pouvoir fixer sur les bords du Ienisséi. La colline de Kippumäki rappelle du reste, par sa conception, la « montagne de l'Occident » des livres accadiens, d'où sortent les principaux démons pour se répandre à la surface de la terre. Cette colline est haute : à son sommet s'étend une vaste pierre, à la surface plane, entourée de plusieurs autres grandes pierres. Dans celle du milieu sont creusés neuf trous, au fond desquels, par la vertu des conjurations, les maladies s'abîment. « Que la maladie soit engloutie dans la terre comme des eaux passagères, » disait une de nos incantations d'Accad (1). C'est là que Kiwutar ou Kipä-Tytär, fille de Wäinämöinen, le *deus averruncus* par excellence, va recueillir les maladies dans un vase d'airain et les fait cuire sur un foyer magique.

(1) W. A. I. IV, 3, col. 2.

Le sorcier ou le prêtre magicien reconnaît la maladie qui s'est emparée d'un homme, au moyen de la faculté spéciale de diagnostic que développe l'extase divine, obtenue naturellement ou artificiellement. Une fois cette maladie déterminée, il s'occupe d'en exorciser le démon, employant des breuvages enchantés, des talismans, des nœuds magiques, surtout des incantations et, moyen suprême quand il a pu, ce qui est rare, en pénétrer le secret, les paroles toutes-puissantes dont Wäinämöinen est le dépositaire.

Les incantations finnoises pour exorciser les démons des maladies sont tout à fait dans le même esprit et les mêmes données que les incantations accadiennes destinées à un objet pareil. Ce sont des formules de même famille et qui offrent souvent d'étonnantes rencontres d'expression, tandis que nous avons vu les incantations égyptiennes, inspirées par des idées différentes sur le monde surnaturel, prendre une forme tout autre.

En voici une qui se trouve insérée dans un des chants du *Kalevala* :

O maladie, monte vers les cieux ; douleur, élève-toi jusqu'aux nuages (1); vapeur tiède, fuis dans l'air, afin que le vent te pousse, que la tempête te chasse aux régions lointaines, où ni le soleil ni la lune ne donnent leur lumière, où le vent tiède ne caresse point la chair.

(1) « Que la maladie de sa tête soit emportée dans les cieux comme un vent violent, » dit une incantation accadienne (W. A. I. iv, 3, col. 2). Et une autre : « Les maladies de la tête, les infirmités, comme des sauterelles qu'elles s'envolent dans le ciel, comme des oiseaux qu'elles s'enfuient dans le vaste espace. » (W. A. I. iv, 3, col. 1.)

O douleurs, montez sur le coursier ailé de pierre, et fuyez sur les montagnes couvertes de fer. Car il est trop rude d'être dévoré par les maladies, d'être consumé par les douleurs.

Allez, ô maladies, là où la vierge des douleurs a son foyer, où la fille de Wäinämöinen fait cuire les douleurs, allez sur la colline des douleurs.

Là sont des chiens blancs qui jadis hurlaient dans les tourments, qui gémissaient dans les souffrances.

Cette autre incantation, contre la peste, est rapportée par Ganander :

O fléau, pars; Peste, prends la fuite, loin de la chair nue. Je te donnerai pour te sauver un cheval dont le sabot ne glisse point sur la glace, dont les pieds ne glissent point sur le rocher.

Va où je t'envoie! Prends pour faire ta route le coursier infernal, l'étalon de la montagne. Fuis sur les montagnes de Turja, sur le roc de fer. Va à travers les plaines sablonneuses de l'enfer pour te précipiter dans l'abîme éternel, d'où tu ne sortiras jamais. Va où je t'envoie, dans la forêt épaisse de Laponie, dans les sombres régions de Pohja.

Les formules accadiennes repousssent dans le désert de sable les démons chassés du corps de l'homme; la runa finnoise envoie la Peste en Laponie. C'est la forme différente que la même donnée devait prendre chez deux peuples, placés dans des conditions géographiques si contraires, bien qu'issus d'une même origine.

Quand il s'agit de blessures, il n'y a plus de démons à exorciser. On emploie pour arrêter le sang qui coule des incantations spéciales, des paroles de conjuration, *manaus*, prononcées sur la plaie, dont la 4ᵉ runa du *Kalevála* nous offre des types célèbres, en racontant la guérison de la blessure de Wäinämöinen :

> Ecoute, sang, au lieu de couler, au lieu de verser ta traînée chaude. Arrête-toi, sang, comme un mur; arrête-toi comme une haie; arrête-toi comme un écueil dans la mer, comme un carex raide dans la mousse, comme un bloc de rocher dans le champ, comme le pin dans le bois!

Le sang arrêté, l'incantateur appelle les divinités spéciales qui peuvent réparer dans le corps les ravages du fer. Helka ferme la plaie :

> Viens ici, viens, Helka, belle femme; ferme avec du gazon, bouche avec de la mousse le trou béant; cache-le avec de petites pierres, afin que le lac ne déborde point, que le sang rouge n'inonde pas la terre.

Suonetar régénère et reproduit les chairs :

> Elle est belle la déesse des veines, Suonetar, la déesse bienfaisante! Elle file merveilleusement les veines avec son beau fuseau, sa quenouille de métal, son rouet de fer.
> Viens à moi, j'invoque ton secours; viens à moi, je t'appelle. Apporte dans ton sein un faisceau de chair, un peloton de veines, afin de lier l'extrémité des veines.

C'est là ce qu'on appelle les runas du *synty* ou de la régénération, du rétablissement (1). Mais pour compléter et consolider l'œuvre des divinités secondaires, il faut ob-

---

(1) On étend aussi le nom de *synty* à la faculté, d'origine surnaturelle, par laquelle le guérisseur reconnaît la maladie et discerne le remède.

tenir aussi l'intervention de l'antique Ukko, de la plus haute personnification de la puissance divine :

O dieu glorieux, prépare ton char, attelle tes chevaux, monte sur ton siége splendide et marche à travers les os, les membres, les chairs blessées, les veines déliées ! Fais couler l'argent dans le vide des os, fais couler l'or dans les blessures des veines. Que là où la chair a été déchirée de nouvelles chairs renaissent; que là où les os ont été brisés de nouveaux os renaissent; que les veines détachées soient renouées; que le sang qui dévie soit ramené dans son lit; que partout où une plaie a été faite la santé revienne belle et entière.

La réparation d'une blessure exigeant la naissance de nouvelles chairs est donc considérée comme un véritable acte de création, et il ne faut pour y parvenir rien moins que le secours du pouvoir créateur lui-même.

CHAPITRE VI

LE PEUPLE D'ACCAD ET SA LANGUE

I

L'étude comparative à laquelle nous venons de nous livrer conduit à reconnaître une parenté étroite entre la magie chaldéenne et celle des peuples oural-altaïques ou touraniens, particulièrement celle des Finnois. Les idées religieuses auxquelles elle se rattache et sur lesquelles elle se fonde constituent un système de mythologie complet et très-bien lié dans toutes ses parties, qui n'est qu'un développement normal et logique de la forme de naturalisme propre à cet ensemble de peuples, du culte des esprits des éléments et de la nature. Il présente de frappantes analogies, d'une part, avec le vieil élément antéiranien qui se combine avec les données mazdéennes dans le magisme de la Médie, de l'autre avec la mythologie finnoise, malgré la couleur spéciale qu'a donnée à cette dernière le fait de son développement dans les latitudes les plus septentrionales de l'Europe.

Parvenus à ce point de nos recherches, il est impossible de ne pas attacher une importance capitale à ce fait que, dans la Chaldée et dans les pays qui comme l'Assyrie ont accepté sa discipline, il y a une langue spéciale pour la magie, et que cette langue est celle à laquelle, d'accord avec les savants de l'école anglaise, nous donnons le nom d'*accadienne* (1). Les livres sacrés des magiciens, qu'Assourbanipal faisait copier encore au VIIe siècle pour l'instruction des prêtres de son pays, étaient rédigés en accadien; on y avait seulement joint dès une époque fort ancienne une version en langue assyrienne sémitique, afin de permettre l'intelligence de ses incantations et de ses hymnes à ceux qui devaient les réciter. Mais il est manifeste que le seul texte liturgique, le seul prononcé, était le texte accadien. Nous en avons la preuve formelle quand nous voyons de temps à autre un verset qui se répète, ou dont le sens est très-facile à saisir, ne plus avoir en ce cas de traduction. C'est ainsi qu'aujourd'hui les prêtres coptes ont tous leurs missels accompagnés d'une version arabe, qui leur permet de comprendre les paroles rituelles, tandis qu'ils les récitent en copte. Les formules magiques gravées sur des amulettes en pierre dure, même sur des amulettes trouvées en Assyrie, de travail positivement assyrien et des

---

(1) J'ai essayé de justifier ce nom, d'après les textes cunéiformes eux-mêmes, dans le 3e fascicule de mes *Études accadiennes*. Je le maintiens plus que jamais comme exact, au lieu de celui de *sumérien* que veut y substituer M. Oppert, seul de son avis, du reste, parmi les savants qui s'occupent d'études cunéiformes.

dernières époques de l'empire ninivite, sont en langue accadienne, du moins l'immense majorité. Contre plus de cent dont les légendes sont en accadien, je n'en ai rencontré jusqu'ici, dans les diverses collections de l'Europe, que *trois* où elles fussent en assyrien. De même, dans les fragments du grand recueil magique copié par les scribes d'Assourbanipal, il y a bien quelques incantations et quelques hymnes dont le texte accadien primitif s'était sans doute perdu de bonne heure, puisqu'on n'en a qu'une version assyrienne, portant, du reste, le cachet d'une très-haute antiquité. Mais il n'y en a pas plus d'une dizaine qui soient dans ce cas, au milieu de plusieurs centaines de formules en accadien.

Il y avait donc bien positivement en Chaldée une langue propre à la magie, qui avait conservé ce caractère pour les Assyriens, et cette langue était celle d'Accad. On la regardait comme ayant une puissance spéciale sur le monde des esprits, des bons comme des mauvais. Il semble même que l'idée de la vertu propre et surnaturelle inhérente aux mots de cette langue avait grandi à mesure que son emploi comme idiome parlé était tombé en désuétude, et qu'elle était devenue pour les prêtres une langue morte et exclusivement religieuse, pour la masse un grimoire inintelligible. C'était l'effet de la tendance naturelle qui pousse l'homme à attribuer une vertu mystérieuse à des paroles mystérieuses, de la même tendance qui avait conduit les Egyptiens à employer de préférence dans leurs formules magiques des noms étrangers, dont le sens échappait au vulgaire, et même des noms et des mots bizarres, n'appartenant à aucune langue et composés à plaisir en vue des opérations théurgiques.

Or, cette liaison intime des rites magiques à une langue déterminée est une circonstance capitale pour la détermination de l'origine de la magie chaldéenne. Car si nous avons pu établir la parenté de celle-ci avec la sorcellerie sacrée des nations touraniennes, l'accadien, sa langue, est décidément un idiome de la grande famille oural-altaïque. Tout concourt donc à nous ramener à la même race de l'humanité, comme ayant implanté, dans une antiquité prodigieusement reculée, les superstitions démonologiques et magiques qui lui sont propres dans le bassin de l'Euphrate et du Tigre.

Mais la nature touranienne de la langue des Accads est un fait qu'il ne suffit pas d'affirmer. Il faut en donner les preuves, et le lecteur a le droit de les réclamer ici. Aussi bien la question des origines de la magie chaldéenne nous amène en présence d'une série de problèmes linguistiques et ethnographiques, qui ont désormais une importance de premier ordre dans l'histoire de la haute antiquité. Ce sont ceux des éléments qui ont contribué à former la culture de Babylone et de l'existence d'une civilisation touranienne primitive, s'étendant sur la majeure partie de l'Asie antérieure, avant l'expansion des Sémites et des Aryas. Force nous est, à moins de nous borner à des assertions insuffisamment prouvées, d'aborder ces problèmes dans une certaine mesure et d'indiquer au moins les principaux faits qui conduisent à leur solution.

Donc, après avoir constaté la liaison étroite et constante qui existait en Chaldée entre la magie et la langue accadienne, il devient nécessaire que je dise quelques mots de cette langue et de ce qui la caractérise décidément comme touranienne. Après Hincks, sir Henry Rawlinson, M. Oppert, M. Grivel et M. Sayce, je me suis occupé d'une manière toute spéciale de l'idiome des Accads, et j'ai cru pouvoir même en donner un premier essai de grammaire (1). C'est un travail purement philologique, d'une nature ardue et qui ne s'adresse qu'à une catégorie restreinte de lecteurs spéciaux. Je profite donc avec plaisir de l'occasion qui s'offre ici de résumer, en vue d'un public plus étendu, les résultats auxquels m'a conduit cette étude grammaticale, encore bien incomplète, mais où je crois cependant qu'une partie des données est déjà sûre et peut défier l'épreuve du contrôle par l'étude directe et l'analyse philologique des textes. Le lecteur me pardonnera de faire exclusivement de la linguistique dans ce chapitre. Malgré ce qu'une semblable étude a d'aride pour ceux qui ne s'y adonnent pas complétement, la question est assez importante pour que l'on surmonte pendant quelques pages l'impression de cette aridité. Si le fait de la pré-

(1) Dans le tome Ier de mes *Etudes accadiennes*, fascicules 1, 2 et 3.

sence d'une nation touranienne aux premières origines de la Chaldée est bien établi, c'est tout un grand rameau de l'espèce humaine auquel il faut désormais rendre sa place dans l'histoire des civilisations, où l'on n'en tenait aucun compte.

II

L'accadien, parmi les langues jusqu'à présent connues, doit être regardé comme le type d'un groupe particulier, rattaché à la famille des langues oural-altaïques ou touraniennes, en prenant ce dernier mot dans son sens le plus étroit et le plus précis. Il présente en effet une originalité trop grande, des caractères trop spéciaux pour rentrer naturellement dans aucun des groupes qu'on y rassemble. Ce qui le met à part, c'est la réunion de phénomènes qu'on n'a rencontrés jusqu'à présent que séparés, dans des langages fort différents les uns des autres; la réunion de tendances opposées et qui pouvaient même sembler antipathiques; une puissance d'agglutination qui va jusqu'au polysynthétisme (1), et un phénomène d'en-

(1) La tendance au polysynthétisme se marque dans la syntaxe accadienne par deux faits importants et bien caractérisés :

1° Les postpositions indiquant les cas et les pronoms suffixes d'un substantif qui régit un génitif, ou qu'accompagne un adjectif, se placent,

capsulation presque comparable à celui des langues américaines (1), unis à une conservation parfaite de tous les mots, qui entrent dans l'agglutination en se juxtaposant purement et simplement, et en ne se mutilant pas pour

non à la suite de ce substantif lui-même, mais à la suite du génitif ou de l'adjectif. Exemples :
kar Kádingirata, « sur le quai de Babylone, » mot à mot « le quai — de Babylone — sur ; »
sam tillabiku, « pour son prix entier, » mot à mot « prix — entier — son — pour. »
2° Lorsqu'une énumération d'objets, quelque longue qu'elle soit, se trouve au même cas, chacun des mots de cette énumération fût-il accompagné d'un adjectif qualificatif ou d'un génitif qu'il régit, la série entière est considérée comme un seul groupe polysynthétique, qui se comporte à la façon d'un véritable mot composé ; au lieu de donner à chaque terme de l'énumération sa postposition casuelle, on n'emploie pour tous qu'une seule postposition, qui s'attache à la fin de la série. Exemple :
kharsak taq sirgal taq guk taq zakurna, « la montagne d'albâtre, de lapis et de marbre, » mot à mot « montagne — pierre — de la grande lumière — pierre — bleue — pierre — brillante — en. »
(1) Dans les langues américaines, — avec lesquelles nous établissons, comme le bon sens l'indique, une simple comparaison, et non un rapprochement, — il n'y a pas seulement synthèse groupant en un seul mot tous les éléments de l'idée la plus complexe, il y a enchevêtrement des mots les uns dans les autres ; c'est ce que M. F. Lieber a appelé *encapsulation,* comparant la manière dont les mots rentrent dans la phrase à une boîte dans laquelle en serait contenue une autre, laquelle en contiendrait une troisième, contenant à son tour une quatrième, et ainsi de suite.
En accadien, les choses, tout en suivant la même tendance, ne vont pas aussi loin. De même que l'agglutination synthétique n'arrive pas à former un seul mot des éléments qu'elle réunit, mais seulement un groupe homogène d'une nature particulière, où tous les mots, au lieu de se mutiler par le frottement en s'incorporant les uns aux autres, restent intacts et conservent dans une certaine limite une vie propre, tout en s'agglomérant par un lien assez intime pour que leur groupe se décline en bloc ; de même, l'encapsulation fait entrer dans ce groupe étendu, comme une petite boîte dans une grande, un membre de phrase, constituant à lui seul une proposition complète ou un groupe synthétique plus restreint. Il n'y a pas, à proprement parler, enchevêtrement de mots holophrastiques l'un dans l'autre, mais enche-

se mieux incorporer ; un mécanisme de postpositions casuelles et jouant le rôle de prépositions, ainsi que d'affixion des pronoms possessifs, à côté de l'emploi de véritables prépositions, pareilles à celles des langues à flexions, et d'une conjugaison verbale fondée, dans les voix actives, sur un procédé d'agglutination prépositive ou précédant le radical, qui rappelle les langues taïennes, lohitiennes et dravidiennes.

Mais si ces faits imposent de considérer l'accadien comme le type d'un groupe à part, ce groupe doit trouver sa place dans une plus grande division linguistique, et il est bon de rechercher ses affinités extérieures. Or, ces affinités me paraissent plus particulièrement étroites avec les idiomes ougro-finnois, bien qu'existant aussi dans une certaine mesure avec les idiomes turcs, mongols et même tongouses. Je crois donc que M. Oppert a été inspiré par une véritable illumination, lorsqu'il a dit, dès 1857, que la langue des inventeurs de l'écriture cunéiforme de Babylone et de Ninive tenait de près à celle des habitants anté-aryens de la Médie et appartenait à la famille tou-

vêtrement d'une sentence complète en elle-même et offrant déjà quelquefois entre ses éléments le groupement polysynthétique, dans une agglomération de mots se déclinant en bloc, liée par une postposition commune. En outre, l'enchevêtrement ne se complique pas autant que dans les langues américaines ; nous ne l'avons jamais rencontré double, triple ou quadruple comme dans celles-ci, mais toujours simple.

Nous avons un exemple, très-facile à analyser, de ce phénomène, dans l'expression *egir sam nutillabiku*, « pour après son à-compte, » mot à mot « suite — du prix — non — complet — son — pour, » où *sam nutillabi* s'encapsule entre les deux éléments de la préposition *egirku*, formée originairement d'un substantif avec la marque du cas de motion.

ranienne proprement dite, et un peu plus tard, en 1859, que son affinité la plus marquée devait avoir été avec le groupe ougro-finnois.

J'ai indiqué dans mon essai grammatical la limite d'incertitude, tenant à la nature même de l'écriture, avant tout idéographique, qui subsiste dans notre connaissance, encore très-incomplète, mais s'augmentant chaque jour, du vocabulaire accadien. Sous la réserve de ces observations, je ne puis mieux faire que de citer ici une page de M. Sayce sur les caractères les plus saillants de ce vocabulaire (1). S'il me fallait exprimer d'une manière absolument indépendante la conviction que l'étude des textes accadiens a formée dans mon esprit, je ne pourrais que répéter le même langage :

En discutant les langues touraniennes, nous n'avons jusqu'à présent aucune autre clé, pour nous guider dans les comparaisons de vocabulaire, que la simple ressemblance et la conjecture. Il n'existe pas encore de *loi de Grimm* qui permette de suivre avec une certitude scientifique les modifications d'une même racine à travers les différents dialectes. Et non-seulement le vocabulaire est restreint, mais les idiomes des peuples nomades sont continuellement changeants. « Dans les dialectes qui se développent isolément, dit M. Max Müller (2), les particularités individuelles peuvent gagner une influence qui change toute la surface apparente de la grammaire et du dictionnaire..... Si le travail de l'agglutination a commencé, et s'il n'existe aucune action de littérature ou de société pour

---

(1) *Journal of philology*, t. III, n° 5, p. 48 et suiv.
(2) Dans Bunsen, *Outlines of the philosophy of universal history*, t. I, p. 483 ; voy. *Leçons sur la science du langage*, trad. Harris et Perrot, p. 55-62.

le retenir dans de certaines limites, deux villages, séparés seulement depuis un petit nombre de générations, en arrivent à ne plus se comprendre. Ceci est arrivé en Amérique, aussi bien que sur les frontières de la Chine et de l'Inde; et dans le nord de l'Asie, au dire de Messerschmidt, les Ostiaks, bien que parlant une langue qui est, au fond, la même partout, ont créé tant de formes et de mots particuliers à chaque tribu, qu'à la distance de douze ou vingt milles allemands, les rapports deviennent très-difficiles entre eux..... La conversation des tribus nomades se meut dans un cercle restreint ; et avec la grande facilité de former des mots nouveaux à l'aventure, ainsi que la tendance naturelle et si puissante que développe la vie solitaire à inventer de nouvelles appellations — semi-poétiques en général, ou satiriques — pour les objets qui composent tout le monde du pasteur ou du chasseur, on comprend comment, au bout de peu de générations, le lexique d'une tribu nomade peut avoir passé, comme il arrive en fait, par plus d'une édition. » Ajoutez à ceci les migrations constantes des petites tribus, les changements politiques qui se sont produits à diverses reprises dans l'Asie centrale, les nombreux mots d'emprunt que des tribus, toujours prêtes à laisser de côté leur ancien vocabulaire, ont puisés chez les races étrangères et plus civilisées avec lesquelles elles ont été perpétuellement en contact(1), et l'on ne pourra être surpris que d'une chose, c'est que tant de radicaux semblables existent encore dans les différentes langues touraniennes. Maintenant, si nous essayons de comparer le vocabulaire de l'accadien à ceux des dialectes modernes, la difficulté devient plus grande. Non-seulement il y a un immense hiatus dans le temps et un grand intervalle d'espace, depuis le pays où se parlent les dialectes tongouses,

---

(1) Ces emprunts ont commencé de très-bonne heure, car le proto-médique, dans les inscriptions des Achéménides, est rempli de mots puisés dans le perse. L'accadien a pris aussi quelques mots à l'assyrien, mais en petit nombre, par suite de la coexistence des deux langues sur le même territoire (voy. mes *Études accadiennes*, t. I, fasc. I, p. 55).

à une extrémité, jusqu'à la Chaldée, mais il y a aussi la différence d'état social, dont l'influence a dû être encore plus considérable que nous ne pouvons exactement l'apprécier. A la langue d'un peuple qui a tenu une place capitale parmi les premiers pionniers de la civilisation, qui inventa un système savant d'écriture et établit un florissant empire, nous avons à comparer les idiomes de hordes éparses, barbares et nomades. Aussi ai-je été réellement étonné du nombre de mots qui semblent pareils à ceux des dialectes modernes. Il est vrai qu'ils désignent les objets les plus ordinaires, et que leurs analogues modernes se trouvent généralement dans les dialectes qui ont atteint le plus haut degré de développement. Quelques-uns, comme *taq*, « pierre, » *dingira*, « dieu, » semblent plutôt se rattacher à la branche tartare, mais la plupart des analogies les plus saillantes se découvrent dans les idiomes ougriens, et c'est dans ceux-ci que les mots accadiens semblent trouver principalement leur contre-partie (1).

(1) Voici quelques-unes des analogies les plus frappantes de vocabulaire, dont une partie ont été déjà signalées par M. Oppert :

pi, pil	oreille,	magyar	*fül ;*
si	œil,	»	*szem ;*
kha, khan	poisson,	»	*hal ;*
nab	lumière,	»	*nap* (jour);
ad	père,	»	*atya ;*
mar	chemin,	»	*mor ;*
dim	cours d'eau,	»	*to* (mer);
ûr	région,	»	*or-szag* (empire);
ûr	nez,	»	*orr ;*
s'i	corne,	»	*szaru ;*
pal	glaive,	»	*pallos ;*
sal	vulve,	»	*szül* (enfanter);
gir	fendre,	»	*gereszd* (entaille);
uru	mâle,	»	*ur* (monsieur, seigneur),
uzu	chair,	»	*hus ;*
til	finir, compléter,	»	*tele* (plein);
khal	frapper, tuer,	»	*hal* (mourir);
urud	cuivre,	finnois	*rauta* (fer);
ma	pays,	»	*maa* (terre, pays);
sa	champ,	»	*sia* (espace),
usar	rivage,	»	*syrjä ;*

J'ajoute qu'on peut même déjà constater que les formes accadiennes de certains mots permettent d'établir un lien entre des noms qu'on n'aurait pas osé jusque-là rapprocher, dans les différents groupes des idiomes touraniens. Ainsi la permutation de *ng* en *m*, essentielle en accadien, donnant pour le mot « dieu » les deux formes paralèles *dingira* et *dimir*, rattache les uns aux autres

mal	habiter,	{ ostiaque	*val* ;
		{ zyriainien	*ol* ;
id	(préformante de localité),	votiaque	*inty* (lieu) ;
gurus	élevé,	{ »	*gures* ;
		{ vogoul	*keras* ;
nim	être élevé,	»	*numan* (élevé) ;
rum	homme,	mordvine	*loman* ;
tur	fils, chef,	{ »	*tsür* (fils) ;
		{ turc oriental	*tura* (maison royale, chef) ;
ai	lune,	turc	*aï* ;
ê	maison,	»	*ev* ;
nene	mère,	»	*nana* ;
dingira	dieu,	»	*tengri* ;
taq	pierre,	»	*tach* ;
ud	soleil,	mongol	*ud*.

Il serait facile de porter les rapprochements de ce genre à plus d'une centaine.

Les plus remarquables sont ceux des noms des nombres jusqu'à dix, avec les noms analogues des langues ougro-finnoises :

	1	2	5	6	7	10
Accadien :	*id.*	*kas.*	*s'a* (cf. *es'a*, quinze).	*as* (cf. *essa*, trois).	*sisna.*	*ge.*
Finnois :	*yksi.*	*kaksi.*	*vuisi.*	*kuusi.*	*seitsemän.*	*kymmenen.*
Esthonien :	*iits.*	*kats.*	*wiis.*	*kuus.*	*seitse.*	*kümme.*
Tchérémisse :	*ik.*	*kak.*	*vis.*	*kut.*	*sim.*	
Mordvine :	*vaike.*	*kavto.*	*väte.*	*koto.*	*sisem.*	*kämen.*
Zyriainien :	*ötik.*	*kyk.*	*vit.*	*kvait.*	*sizim.*	
Ostiaque :	*it.*	*kat.*	*vet.*	*chut.*	*tabet.*	*jong.*
Magyar :	*egy.*	*ket.*	*öt.*	*hat.*	*het.*	*tiz.*

Nous donnons plus loin un certain nombre de rapprochements, non moins frappants, avec le vocabulaire proto-médique.

le turc *tengri* et le mongol *tayri*, d'un côté, de l'autre le finnois *jumala*. Ceci, du reste, est sans préjudice du rapprochement si curieux que M. Oppert (1) établit entre un certain nombre de racines verbales accadiennes et de racines primitives aryennes, fait qui demande à être étudié plus profondément encore, mais qui peut ouvrir des perspectives importantes à la philologie comparée.

Mais ce n'est pas la parenté du vocabulaire qui constitue l'unité de la famille oural-altaïque ou touranienne. M. Max Müller a pu dire en effet sans paradoxe : « Notre attente serait trompée si nous pensions trouver dans cette multitude de langues le même air de famille qui rapproche les langues sémitiques ou aryennes ; mais l'absence même de cet air de famille constitue un des caractères des dialectes touraniens. » A côté des divergences du lexique, dont la cause vient d'être indiquée, ce qui constitue l'unité de la famille, l'unité plus étroite de chacun des groupes qui la composent et leur affinité générale, c'est bien moins l'existence d'un petit nombre de radicaux communs, qui se reproduisent dans les dialectes les plus éloignés les uns des autres, que la structure grammaticale partout fondée sur les mêmes principes et les mêmes procédés, se prêtant partout à une décomposition facile et laissant le radical en relief.

Ici les caractères grammaticaux de l'accadien me semblent assez clairs et assez positifs pour bien déterminer sa parenté.

(1) *Journal asiatique*, 7ᵉ série, t. I, p. 116.

Prenons la déclinaison. Le radical *mes*, « beaucoup », dont l'adjonction au mot forme les pluriels les plus habituels (*adda*, « le père », *addames*, « les pères »), offre une occasion tentante de rapprochement avec le yakoute *myz*, « rassemblé »; mais elle est peut-être trompeuse. Ce qui est plus digne d'une sérieuse attention, c'est que, dans la formation du pluriel du premier indicatif des verbes, il perd son initiale *m* — qui était en accadien une labio-nasale de nature particulière, tournant au *v* — et devient *es* (1). Dès lors, il est bien difficile de ne pas le rapprocher de la terminaison plurielle commune à tous les idiomes ougro-finnois, qui se présente comme *yas* en zyriainien, *yos* en votiaque, *t* en finnois, en lapon, en tchérémisse, en mordvine et en magyar, et cela d'autant plus que, depuis longtemps déjà, M. Max Müller (2) a montré, par de tout autres preuves, que « l'antique terminaison ougrienne du pluriel était *äs* ».

Le mécanisme des postpositions casuelles de l'accadien est d'essence purement touranienne. Et il ne s'agit pas ici seulement d'une simple analogie de structure, qui serait déjà bien frappante; l'affinité va plus loin. La majorité des postpositions accadiennes semble exister aussi dans les principaux idiomes touraniens, où la trace de leur signification radicale primitive s'est oblitérée, tandis qu'elle se reconnaît presque toujours dans la langue d'Accad. Le hasard seul ne peut

---

(1) On trouve pourtant quelquefois, mais très-rarement, *mes* au lieu de *es* dans des exemples de verbes.

(2) Dans Bunsen, *Outlines*, t. I, p. 460.

pas avoir fait que la postposition du locatif soit *ta* en accadien, et *da, de, du* en mandchou, en mongol et en turc ; que la postposition accadienne de l'ablatif, *na*, qui a quelquefois presque la signification d'un génitif, soit identique à la postposition du génitif dans la plupart des langues touraniennes de toutes les branches, *na* en protomédique, *en* en mordvine et en lapon, *n* en finnois, *in* en turc, *yin* en mongol et *ni* en mandchou; en même temps le sens de « sur, au-dessus », que l'on voit revêtir dans certains cas en accadien par la même postposition, explique comment en yakoute elle peut, sous la forme *na* ou *yna*, devenir le signe du locatif. Le rapprochement est moins absolument certain, mais encore bien probable, entre la postposition instrumentale accadienne *li* et celle qui en yakoute sert à former le cas adverbial, *ly*, comme celle qui marque le datif en votiaque et en zyriainien, également *ly ;* entre le *la* du comitatif locatif en accadien et le yakoute *lyn*, « avec », turc *ailah ;* entre l'affixe *ga*, qui sert à former des adjectifs employés souvent à la place du génitif, et le suffixe du datif dans les langues turco-tartares, *ga*. Ce sont là de premières indications, que le progrès des recherches ultérieures viendra encore étendre et confirmer.

L'étroite communauté des pronoms dans tous les groupes de la famille est un des faits dominants des langues touraniennes, un de ceux qui les rattachent le plus manifestement les unes aux autres. Or, le caractère des pronoms accadiens pour les trois personnes du singulier ne peut laisser, je crois, aucun doute après les rapprochements qui suivent :

	Accadien.	Proto-médique.	Finnois.	Esthonien.	Votiaque.
1ʳᵉ PERSONNE :	*mu.*	*mi* (génitif).	*ma.*	*ma.*	*mon.*

Mordvine.	Zyriainien.	Tchérémisse.	Magyar.	Ouigour.	Yakoute.
mon.	*me.*	*min.*	*en.*	*man.*	*min, bin.*

Turc.	Mongol.	Mandchou.
im.	*bi* (génitif *mini*).	*bi* (génitif *mini*).

	Accadien.	Finnois.	Esthonien.	Votiaque.	Mordvine.	Zyriainien.
2ᵉ PERSONNE :	*zu.*	*sa.*	*sa.*	*ton.*	*ton.*	*te.*

Tchérémisse.	Magyar.	Yakoute.	Turc.	Mongol.	Mandchou.
tin.	*te.*	*än,* primitivement *zän.*	*sen.*	*zi.*	*si.*

	Accadien.	Finnois.	Esthonien.	Zyriainien.	Magyar.
3ᵉ PERSONNE :	*na, ni.*	*ne* (pluriel).	*neet* (pluriel).	*nya* (pluriel).	*ön* (« soi »).

Yakoute.	Turc.	Bouriate.	Tongouse.
kini. (pluriel *an-lar*).	*ol*	*ene.*	*n.*

L'accadien a un second type de pronom de la troisième personne du singulier, *bi*. Il se retrouve dans le pronom verbal finnois, *pi, vi*, et est certainement à rapprocher du démonstratif dans d'autres langues de la même classe, par exemple du proto-médique *hube*, du yakoute *by, ba* et du turc *bu* ; et cela d'autant plus que le pronom *bi* en accadien a souvent une valeur particulièrement individualisante et presque démonstrative.

Le pronom pluriel de la première personne est *me*. Le même changement de la voyelle du pronom singulier le marque dans les idiomes ougro-finnois :

Finnois.	Esthonien.	Votiaque.	Mordvine.	Zyriainien.	Tchérémisse.
me.	*meie.*	*mi.*	*min.*	*mi.*	*mä.*

Les pronoms pluriels des deux autres personnes se forment en accadien par un procédé particulier : celui de la troisième personne, *nene*, par le redoublement du singulier *ni*; celui de la deuxième, *zunene*, par l'addition de ce pronom *nene* au singulier *zu*, *zu + nene*, « toi + eux » = « vous ». Ils ne se prêtent donc pas aux mêmes comparaisons. Cependant, il est curieux de voir le tchérémisse, qui n'a pas gardé pour le singulier de la troisième personne le pronom en *n*, nous offrir pour le pluriel un pronom, *nina*, semblable à celui de l'accadien, *nene*, et qui doit de même avoir été produit par une duplication du type pronominal en *n*.

La conjugaison accadienne des voix passives est tout à fait conforme, dans son génie et dans son système, aux conjugaisons ordinaires des langues ougro-finnoises et turco-tartares, plaçant à la suite du radical les particules qui en modifient le sens et donnent naissance à de nouvelles formes, et les pronoms incorporés qui constituent la conjugaison. La particule formative du causatif, *tan*, est pareille à celles qui ont le même rôle dans la plupart des langues touraniennes : *tan* en finnois, *tam* en lapon, *ta* en zyriainien, *t* en votiaque, *at* en magyar, *tar* ou *dar* dans les dialectes turco-tartares. Nul doute que plus tard on n'arrive à faire des rapprochements analogues pour la plupart des particules formatives qui entrent dans la conjugaison du verbe accadien ; j'en entrevois même déjà quelques-uns, qui me semblent assez séduisants. Ainsi le proto-médique nous offre une particule *ir*, qui paraît bien impliquer une notion de réciprocité, et, en accadien, l'incorporation d'un élément modificateur *ra* donne naissance aux formes réciproques et coopératives des différentes voix verbales. Mais, pour atteindre à un degré suffisant de certitude, ces comparaisons nécessitent une recherche qui est tout entière à faire, et qui mériterait de devenir un des principaux sujets de méditations des savants spéciaux, la recherche des lois du *Lauthverschiebung* dans les langues touraniennes.

Ce qui est tout à fait décisif, comme caractère linguistique rattachant à la famille touranienne, c'est l'existence du verbe négatif en accadien, d'autant plus que la conjugaison de cet idiome offre deux ordres de voix négatives, formées par l'incorporation des particules *nu* et *me*, ce qui correspond aux deux types différents de la négation incorporée au verbe, *nem* dans une partie des langues ougro-finnoises et *me* dans les langues turco-tartares. Une coïncidence aussi frappante ne peut être attribuée au simple hasard.

III

Tels sont les faits principaux qui me paraissent établir l'étroite affinité de l'accadien avec la famille des langues touraniennes, et plus spécialement avec le groupe ougro-finnois. Mais il existe en même temps des affinités remarquables, et qu'on ne saurait passer sous silence, entre cet idiome et le basque.

D'abord, c'est l'identité de position du génitif, par rapport au substantif dont il dépend (le suivant), et l'identité de position du membre de phrase relatif, par rapport au mot auquel il s'applique (le suivant également), deux points où l'accadien s'écarte complétement de la grande majorité des langues touraniennes modernes, tandis qu'il s'en rapproche par l'emploi relatif du participe.

Vient ensuite la faculté de préposer ou de postposer au radical le pronom sujet incorporé au verbe, bien que ce double mode d'agglutination, s'il existe en basque comme en accadien, n'y ait pas la même régularité et la même signification. En basque, la place du pronom par rapport au verbe est indifférente; l'accadien en a fait un ingénieux moyen de distinction entre les voix actives et les voix passives. Ainsi *mu-gur* est « j'ai rétabli », et *gur-mu*, « j'ai été rétabli. »

Ce qui est plus significatif et plus remarquable encore, comme marque d'affinité, c'est l'incorporation des pronoms régimes au verbe, qui joue un très-grand rôle dans la conjugaison de l'accadien, et qui est la base de celle du basque. Cependant, ici encore, une distinction est à faire: l'accadien a toujours une double série de formes, avec ou sans incorporation des pronoms régimes, tandis qu'en basque cette incorporation est constante et nécessaire.

Enfin, quelques-unes des plus importantes postpositions casuelles de l'accadien n'ont pas de correspondant parmi les langues touraniennes actuelles et se retrouvent en basque d'une manière frappante. Telle est celle du datif, *ra*, que le basque nous offre exactement semblable, *ra*, et avec le même sens ; telle est encore celle du cas de motion, *ku*, laquelle présente une sensible ressemblance avec la postposition basque *ca*, « vers, sur. »

Mais, tout en constatant ces points de contact et en y attribuant une sérieuse importance, il me semble que M. Sayce l'a exagérée, quand il a voulu rattacher décidément l'accadien au basque, pour en former un groupe linguistique ibérien, et quand il a dit que l'accadien est le représentant le plus antique de ce groupe. Les affinités qui relient l'accadien à la famille proprement touranienne et au groupe ougro-finnois, affinités que je viens de passer en revue, me paraissent plus importantes, plus essentielles, plus organiques, et par conséquent de nature à primer, au point de vue de la classification des langues, ses affinités avec le basque. D'autant plus que les trois faits principaux de grammaire, par lesquels l'accadien s'éloigne de la constitution habituelle des idiomes touraniens pour se rapprocher du basque, ont tous des analogues isolés chez quelques individualités linguistiques du vaste ensemble des langues touraniennes ou oural-altaïques. Si donc on tient compte de l'énorme intervalle de temps qui sépare l'accadien des idiomes touraniens, tels qu'ils sont actuellement parlés, des modifications que ces derniers idiomes ont dû nécessairement subir pendant une aussi longue suite de siècles, et des particularités tout à fait primitives qu'offre en grand nombre la langue d'Accad, on est induit à penser que les faits en question représentent un antique état de choses des idiomes touraniens, qui se sera graduellement altéré avec le temps dans la plupart d'entre eux, mais aura du moins laissé quelques épaves, permettant de restituer par la pensée, pour la famille entière, cet état antérieur, que représente l'accadien.

Ainsi, tandis que toutes les autres langues de la famille, à quelque groupe qu'elles appartiennent, préposent le génitif au substantif dont il dépend, M. Wiedemann (1) a constaté que le votiaque le postpose, exactement comme l'accadien.

Pour ce qui est de la préfixation des pronoms sujets, restés intacts, au radical verbal dans la conjugaison, au lieu de placer à la suite du radical des terminaisons

---

(1) *Grammatik der Wotjakischen Sprache*, p. 270.

affixes provenant d'une altération spéciale des pronoms, le groupe tongouse, celui de tous dans la famille touranienne qui s'est immobilisé à l'état le plus rudimentaire et qui, par conséquent, a dû le mieux conserver les formes originaires, présente le même fait. En mandchou, la simple position du pronom devant le radical crée une personne du verbe; *bi-thege, si-thege* sont « j'habite, tu habites, » comme en accadien *mu-tuq, iz-tuq,* « j'ai, tu as. » On est donc en droit de voir ici le fait primitif, qui, dans les autres groupes, aura disparu, par suite de l'action, constamment plus grande, de la tendance à postposer tous les éléments grammaticaux. Il est même très-curieux que l'on ait pu assister, presque de nos jours, au passage de l'un à l'autre état, dans un des dialectes du groupe tongouse. Car le courageux et éminent explorateur des contrées et des langues de l'Asie septentrionale et centrale, Castrèn, a constaté que ce n'est que tout récemment que le fait de l'emploi d'affixes pronominaux pour les différentes personnes du verbe, inconnu encore aux autres dialectes tongouses, a fait son apparition dans le langage des tribus de Nyertchinsk, en Sibérie, comme, dans le groupe mongol, chez les Bouriates. Nous en concluons que les langues touraniennes ont dû passer par trois états successifs, en ce qui est de l'incorporation du pronom sujet au verbe : 1° simple juxtaposition prépositive ; 2° simple juxtaposition postpositive ; 3° transformation du pronom postposé en une terminaison affixe, distincte de la forme entière du pronom. Le groupe tongouse, à l'exception des tribus de Nyertchinsk, chez lesquelles le changement est si récent, est resté cristallisé à la première période ; les idiomes turco-tartares et ougro-finnois ont tous atteint la troisième. Quant à l'accadien, il a évidemment formé sa grammaire dans la transition entre le premier et le second état, quand on pouvait indifféremment préfixer ou suffixer le pronom au radical. Et comme il avait à répondre aux besoins d'une vraie civilisation et d'une culture intellectuelle développée, comme il lui fallait une grande variété de formes verbales pour compenser la pauvreté du vocabulaire de ses radicaux, il a cherché une richesse grammaticale, qui lui manquait ailleurs, dans la diversité des procédés d'agglutination qu'il pouvait employer, et il y a trouvé, pour la formation de ses voix, une ressource dont aucune autre des langues congénères n'a profité.

Quant à l'incorporation du pronom régime, si elle est dans le basque plus saillante que partout ailleurs, l'exemple du mordvine montre qu'elle n'a rien d'absolument étranger, ni de contraire au génie des langues touraniennes. En effet, dans le mordvine, une partie des terminaisons verbales contiennent les deux pronoms, sujet et régime, entre lesquels s'est établie une crase dont les éléments peuvent être encore analysés :

1re PERSONNE RÉGIME : *mak* (*m-ak*, me + tu) ; *mam* (*m-am*, me + ille) ; *misk* (*m-isk*, me + vos).

2e PERSONNE : *tan* (*t-an*, te + ego) ; *nzat* (*nz-at*, ille + te) ; *dez* (*d-ez*, vobis + illud).

3ᵉ PERSONNE : *nk* (*n-k*, illud + vos).

1ʳᵉ PERSONNE DU PLURIEL : *misk* (*mi-isk*, nos + tu); *mia* (*mi-ia*, nos + illi).

De même, en accadien, mais avec les pronoms préposés au lieu d'être postposés, nous avons :

mu-rû, « j'ai bâti; »
mu-na-rû, « je l'ai bâti; »
mu-nan-rû, « je lui ai bâti; »
mu-na-nin-rû, « je le lui ai bâti; »

et ainsi de suite.

Enfin, si la postposition du cas motif, *ku*, n'a pas d'analogue dans les idiomes touraniens actuels, il n'en est pas de même dans ceux de l'antiquité. On ne peut se refuser, en effet, à admettre son étroite affinité avec la postposition proto-médique *ikka*, *ikki*, « vers, dans. »

Les affinités qu'on peut remarquer entre l'accadien et le basque ne sont donc pas une raison suffisante pour méconnaître la parenté de la langue d'Accad avec le groupe ougro-finnois. Elles se rattachent à une question plus large, celle des liens qui peuvent exister entre le basque et les langues ougro-finnoises. Ce n'est pas la première fois que celle-ci se trouve posée. La parenté a été soutenue avec des arguments ingénieux par le prince Louis-Lucien Bonaparte et M. H. de Charencey. Si ces deux habiles philologues ne sont point parvenus à la faire encore définitivement admettre par la science, elle n'en est pas non plus absolument rejetée, et elle reste au nombre des faits possibles, mais insuffisamment établis. Ce serait trop dire que prétendre que la connaissance de l'accadien apporte la démonstration de la parenté du basque avec les langues ougro-finnoises, de la nécessité d'introduire dans la grande famille touranienne un rameau ibérien, entre lequel et le rameau ougro-finnois devrait se placer le rameau accadien. Du moins elle fournira des arguments sérieux aux défenseurs d'une telle opinion, et elle introduit dans le problème des éléments dont il faudra désormais tenir compte.

« Les langues touraniennes, a dit M. Max Müller, ne peuvent être considérées comme ayant les unes avec les autres la même relation que l'arabe avec l'hébreu, ou le grec avec le sanscrit. Ce sont des rayons qui divergent d'un centre commun, et non pas des filles d'une même mère. » Rien de plus exact que cette image, même — ou peut-être à plus forte raison — quand on ne veut pas en étendre l'application aussi loin que l'a fait l'éminent professeur d'Oxford, quand on la restreint à l'ensemble, déjà suffisamment vaste, des langues oural-altaïques, dont le lien ne saurait être contesté. L'accadien, en faisant remonter de bien des siècles dans le passé de ces langues, rapproche considérablement du centre commun d'où elles ont dû toutes émaner en divergeant. Il n'est donc pas étonnant qu'il permette d'entrevoir, comme plus probable, la communauté de foyer de certains rayons, qui dans l'état actuel ont tellement prononcé leur écartement qu'on ne peut les affirmer sortis de la même source. A ce point de vue, je n'hésite pas à croire que la langue d'Accad, parlée et écrite en Chaldée bien longtemps avant Abraham, est destinée, quand elle sera plus complétement connue, à jouer un très-grand rôle dans la philologie comparée des langues agglutinatives. Elle y donnera peut-être l'instrument qui a manqué jusqu'à ce jour, pour permettre à cette partie de la linguistisque d'atteindre le même développement et le même caractère positif que la philologie aryenne et sémitique.

CHAPITRE VII

LES TOURANIENS EN CHALDÉE ET DANS L'ASIE ANTÉRIEURE

I

La diversité des races d'hommes et des langages dans la Babylonie et la Chaldée est un fait qui a frappé tous les anciens. Dans l'intérieur de Babylone même, il se parlait, au temps du dernier empire chaldéen, des langues différentes, qui souvent n'étaient pas comprises d'un quartier à l'autre (1). Aussi Eschyle (2) appelle-t-il les habitants de cette ville πάμμικτος ὄχλος, « foule mêlée de toutes les origines. » Et tous les édits des rois de Babylone rapportés dans le livre de Daniel (3) commencent par ces mots : « On vous fait savoir, peuples, tribus, langues... » Le vaste commerce de Babylone et de la Chaldée, soit par mer, soit par terre, ainsi que les transplantations de captifs en grandes masses, opérées par

(1) Quatremère, *Mémoire géographique sur la Babylonie*, p. 21.
(2) *Pers.*, v. 51.
(3) III, 4; v, 19, vi, 26; vii, 14.

les rois conquérants, tels que Nabuchodorossor, avaient dû beaucoup contribuer à cette variété dans le sang et dans la parole des habitants du pays. Des éléments étrangers, formant, comme les Juifs, de véritables colonies, avec leur religion, leurs lois civiles particulières et leur langage, étaient venus, à la suite des événements guerriers, se juxtaposer, sur le sol des provinces inférieures du Tigre et de l'Euphrate, à la population primitive du pays et aux tribus araméennes, que les textes cunéiformes nous montrent déjà si développées dans la même contrée au VIIIe siècle avant notre ère. Mais cette population elle-même était déjà mêlée, dès les temps les plus anciens auxquels on puisse faire remonter les souvenirs. La tradition babylonienne voyait, dans la réunion d'éléments ethniques différents en Chaldée et en Babylonie, un fait primordial. « Il y eut à l'origine à Babylone, disait Bérose en se faisant le rapporteur de ces traditions, une multitude d'hommes de diverses nations, qui avaient colonisé la Chaldée. » Les résultats du déchiffrement des inscriptions cunéiformes confirment le fait et attestent son extrême antiquité.

Aussi haut que nous reportent les plus anciens monuments parvenus jusqu'à nous, on distingue dans la population de la Chaldée et de la Babylonie deux éléments principaux, deux grandes nations, les Soumirs et les Accads (1). La masse principale des Accads est plus

(1) H. Rawlinson, *Note on the early history of Babylonia*, dans le *Journal of the Royal Asiatic Society*, t. XV; Oppert, *Expédition en Mésopota-*

spécialement cantonnée dans les provinces méridionales, voisines du golfe Persique, dans la Chaldée proprement dite, à laquelle appartient d'une façon particulière, dans les inscriptions cunéiformes, le nom d'Accad, entendu dans un sens géographique (1); la masse des Soumirs est au nord, dans la Babylonie, dans ce que la Bible nomme les plaines de Sennaar, appellation qui, d'après les lois phonétiques de la langue accadienne, n'est qu'une variante de celle de Soumir (2). Mais la distinction géographique de Soumir et d'Accad ne marque que la prédominance de l'une ou de l'autre population au nord et au sud ; nous ne parvenons pas à les saisir à une époque où leurs domaines soient nettement tranchés. Dès les temps les plus anciens dont nous possédions des documents positifs, nous les voyons mêlées et enchevêtrées, bien que gardant chacune son langage distinct et son génie propre, sur toute la surface du pays qui s'étend des frontières d'Assyrie à la mer. Il y a seulement plus des premiers que des seconds au nord, dans le pays de Sennaar, plus des seconds que des premiers au sud, dans le pays spécialement appelé d'Accad, et plus tard (à partir du IXe siècle) de Kaldi.

Le dualisme que les monuments nous révèlent, sous les noms de Soumirs et d'Accads, était connu des Grecs, et en particulier d'Hellanicus, sous les noms de Chaldéens et

---

mie, t. II, p. 335 ; Ménant, *Inscriptions de Hammourabi*, p. 40 ; et mon *Commentaire des fragments cosmogoniques de Bérose*, p. 42 et suiv.

(1) Voy. mes *Études accadiennes*, t. I, 3e fascicule, p. 67-71.

(2) Voy. mes *Études accadiennes*, t. I, 1er fascicule, p. 27 et suiv.

de Céphènes (1), et à ces deux noms se rattachaient pour eux des traditions, qui arrangeaient sous la forme de fables héroïques des souvenirs d'histoire très-réels. Pour les Hellènes, du reste, le nom de Céphènes, qui sert de pivot à tout un cycle particulier de récits, est synonyme d'Ethiopiens. Le souvenir recueilli par Hellanicus compte donc, comme l'un des deux éléments constitutifs de la population des pays arrosés par le cours inférieur de l'Euphrate et du Tigre, les fameux Ethiopiens ou Kouschites de la Babylonie, visés par tant de passages de l'antiquité classique, comme par les Livres saints (2). Au souvenir de ces Kouschites se relie dans la Bible le nom de Nemrod (3), à la fois nom de héros et désignation ethnique, comme toutes celles que renferme le même passage de la Genèse (4). La légende sémitique postérieure a donné au nom de Nemrod la signification de « rebelle » (de la racine *marad*), d'après le caractère que tendait à y prendre de plus en plus la figure héroïque de ce personnage; mais c'est là certainement une étymologie forgée après coup. L'appellation de Nemrod a dû avoir originairement un sens ethnique, et elle n'est peut-être pas sans rapport avec le nom de la très-antique ville de

---

(1) Steph. Byz., v° Χαλδαῖοι.

(2) Ch. Lenormant, *Introduction à l'histoire de l'Asie occidentale*, p. 240 et suiv.; Movers, *Die Phœnizier*, t. II, 1ʳᵉ partie, p. 269, 276, 284 et suiv.; 2ᵉ partie, p. 104, 105 et 388; Knobel, *Die Vœlkertafel der Genesis*, p. 251, 339 et suiv.; d'Eckstein, *Athénæum français*, 22 avril, 22 mai et 19 août 1854.

(3) Genes., x, 8-12.

(4) Oppert, *Comptes rendus de la Société française de numismatique et d'archéologie*, tome Iᵉʳ.

Nipour ou Nipra, sur la limite de la Babylonie et de la Chaldée, ville que le Talmud de Babylone (1) nomme Nouffar et identifie avec la cité biblique de Chalneh.

L'autre élément de la population, dans le dualisme de Chaldéens et de Céphènes, les Chaldéens, sont qualifiés par Diodore de Sicile (2), dans un passage fort exact sur leur discipline et leurs idées, comme « les plus anciens des Babyloniens ». Hellanicus disait de même, suivant Etienne de Byzance, qu'il y avait déjà des Chaldéens avant le roi Céphée, c'est-à-dire avant les Céphènes. Pour Bérose, les rois qui succèdent immédiatement au déluge sont Chaldéens (3). Sans parler en termes aussi formels de l'existence de cette population, antérieure à ses Kouschites, la Bible l'admet implicitement, puisqu'elle place « l'origine de l'empire » de Nemrod, fils de Kousch, dans quatre villes existant avant lui (4). Et en ceci le livre sacré a suivi la même tradition populaire que l'épopée babylonienne d'*Izdubar*, retrouvée par M. Smith sur les tablettes cunéiformes du Musée Britannique, puisque celle-ci attribue à son héros, qui a tant de traits communs avec le Nemrod biblique, la conquête à main armée des cités chaldéennes sur une population antérieure (5). La Bible connaît d'ailleurs, dès une époque très-reculée, le nom des Chaldéens, sous la forme *Chasdim*.

---

(1) Traité *Yoma*, fol. 10 a.
(2) II, 29.
(3) *Ap.* Syncell., p. 78 c; *ap.* Euseb., *Chron. Armen.*, p. 17, ed. Mai.
(4) Genes., x, 11.
(5) Voy. mes *Premières Civilisations*, t. II, p. 25.

Au temps d'Abraham, elle appelle la grande ville d'Our, aujourd'hui Mougheir, « Our des Chaldéens » (1), et antérieurement encore elle désigne la tribu sémitique d'où devaient sortir les Hébreux par le nom d'Arphaxad (*areph-Chasd*), « limitrophe du Chaldéen » (2). Dans les documents cunéiformes, Kaldi est une tribu de la grande nation d'Accad, qui devint tout à fait prépondérante dans les provinces du sud, à partir du IXe siècle avant Jésus-Christ, mais existait certainement auparavant (3). Par conséquent, dans la tradition recueillie par Hellanicus et les autres écrivains grecs, le nom des Chaldéens tient la place de celui d'Accad dans les traditions indigènes, d'où les Céphènes doivent être les Soumirs.

De même que nous trouvons deux peuples, aussi haut que nous remontions avec les monuments, nous avons deux langues, de deux familles différentes, l'accadien, dont je viens de montrer le caractère touranien, et l'idiome du groupe dit sémitique, auquel on a donné le nom d'*assyrien*, parce qu'il était en usage dans l'Assyrie aussi bien qu'à Babylone et en Chaldée. Cette appellation d'assyrien étant désormais consacrée, il faut la conserver, bien que peu convenable, trop restreinte et ayant surtout l'inconvénient de désigner l'idiome par le nom du peuple le plus récent qui l'ait employée. Je crois avoir établi ailleurs, par des arguments décisifs, que la

---

(1) Genes., XI, 22 et 31; XV, 7.
(2) Genes., X, 22 et 24; XI, 10-13.
(3) Voy. mes *Études accadiennes*, t. I, 3e fascicule, p. 69.

langue touranienne était, pour les Assyriens et les Babyloniens de la belle époque, la langue d'Accad, et la langue sémitique celle de Soumir (1). Ceci donné, il semblerait peut-être plus exact de qualifier ce dernier idiome de *sumérien*, d'autant plus que le nom de Soumir s'est étendu d'abord à l'Assyrie primitive et anté-assyrienne, si l'on peut ainsi parler. Mais, en présence de l'habitude prise, je craindrais de faire naître des confusions, en me servant d'une expression nouvelle (2). Je continuerai donc à employer le nom déjà reçu, mais en

(1) Dans le 3ᵉ fascicule du tome Iᵉʳ de mes *Études accadiennes*.

(2) Le nom de *sumérien*, appliqué à la langue sémitique de Babylone et de Ninive, aurait encore un autre inconvénient : c'est de prendre l'expression de Soumir dans un sens qui lui était certainement donné (je crois l'avoir établi dans mes *Études accadiennes*) par les rois d'Assyrie, quand ils s'intitulaient « rois des Soumirs et des Accads », mais qui caractérise une application postérieure de ce nom. Je prends ici, dans mon texte, Soumir et Accad comme une dualité ethnographique, correspondant aux deux races kouschito-sémitique et touranienne, qui ont coexisté sur le sol des provinces baignées par l'Euphrate et le Tigre ; en effet, on ne peut guère douter que les Assyriens ne l'aient entendu ainsi. Seulement, à l'origine, il en était autrement ; Soumir et Accad ont eu d'abord le caractère de désignations purement géographiques, qui n'ont pris le caractère de désignation de races distinctes que par suite de la prédominance des Kouschito-Sémites dans le pays de Soumir ou Sennaar, et des Touraniens dans le pays d'Accad, à une époque déjà historique.

Sumer et *Akkad* sont deux mots qui appartiennent également à la langue accadienne, à l'idiome touranien des plus antiques habitants de la Babylonie et de la Chaldée. Leur signification première se discerne très-nettement ; elle est purement topographique et a dû s'appliquer d'abord à deux divisions de la même race, d'après leur lieu d'habitation. Le second veut dire « montagne », *akkadi*, « montagnards », ainsi que je l'ai montré ailleurs par sa traduction assyrienne (*Études accadiennes*, t. I, fasc. III, p. 72); quant à *sumeri*, comme je puis en fournir la preuve, ce sont « les gens du fleuve » ou « des fleuves ». Il me semble donc que l'on peut restituer avec assez de vraisemblance, d'après ces remarques, l'histoire primitive des appellations de Soumir

faisant remarquer qu'à Babylone, et dans une partie de la Chaldée, on parlait *assyrien* bien des siècles avant qu'il fût question d'une nation des Assyriens, ce qui veut dire que le peuple d'Assur adopta plus tard la langue de Soumir. Les plus anciens rois d'Our dont nous possédions

et d'Accad, jusqu'au moment où elles apparaissent dans les inscriptions avec le sens d'une dualité ethnique et linguistique. A l'origine de son établissement dans le bassin de l'Euphrate et du Tigre, quand il en était encore seul occupant et que les Kouschito-Sémites n'avaient pas encore envahi une partie de son territoire, le rameau de la race de Touran, dont la langue est celle que nous appelons accadienne, se divisait en deux grandes tribus désignées, d'après leur situation réciproque, sous les noms de Soumir et d'Accad, les premiers sur les bords du Tigre, les seconds dans les montagnes de l'est et du nord (je reparle plus loin de cette demeure primitive des Accads). Plus tard, les Accads étant descendus de leurs montagnes dans les plaines méridionales de la Chaldée, les deux peuples de même race gardèrent leurs anciens noms, bien qu'ils ne fussent plus d'accord avec leur situation géographique nouvelle; on eut ainsi les Soumirs au nord et les Accads au sud. Quand les tribus kouschito-sémitiques des Nemrodites ou Céphènes se furent établies à leur tour par la conquête, comme leur masse principale s'était fixée dans le pays de Sennaar ou des anciens Soumirs, ce nom de Soumirs passa graduellement des habitants primitifs du pays aux nouveaux colons, par lesquels ils avaient été supplantés. C'est alors que l'idiome touranien devint spécialement « la langue d'Accad ». Ajoutons que, plus tard encore, la signification du nom d'Accad éprouva un changement. L'élément kouschito-sémitique ayant graduellement supplanté l'élément touranien, même dans les provinces les plus méridionales, la langue assyrienne ayant fini par devenir exclusivement en usage, — l'accadien n'étant plus qu'une langue morte et sacrée, — Accad fut pour les Assyriens, du x° au vii° siècle avant notre ère, une désignation de la Chaldée, purement géographique et d'un caractère général, n'impliquant plus aucune notion de race déterminée.

Voici maintenant un fait auquel je crois qu'on ne peut manquer d'attacher une importance de premier ordre. Nous venons de voir qu'à l'origine les Touraniens de la Mésopotamie, dont nous avons constaté la parenté spéciale avec les peuples ougro-finnois, se divisaient eux-mêmes en *Sumeri* et *Akkadi*, riverains du fleuve et montagnards. Si nous nous reportons maintenant à l'admirable étude de Castrén sur le berceau des tribus finnoises et leurs traditions à ce sujet (*Ueber die Ursitze des finnischen Volkes*, dans les *Kleinere Schriften* rassemblés par M. Schiefner; voy. Ujfalvy de Mezö-Követsd, *les Migrations des peuples*

des textes épigraphiques, rois qui peuvent disputer d'antiquité avec les constructeurs des pyramides d'Egypte, Doungi par exemple, faisaient en effet graver des inscriptions officielles en assyrien sémitique aussi bien qu'en accadien (1), quoique leurs noms propres attestent

et particulièrement celle des Touraniens, p. 96-102), nous y constaterons avec une certaine surprise que, dans les souvenirs légendaires des Finnois et des Tartares sur cette primitive patrie des nations oural-altaïques, la même division de la race en deux branches apparaît de nouveau, sous des noms presque semblables, que la philologie doit en rapprocher, Suomi et Akkarak. L'assimilation de Suomi et de Sumer a déjà été faite par un savant Finlandais, M. Koskinen (voy. Ujfalvy, les Migrations, p. 108), et ne peut guère prêter au doute : Castrèn a depuis longtemps expliqué l'origine de Suomi par un mot antique signifiant « fleuve », mot perdu par le finnois et conservé par le lapon ; tel est aussi le sens que nous avons reconnu à Sumeri, d'après la même racine, qui se retrouve en accadien. C'est la situation des ancêtres des Finnois au milieu des toundras du Jénisséi qui a donné naissance à leur nom de Suomi, comme l'habitation le long du Tigre a produit celui de Soumirs. Quant au rapprochement d'Akkad et d'Akkarak, je crois que je l'établirai philologiquement d'une manière solide dans la suite de mes Etudes accadiennes; c'est, du reste, l'accadien qui permettra seul de comprendre l'étymologie et la signification première du mot akkarak, inexpliqué jusqu'ici. Dans les contrées où les Finnois ont eu leur berceau, les Akkaraks, dans les monts Sayans, se trouvaient, par rapport aux Suomis, établis le long du Jénisséi, dans la même situation que les Accads, dans les montagnes de la Susiane et du Kurdistan actuel, par rapport aux Soumirs occupant les bords du Tigre.

Ce qui achève de prouver la haute valeur de ces rapprochements onomastiques, c'est que les traditions finnoises placent dans le pays primitif et oriental de Suomi un canton de Kemi, qui joue un rôle considérable dans leur mythologie, et dont le nom se retrouve dans celui de Kem, que certaines tribus tartares donnent au Jénisséi. Or, nous trouvons, dans quelques textes de date antique et de langue accadienne, Kami comme synonyme de Sumeri (voy. mes Etudes accadiennes, t. I, fasc. 3, p. 91). C'est le seul équivalent vraiment ancien du nom des Soumirs. Je l'ai cru d'abord idéographique, comme celui qui apparaît dans l'usage à l'époque des Assyriens ; mais je pense aujourd'hui qu'il faut le tenir pour purement phonétique, et comparer ce Kami au Kemi des légendes finnoises.

(1) Voy. mon travail sur les inscriptions de Doungi, dans la Revue archéologique, nouv. sér., t. XXV, p. 73-85.

leur origine accadienne et qu'ils s'intitulent simplement « rois de la contrée d'Accad », *ungal kiengi Akkad*. Longtemps après, vers l'an 2000 avant notre ère, quand Sargon Ier faisait compiler le grand ouvrage d'astrologie que nous étudierons dans un autre travail, il n'était pas encore question des Assyriens comme nation. Les rédacteurs du recueil astrologique ne connaissaient de ce côté que des tribus confuses, *gutium* (1), les *goim* de la Genèse (2), au milieu desquelles s'élevait, comme un premier foyer de civilisation qui devait peu à peu conquérir ces tribus et les grouper en un seul tout, la ville d'Assur (l'Elassar de la Bible, *Al-Assur*), avec son culte du dieu appelé alors Ausar (3), le même qu'on nomma plus tard Assur ; et cette ville avait alors complétement le caractère d'une colonie babylonienne (4).

Mais ici se présente une question. Nous constatons identité de langage entre les Assyriens et la portion non touranienne des habitants de la Babylonie et de la

---

(1) Les tribus assyriennes demeurèrent fort tard dans la vie nomade. Nous en avons une preuve curieuse dans ce fait, que le mot qui en assyrien veut dire « ville », et qui paraît avoir été particulier à l'Assyrie propre, était *alu*, radicalement et étymologiquement identique à l'hébreu *ohel*, « tente. » A Babylone, il semble qu'on se servait du mot *êr*, passé aussi dans l'hébreu avec le même sens, mot auquel on ne trouve pas d'étymologie sémitique naturelle, et qui est sans doute puisé dans l'accadien *ur*.

(2) xix, 1.

(3) W. A. I. 1, 6, 1 ; iv, 18, 2.

(4) Voy. Smith, *Notes on the early history of Assyria and Babylonia*, p. 6. — Ceci est confirmé par les expressions de W. A. I. iv, 18, 2, qui fait d'Ausar le néocore du Bel-Mardouk de Babylone.

Il y a là des arguments sérieux pour traduire dans la Genèse, x, 11 : « De ce pays il (Nemrod) sortit vers l'Assyrie. »

Chaldée ; pourtant la Bible établit une distinction de race entre les deux pays ; elle met Assur dans la descendance de Sem, et signale à Babylone des Kouschites, du sang de Cham. En même temps, la langue assyrienne appartient à la famille que l'on est convenu d'appeler *sémitique*, et ni les Livres saints, ni aucune tradition antique, ne parlent d'un établissement des Sémites à Babylone et dans les provinces voisines. Ce sont des Ethiopiens, des Céphènes ou des enfants de Kousch — car telles apparaissent leurs trois désignations — qu'on y signale à côté des Chaldéens proprement dits ; ces Kouschites y fondent la première grande puissance politique, l'empire de Nemrod ; il n'est pas question d'une invasion sémitique qui les ait supplantés. On signale bien quelques tribus sémitiques errant en nomades entre les villes kouschites, dans les parties incultes du pays, comme les Taréchites, qui finirent du reste par en émigrer, sans doute devant le développement toujours croissant de la population sédentaire, et comme plus tard les tribus araméennes. Mais elles se distinguent toujours très-nettement des deux éléments vraiment indigènes, et dans le dualisme de langages qui correspond au dualisme des nations de Soumir et d'Accad, des Kouschites et des Touraniens, on est presque forcément amené à conclure que l'idiome dit assyrien, bien qu'appartenant à la famille linguistique qualifiée de sémitique, est l'idiome de l'élément céphénien ou kouschite.

Ce n'est pas là, du reste, un fait isolé. Des savants de

premier ordre, et dont l'opinion possède une autorité supérieure, ont déjà fait remarquer ce qu'a d'impropre l'expression de *langues sémitiques*. Une notable partie, sinon la majorité des peuples que la Bible rapporte à la descendance de Cham, en particulier ceux du rameau de Kousch, parlaient des langues de cette classe (1). L'hébreu n'était autre à l'origine que l'idiome des Chananéens, cette population si profondément chamite par son génie ; Isaïe lui-même l'appela « la langue de Chanaan ». C'est en vivant au milieu des Chananéens pendant plusieurs générations, que la famille d'Abraham la reçut et l'adopta, à la place du langage qu'elle parlait antérieurement, langage très-probablement plus voisin de l'arabe, à cause de la parenté originaire des races de Héber et de Jectan. Le ghez est parlé par une population dont le fond est resté en très-grande majorité kouschite, et où les quelques éléments sémitiques qui se sont infiltrés de manière à devenir dominateurs, venant du Yémen, auraient apporté l'himyarite comme ils ont apporté l'écriture de l'Arabie méridionale, si le langage venait d'eux. La langue himyarite ou sabéenne, elle-même, est l'idiome d'un pays où les peuples de Kousch précédèrent les tribus de la descendance de Jectan, et formèrent toujours un élément considérable de la population. Si les Jectanides de l'Arabie méridionale eurent, au temps de leur civilisation, un

---

(1) Voy. Oppert, *Athénæum français*, 21 octobre 1854; de Rougé, *Revue ethnographique*, 1859, p. 109-111; et mon *Manuel d'histoire ancienne de l'Orient*, 3ᵉ édition, t. I, p. 122 et suiv.

langage différent de celui des tribus de même souche qui s'étaient établies dans le reste de la péninsule, n'est-il pas très-vraisemblable de penser qu'ils le durent à l'influence de la race antérieure, qui se fondit avec eux? Le fait que nous avons été conduits à admettre pour l'assyrien ne s'éloigne pas de ceux-ci ; il est même exactement semblable à celui de l'hébreu. Nous y avons également une langue soi-disant sémitique, qui a été originairement celle d'un peuple classé par l'ethnographie de la Genèse dans la famille de Cham, et que ce peuple a ensuite introduit et fait prévaloir, par l'effet même de sa civilisation supérieure, chez des tribus de Sémites purs, au temps où elles menaient encore une vie nomade et pastorale.

Tout ceci vient favoriser, au point de vue de la linguistique, et même, dans une certaine mesure, de l'histoire, la théorie de ceux qui voient dans les peuples de Kousch et de Chanaan « la branche la plus ancienne de cette famille de peuples répandus dans toute l'Asie antérieure, des sources de l'Euphrate et du Tigre au fond de l'Arabie, des bords du golfe Persique à ceux de la Méditerranée, et sur les deux rivages du golfe Arabique, en Afrique et en Asie. Cette branche ancienne de la famille sémitique, partie la première du berceau commun, disent les partisans d'une telle opinion, la première aussi, parmi cette foule de hordes longtemps nomades, se fixa, puis s'éleva à la civilisation en Chaldée, en Éthiopie, en Égypte, en Palestine, pour devenir à ses frères demeurés pasteurs un objet d'envie et d'exécration tout à la fois. De là cette scission entre les enfants de Sem et ceux de Cham, ces derniers au sud et à l'ouest, les autres à l'est et au nord, quoique tous fussent les membres d'une même famille originaire, parlant une même langue divisée entre de nombreux dialectes, professant une même religion sous des symboles divers, et qu'on est autorisé à nommer ethnographiquement dans son ensemble famille syro-arabique ou syro-éthiopienne, par opposition à la famille indo-persique ou indo-germanique, autre grande section de la race blanche (1). » Cette manière de voir se concilierait d'une manière très-heureuse avec la singulière facilité que les Kouschites montrent dans l'histoire à se confondre avec les Sémites purs, de manière à ne plus pouvoir s'en distinguer, toutes les fois qu'il y a eu superposition des deux éléments, comme dans l'Arabie méridionale et peut-être dans l'Assyrie.

Mais, d'un autre côté, anthropologiquement il semble, d'après les monuments figurés et les crânes jusqu'à présent étudiés, y avoir entre les peuples de Sem et de Cham une distinction qui n'existe pas dans le langage, et qui correspond à celle qu'établit la tradition biblique; les peuples de Cham ont aussi, dans une certaine mesure, un génie à part, plus matérialiste et plus industriel que celui des purs Sémites, à côté de bien des instincts communs; enfin même, si une partie notable des Chamites parle des langues décidément sémitiques, d'autres, comme les Égyptiens, ont des idiomes qui sont sans doute étroitement

---

(1) Guigniaut, *Religions de l'antiquité*, t. II, 3ᵉ partie, p. 822.

apparentés à la famille sémitique, mais ont cependant une originalité propre assez considérable pour qu'on doive en faire une famille à part. Peut-être est-il possible d'expliquer et de concilier ces données contradictoires, en modifiant la formule dans le sens des faits que l'anthropologie permet déjà d'entrevoir. Il faudrait supposer dans ce cas que le premier rameau détaché du tronc commun, celui des peuples de Cham, subit un métissage avec une race mélanienne (noire à cheveux plats, comme les Ghonds de l'Inde), qu'elle trouva antérieurement établie dans les pays où elle se répandit d'abord, tandis que les Sémites, demeurés en arrière, conservaient dans sa pureté le sang de la race blanche. Le métissage aurait été suffisant pour faire des peuples de Cham, au bout d'un certain temps de séparation, une race réellement différente de celle de Sem, sans cependant effacer les affinités originaires, surtout dans le langage. Mais en même temps, le mélange avec un autre sang, qui serait ainsi le caractère distinctif des Chamites, ne se serait pas opéré partout dans les mêmes proportions; ici, le sang mélanien aurait prédominé davantage, et là moins. Ainsi, les nations groupées par la Bible dans la race de Cham offriraient en réalité comme une gamme de métissages plus ou moins prononcés, depuis des peuples aussi rapprochés des Sémites purs et aussi difficiles à en distinguer par certains côtés, que les Kouschites de Babylone ou les Chananéens de la Phénicie, jusqu'à des peuples à la physionomie déjà nettement tranchée, comme les Egytiens. Et il est à remarquer qu'en envisageant ainsi la race de Cham, le plus ou moins d'affinité des idiomes de ses différents peuples avec les langues sémitiques coïncide avec le plus ou moins de ressemblance des mêmes peuples avec le type anthropologique des Sémites purs, marque incontestable d'une proportion plus ou moins forte de mélange d'un sang étranger, autre que celui de la race blanche.

Quoi qu'il en soit de ces dernières considérations, sur lesquelles nous ne voulons pas trop insister, — car elles sont encore en grande partie conjecturales, et elles demanderaient, pour être approfondies et démontrées, des développements qui nous entraîneraient beaucoup trop loin, — quoi qu'il en soit, un fait est positif, c'est l'existence de deux peuples, l'un de race kouschite et l'autre de race touranienne, superposés et enchevêtrés sur tout le sol de la Babylonie et de la Chaldée, aussi haut que nous fassent remonter les monuments, l'un prédominant au nord et l'autre au sud. Au dualisme des peuples nous avons vu correspondre le dualisme des langues, l'une de la famille appelée sémitique, l'assyrien, l'autre formant un groupe à part dans la famille touranienne, mais se rapprochant principalement des idiomes ougro-finnois, l'accadien. Enfin, les recherches spéciales poursuivies dans cet ouvrage nous ont fait constater encore un fait de dualisme parallèle, celui des religions. A côté de la langue sémitique et de la langue touranienne, on retrouve en effet en Chaldée, d'une part, une religion étroitement apparentée à celles de la Syrie et de la Phénicie, appartenant au même groupe, fondée sur les mêmes conceptions, de l'autre, une magie découlant d'idées fort différentes, avec ses dieux et ses esprits à elle, tenant de près à la magie des Finnois et de tous les peuples touraniens, et se rattachant à un système religieux complet, qui est exposé dans les livres magiques et qui n'est autre qu'un développement normal du naturalisme démonologique particulier aux nations de Touran. Tous ces faits se lient entre eux d'une manière saisissante, et la différence fondamentale, l'opposition première des deux éléments constitutifs de la population de la Chaldée et de la Babylonie, dans les siècles de la haute antiquité, se manifeste ainsi dans la religion comme dans la langue. Il y a là deux races d'hommes, que l'on peut saisir à l'origine dans la plénitude de leur divergence, chacune avec son génie propre comme avec son idiome.

II

Ce fut la fusion des génies et des institutions de ces deux populations opposées qui donna naissance à la grande civilisation de la Chaldée et de Babylone, laquelle pénétra de son influence toute l'Asie antérieure, en la façonnant à son image. La civilisation chaldéo-babylonienne est essentiellement un produit mixte, le résultat de la combinaison d'éléments tout à fait divers, et c'est là ce qui a fait sa grandeur, sa richesse et sa puissance; les aptitudes et les instincts de deux grandes races se sont réunis pour la former.

On ne peut pas encore, et l'on ne pourra peut-être jamais, déterminer d'une manière absolument précise et jusque dans le détail ce qui, dans cette création mixte que nous ne sommes en mesure d'étudier que toute constituée, vint des Touraniens et vint des Kouschites, des Accads et des Soumirs (au sens que ce mot prit quand il y eut dualisme de races). Cependant il est un certain nombre de grands faits dont on peut dès à présent, et dans l'état actuel de la science, discerner l'origine, en la rapportant à l'une ou à l'autre source.

Ainsi, nous savons avec certitude que c'est par la portion touranienne de la population que fut introduit à Babylone et en Chaldée le singulier système de l'écriture cunéiforme. Les belles recherches de M. Oppert l'ont établi d'une façon désormais incontestable (1). En effet, les caractères qui composent cette écriture représentent ou des valeurs idéographiques ou des valeurs syllabiques; le plus souvent même ils sont, suivant la place où l'on s'en sert, susceptibles des deux emplois. Ils offraient à l'origine (2) le dessin grossier ou l'image symbolique,

---

(1) *Rapport au ministre de l'Instruction publique*, Paris, 1858; *Expédition en Mésopotamie*, t. II, p. 77-86. — Voy. aussi mes *Études accadiennes*, tome Ier, fasc. 3, *Répertoire des caractères*.

(2) Oppert, *Expédition en Mésopotamie*, t. II, p. 63-68; Ménant, *Syllabaire assyrien*, t. I, p. 8-13.

bien altérée depuis, de l'objet concret ou de l'idée abstraite exprimée ou rappelée par la syllabe qui compose leur valeur phonétique, non dans la langue assyrienne, mais en accadien, c'est-à-dire dans l'idiome des Touraniens de la Chaldée. Ainsi, l'idée de « dieu » se rend en assyrien par le mot *ilu*, mais le caractère qui représente idéographiquement cette notion, et qui avait primitivement la forme d'une étoile, se prononce *an* quand il est employé comme signe syllabique, parce que, dans l'idiome en question, « dieu » se disait *an* (état emphatique *anna*). Le signe qui signifie « père » (assyrien *abu*) représente comme phonétique *at* ou *ad*, parce que le mot « père » était en accadien *ad* (état emphatique *adda*); un autre réunit les deux de « main » (assyrien *qatu*) et de la syllabe *su*, « main » se disant dans le même idiome *su*. Les valeurs des syllabes composées ont la même origine. Un signe représente la syllabe *tur* et l'idée de « fils », le mot accadien pour « fils » (assyrien *abal*) étant *tur*; un autre, la syllabe *gal* et l'idée de « grand » (assyrien *rabu*), l'accadien disant *gal* pour « grand »; un troisième a le sens de « pays » et peint la syllabe composée *kur*, d'après le mot accadien *kur*, « pays. » Il n'est pas jusqu'au phénomène de la polyphonie, ou de l'existence de plusieurs valeurs phonétiques pour le même signe, indépendamment de la lecture correspondant en assyrien à sa signification idéographique, qui ne trouve son explication par les différents mots notant en accadien les nuances du sens idéographique. Ainsi, pour nous borner à un exemple, un même signe peint les idées de « soleil » (assyrien *samas*) et de « jour » (assyrien *yum*) ; comme phonétique, il s'emploie pour représenter la syllabe simple *ut, ud,* et la syllabe composée *par*, et cela parce qu'en accadien *ud* est « soleil » et *par* (état emphatique *parra*) « jour ».

Mais ce qui est, de plus, très-important à noter, c'est le résultat où conduit l'étude des cent quatre-vingts caractères primitifs et élémentaires de l'écriture cunéiforme, lesquels, en se combinant entre eux, ont donné naissance à un nombre beaucoup plus considérable de nouveaux signes (1). Lorsqu'on les examine, en essayant de remonter aux images d'objets matériels qu'ils représentaient d'abord, la nature des objets ainsi devenus des éléments graphiques semble désigner, comme lieu d'origine de l'écriture, une autre région que la Chaldée, une région plus septentrionale, dont la faune et la flore étaient notablement différentes, où, par exemple, ni le lion ni aucun des grands carnassiers de race féline n'étaient connus, et où le palmier n'existait pas (2). Cette importante et féconde remarque de M. Oppert est de nature à faire penser que, si l'écriture cunéiforme ne reçut ses derniers développements et sa constitution définitive que dans la Chaldée même, après l'établissement des Accads dans les plaines où se réunissent l'Euphrate et le Tigre, ceux-ci en avaient

---

(1) Smith, *The phonetic values of the cuneiform characters,* p. 4 ; et mes *Etudes accadiennes,* t. I, fasc. 1, p. 45 et suiv.

(2) Oppert, Comptes rendus de la *Société française de numismatique et d'archéologie,* t. I, p. 74.

apporté les premiers éléments d'un autre séjour, d'une étape antérieure de leur migration. Les Accads, en effet, avaient beau se prétendre — et à bon droit, semble-t-il, du moins en entendant leur nom comme désignation générale de la population touranienne — les premiers occupants du sol de la Chaldée, ils ne s'y disaient pas aborigènes ; ils se souvenaient que leurs ancêtres étaient venus d'ailleurs, d'une contrée physiquement tout autre, et c'est pour cela que, dans les grandes plaines où ils s'étaient fixés depuis des siècles et des siècles, ils continuaient à s'appeler *Akkadi*, ce qui, dans leur propre langue, voulait dire « montagnards » (1). J'ai déjà fait remarquer ailleurs (2) quelle curieuse coïncidence existe entre ce dernier fait et les témoignages classiques, plaçant dans une partie de l'Arménie des populations auxquelles ils appliquent les noms de Χαλδαῖοι, Κάρδακες, Καρδοῦχοι, Κορδυαῖοι, Γορδυηνοί, Κύρτιοι, *Gordiani*, *Kardu* (3). Les habitants des mêmes portions de l'Arménie, qui ont gardé jusqu'à nos jours le nom de Kurdes,

---

(1) Voy. mes *Etudes accadiennes*, t. I, fasc. 3, p. 72 et suiv.
(2) *Commentaire des fragments cosmogoniques de Bérose*, p. 51 et suiv.; *Etudes accadiennes*, t. I, fasc. 3, p. 71-75.
(3) Lassen, *Die altpersische Keilinschriften von Persepolis*, p. 81-86, et dans la *Zeitschrift für die Kunde des Morgenlandes*, t. VI, p. 49-50 ; Westergaard, *Zeitschr. f. d. Kund. d. Morgenland.*, t. VI, p. 370 et suiv.; Jacquet, *Journal asiatique*, juin 1838, p. 593 et suiv.; Ritter, *Erdkunde*, *Asien*, t. II, p. 788-796; t. VIII. p. 90 et suiv.; t. IX, p. 630 ; Gesenius, *Thesaur.*, v° Chasdim; Rœdiger et Pott, *Zeitschr. f. d. Kund. d. Morgenl.*, t. III, p. 6 et suiv.; Ewald, *Geschichte des Volkes Israël*, t. 1, p. 333; Kunik, *Mélanges asiatiques de l'Académie de Saint-Pétersbourg*, t. I, p. 531 et suiv.; Hitzig, *Urgeschichte der Philistæer*, p. 46; Pott, dans l'Encyclopédie d'Ersch et Gruber, art. *Indogerm. Sprachstamm*, p. 59 ; Lengerke, *Kenaan*, p. 220 ; Renan, *Histoire des langues sémitiques*, 1ʳᵉ édit., p. 60.

ont été aryanisés depuis bien des siècles, par des couches de migrations successives, et il semble qu'ils l'étaient déjà du temps de Xénophon ; mais antérieurement, et jusqu'au temps des dernières conquêtes des rois d'Assyrie, les monuments cunéiformes nous montrent leur pays exclusivement occupé par des tribus touraniennes, étroitement apparentées à la plus ancienne population de la Médie, et par suite aussi aux Touraniens de la Chaldée (1).

Je pourrais me laisser entraîner à remonter encore plus haut la route de la migration primitive des Accads, d'après leurs traditions mêmes, route pareille à celle que la Genèse fait suivre aux constructeurs de la Tour de Babel, venus « de l'Orient » dans le pays de Sennaar. Je parviendrais ainsi jusqu'à cette montagne du nord-est, qui joue un si grand rôle dans les traditions chaldéennes, au double titre de berceau de l'espèce humaine et de lieu de l'assemblée des dieux (2). Mais ce serait perdre complétement de vue l'objet de ce chapitre, et me perdre dans des digressions qui fatigueraient justement le lecteur. Il suffit d'avoir indiqué les particularités de nature à faire admettre que, si c'est la portion touranienne de la population qui a implanté en Chaldée l'écriture cunéiforme, elle était déjà en possession des premiers rudiments de cette écriture avant d'avoir atteint, comme dernier terme de sa migration, les bords du Tigre et de

---

(1) Voy. mes *Lettres assyriologiques*, 1re série, t. I, p. 19 et suiv.
(2) **Voy.** mon *Commentaire des fragments cosmogoniques de Bérose*, p. 317 et 393 ; et mes *Etudes accadiennes*, t. I, fasc. 3, p. 73 et suiv.

l'Euphrate. A l'autre extrémité de l'Asie, ainsi que l'a démontré Abel Rémusat dans un mémoire spécial, c'est également avant d'avoir occupé les rives du Hoang-ho que les ancêtres des Cent Familles inventèrent les éléments fondamentaux de l'écriture chinoise, dans un état encore singulier de barbarie.

Les signes primordiaux de l'écriture cunéiforme ne prouvent pas que les Accads fussent beaucoup plus avancés, quand ils les adoptèrent comme moyen d'expression de leurs pensées. Pourtant les Accads étaient déjà en possession d'une métallurgie complète, tandis que les ancêtres des Chinois se servaient d'armes de pierre, car dans les éléments fondamentaux de l'hiéroglyphisme primitif des Accads il y a un signe pour le cuivre et un pour les métaux nobles, comme l'or et l'argent.

Avec l'écriture, nous pouvons désormais, je crois, à la suite des recherches nouvelles dont on a lu l'exposé, compter parmi les apports des Touraniens à la civilisation chaldéo-babylonienne la magie, avec le cortége des croyances et des pratiques qui s'y relient. J'ai essayé d'établir ailleurs que c'était à eux qu'était due l'introduction du travail des métaux, si florissant et si développé dans la Chaldée et la Babylonie dès les temps les plus reculés (1). Enfin je crois qu'on peut prouver par des arguments solides, tirés du vocabulaire et de l'écriture, arguments que j'essayerai plus tard de rassembler dans une étude spéciale, que c'est le premier fond de

(1) Voy. mes *Premières civilisations*, t. I, p. 118 et suiv.

population touranien des Accads qui a créé l'agriculture propre à cette contrée, avec son système de canaux d'irrigation.

Par contre, il est dès à présent possible d'établir que l'astrologie et l'astronomie ont été l'œuvre de la population kouschito-sémitique. On a remarqué depuis longtemps que c'est aux peuples de cette famille, essentiellement matérialistes et constructeurs, que le monde entier doit les premières connaissances qui tiennent à l'astronomie, aux mathématiques et à certaines industries (1). Tandis que l'accadien reste toujours, même en Assyrie, la langue de la magie, tous les documents astrologiques et astronomiques, dont une série si intéressante a été déjà publiée par sir Henry Rawlinson et M. Norris, dans le tome III des *Cuneiform inscriptions of Western Asia*, et dont un beaucoup plus grand nombre restent encore inédits, — tous les documents, dis-je, relatifs à ces sciences sont en assyrien. Les plus antiques même, comme le grand ouvrage en soixante-dix tablettes, où Sargon Ier et son fils Naram-Sin firent colliger les traditions et les règles d'augures des écoles d'astrologues qui avaient précédé leur époque, ont été rédigés dans cette langue, qu'on n'y saurait méconnaître, malgré la multiplicité des idéogrammes et des mots allophones dans leur orthographe archaïque. Il y a donc un idiome consacré pour l'astrologie, comme il y en a un pour la

---

(1) Bœckh, *Metrologische Untersuchungen*, Berlin, 1838; Bertheau, *Zur Geschichte der Israeliten*, p. 99 et suiv.

magie, et cet idiome est celui de la population kouschito-sémitique. De même, une des collections astrologiques est dite formellement dressée suivant la tradition spéciale de la ville de Babylone (1). Il y a là des indices très-décisifs sur l'origine de cette science, indices qui prendront plus de valeur encore après les observations qui vont suivre, à cause du lien étroit qui existe entre l'astrologie et la religion sidérale que nous avons appelée chaldéo-babylonienne.

En effet et surtout, dans la civilisation de Babylone et de la Chaldée telle qu'elle finit par se constituer définitivement, l'élément kouschito-sémitique fit prédominer sa religion et sa langue. La religion des Kouschites, apparentée à celles de la Syrie et de la Phénicie, devint la religion officielle chaldéo-babylonienne, et elle n'admit plus l'antique magie accadienne qu'en la reléguant dans une position inférieure, ainsi que nous l'avons expliqué plus haut. La langue assyrienne supplanta complétement dans l'usage l'idiome accadien. Il est encore impossible de fixer avec précision le moment où ce fait se produisit, ou du moins fut consommé, car il dut être graduel. Mais douze siècles avant l'ère chrétienne, le nom des Accads, qui continuait encore à désigner la Chaldée, n'était plus qu'un souvenir. L'antique peuple touranien, qui avait précédé l'établissement des Kouschites, s'était complétement fondu avec eux, adoptant leur langage, en même temps que la civilisation mixte qui était résultée de

(1) W. A. I. III, 64.

l'amalgame de ses propres usages et de ses propres institutions avec ceux des plus nouveaux venus. Lorsqu'un peu plus tard nous voyons apparaître avec éclat sur la scène de l'histoire la tribu de Kaldi, les Chaldéens proprement dits (1), qui se vantaient d'avoir gardé plus pur qu'aucune autre tribu le sang « des plus anciens entre les Babyloniens », le sang considéré pour son antiquité même comme plus noble que celui des Kouschites ou Céphènes, les chefs de cette tribu de Kaldi, tels que les Yakin et les Mérodachbaladan, portent des noms exclusivement assyriens, comme aussi les monarques du dernier empire de Babylone, dont pourtant la dynastie se donnait pour spécialement chaldéenne par son origine, au sens le plus restreint du nom. L'idiome accadien était mort depuis bien longtemps déjà; il n'est pas même sûr qu'à l'époque des derniers rois de la dynastie Cissienne de Babylone, qui, régnant treize ou quatorze siècles avant Jésus-Christ, ont fait encore graver des inscriptions dans cet idiome, tels que Bournabouryas et Dourrigalzou, il n'est pas sûr qu'à leur époque on le parlât encore (2). On pourrait soutenir avec vraisem-

(1) On comprend aujourd'hui l'origine de la contradiction qui semblait exister au sujet des Chaldéens, entre les renseignements recueillis par Diodore de Sicile et les dires des prophètes d'Israël. Comme fraction du peuple d'Accad, les Chaldéens avaient le droit de se dire, ainsi que le rapporte Diodore, les plus anciens des Babyloniens; comme la tribu spéciale de Kaldi, exerçant une prépondérance sur tout le pays jusqu'à Babylone, Isaïe pouvait les qualifier de nation nouvelle. Bien que contraires, ces deux assertions sont également vraies, suivant le point de vue où l'on se place.

(2) J'ai montré ailleurs (*Etudes accadiennes*, t. I, fasc. 3, p. 79) que l'usage de l'accadien commença à décliner à partir du moment où Sar-

blance que l'accadien était dès lors ce que fut le latin au moyen âge, une langue savante et surtout sacrée. Elle gardait ce caractère sacré à cause des vieux recueils d'hymnes liturgiques et de formules magiques en accadien, qui servaient de base à l'enseignement sacerdotal et qui se chantaient encore dans certaines cérémonies, ou se récitaient dans les opérations théurgiques, au VIIe siècle, quand Assourbanipal fit copier les livres d'Accad pour l'école de son palais de Ninive. Mais il semble, d'après des indices assez probants, qu'on ne comprenait plus ces livres que par les traductions assyriennes d'ancienne date qui les accompagnaient, et qu'on n'était plus, même en Babylonie, capable de rédiger des inscriptions accadiennes, comme cinq ou six cents ans auparavant. Assourbanipal essaya de restaurer l'étude même de la langue sacrée, ce qu'aucun de ses prédécesseurs n'avait fait, dit-il. C'est pour cela qu'il fit copier, en même temps que les livres d'Accad, tous les documents de grammaire et de vocabulaire qu'on put trouver à Érech et ailleurs. Et il réussit assez bien dans son projet pour avoir formé des scribes qui composèrent en son honneur quelques

gon Ier, roi d'Aganê, en soumettant tout le pays jusqu'au golfe Persique à une dynastie issue des provinces du Nord, assura la prépondérance politique de l'élément kouschito-sémitique. Dès ce moment s'établit l'usage que les contrats privés sont en assyrien, toutes les fois qu'une des parties contractantes porte un nom sémitique et appartient par conséquent à la même race que le dynastie régnante. Le déclin continue rapide sous les rois Cissiens, dont le premier est Hammouragas, quand la capitale est définitivement fixée à Babylone. C'est sous ces rois, qui occupèrent le trône pendant plusieurs siècles, que l'accadien a dû cesser d'exister comme langue vivante et parlée.

documents en accadien, fait signalé par M. Smith (1) et dont on n'a d'autre exemple ni avant ni après lui, depuis le xiie siècle jusqu'au vi^e.

Le triomphe de la religion kouschito-sémitique est encore plus ancien que le triomphe de la langue assyrienne sur la langue accadienne. C'est seulement dans le recueil magique, dans ses formules et dans ses hymnes, recueillis d'après une tradition qui dut longtemps être orale, que nous retrouvons le vieux système religieux propre aux Accads, conforme au génie intime de leur race, et que sa parenté avec les croyances des Finnois et des autres Touraniens révèle comme ayant été leur patrimoine particulier. Si l'affinité de la religion chaldéo-babylonienne officielle avec celles des peuples syriens, chananéens, arabes, atteste que cette religion a dû être à l'origine celle des Kouschites de Babylonie, c'est la religion que professent déjà les vieux rois d'Our, malgré leurs noms accadiens et leur titre spécial de « rois de la contrée d'Accad ». Les inscriptions en langue accadienne des Likbagas et des Doungi sont des dédicaces aux dieux qui resteront jusqu'au dernier jour de Babylone l'objet des adorations publiques, et que la grande systématisation sacerdotale placera dans les plus hauts rangs de la hiérarchie céleste. Il n'y est déjà plus question des dieux particuliers aux livres magiques. En même temps, les plus anciens documents liturgiques que nous possédions sur la religion chaldéo-babylonienne, le recueil d'hymnes

---

(1) *History of Assurbanipal*, p. 325.

que j'ai appelé, en traduisant ses principaux morceaux, *un Véda chaldéen* (1), sont en langue accadienne, bien que les chants ne s'adressent pas aux dieux primitifs d'Accad, mais à ceux des Kouschites. Ces hymnes paraissent avoir été pour le sacerdoce de Babylone et de la Chaldée, au VIIe siècle, aussi bien que pour nous, les plus antiques monuments de sa propre religion, qui eussent été conservés avec une forme arrêtée. Et c'est ainsi que l'accadien était devenu pour eux la langue sainte de la prière aux dieux, en même temps que l'idiome qui commandait aux esprits, grâce à l'existence parallèle du recueil liturgique et du recueil magique formant comme un double Vêda. Seulement, à la différence de ce qui était dans l'Inde, en Chaldée, le recueil correspondant à l'Atharva se composait de morceaux plus antiques et plus conformes à la doctrine primitive du peuple dans l'idiome duquel ils étaient conçus, que ceux du recueil analogue au Rig. Une autre circonstance tendait de plus à donner à l'accadien le caractère de langue sacrée, même pour la religion qui n'avait pas été d'abord celle d'Accad. Le système graphique cunéiforme ayant été l'invention de la partie touranienne de la population, combiné d'après le génie et pour les besoins de cet idiome, on avait écrit en accadien bien avant d'écrire en assyrien; par conséquent, les noms significatifs, qui furent appliqués en accadien aux divinités d'origine

---

(1) Voy. le morceau sous ce titre, dans le tome II de mes *Premières Civilisations*.

kouschito-sémitique, reçurent une forme graphique avant leurs noms assyriens. Quand on commença à appliquer l'écriture à la langue sémitique, ils furent adoptés de préférence à l'orthographe phonétique des noms assyriens auxquels ils correspondaient, à titre de groupes idéographiques déjà consacrés par l'usage. Ceci établi, l'accadien devint plus tard, aux yeux des prêtres de la Chaldée, la langue dans laquelle ils écrivaient les noms des dieux, même quand ils lisaient sous leur forme sémitique, et par suite la langue par excellence du symbolisme religieux.

Tous ces faits montrent combien fut antique la diffusion de la religion kouschito-sémitique, sœur de celles de la Syrie et de la Phénicie, au sein du peuple accadien, conservant encore sa physionomie propre et sa langue. C'est un fait presque contemporain de la juxtaposition des deux races sur le sol de la Chaldée et de la Babylonie, et la conquête nemrodite, que la Genèse nous fait voir courbant momentanément Érech et Accad, aussi bien que Babel, sous la puissance de Kousch, n'y fut sans doute pas étrangère. Il faut remonter par induction au delà de l'histoire positive et des monuments originaux parvenus jusqu'à nous, pour atteindre le temps où le peuple d'Accad, seul encore dans le bassin méridional de l'Euphrate et du Tigre, tandis qu'une autre fraction de la même race habitait ce qui fut plus tard l'Assyrie, professait le naturalisme démonologique auquel les autres nations touraniennes sont restées attachées, et avait pour unique sacerdoce ses prêtres magiciens, pour culte leurs rites et leurs incantations.

Cependant il ne faut peut-être pas se reporter aussi haut qu'on pourrait le croire d'abord, pour l'époque de l'établissement de la religion chaldéo-babylonienne, supplantant la religion accadienne, dans le pays spécialement qualifié de « contrée d'Accad », dans les provinces méridionales où la langue touranienne se maintint plus tard qu'ailleurs et où la moindre proportion de Kouschites se mêlait à la plus forte proportion de Touraniens. Les plus anciens monuments épigraphiques que nous possédions de cette région, de l'empire des vieux rois d'Our, y marquent peut-être l'établissement de la religion nouvelle. En effet, il est un fait très-frappant et déjà signalé par plusieurs savants(1), c'est qu'à la base de tous les temples pyramidaux de la Chaldée proprement dite, à Our, à Érech, à Nipour, à Larsa, on retrouve sur les briques le nom du même roi, celui que je déchiffre Likbagas. « On n'aperçoit pas dans toute la Chaldée, autant qu'elle a été explorée et fouillée, dit M. George Rawlinson, de trace d'un monument sacré que l'on puisse vraisemblement attribuer à une date antérieure à ce prince. » C'est le premier dont on ait jusqu'ici des inscriptions, mais il est en pleine histoire, et n'en ouvre certainement pas l'ère, comme un Ménès en Égypte. Les temples en forme de pyramide, à étages en retraite les uns sur les autres, sont donc une chose bien

---

(1) Voy. G. Rawlinson, *The five great monarchies*, 2ᵉ édit., t. I, p. 156 et suiv., 176.

récente en Chaldée, par comparaison à ce qu'ils étaient dans le pays de Sennaar ou de Soumir, où la tradition indigène, comme celle de la Bible, liait à la construction de leur premier type le souvenir de la Confusion des langues, et où l'on n'osait attribuer les pyramides de Babylone et de Borsippa à aucun roi des dynasties historiques. Car on faisait seulement de ces deux monuments fameux l'œuvre d'un « roi très-antique » ou peut-être plus exactement « du roi le plus ancien » (1). Dans le pays d'Accad, au lieu d'être un fait également primitif et indigène, la construction des édifices de ce type n'est en réalité qu'une imitation des usages de la Babylonie, imitation entreprise et poursuivie dans toutes les cités à la fois par un même roi, qui ne se perd pas dans la nuit des temps et apparaît au contraire dans la lumière de l'histoire. Or, le temple pyramidal est l'expression tangible, la manifestation matérielle et architecturale de la religion chaldéo-babylonienne. A la fois sanctuaire et observatoire des astres, il a été enfanté par le génie de cette religion, essentiellement sidérale, à laquelle il est uni par un lien indissoluble. Le roi Likbagas, qui commence dans toutes les villes de la Chaldée des temples-pyramides, inconnus jusqu'alors en ce pays, se montre par là même comme une sorte d'apôtre couronné de la religion chaldéo-babylonienne, particulièrement dévot au dieu Sin, le dieu qui devient désormais celui de la ville d'Our, mais honorant également Anou et Nana dans Érech,

---

(1) Voy. mon *Commentaire des fragments cosmogoniques de Bérose*, p. 355.

Samas à Larsa, Bel à Nipour, c'est-à-dire dans chaque ville le dieu qui continuera par la suite à en être regardé comme le protecteur spécial. Ses travaux d'architecture religieuse attestent l'activité de sa propagande, en faveur de la religion qu'il a embrassée et qu'il s'efforce, avec succès, semble-t-il, de substituer à la vieille religion magique accadienne, laquelle ne devait pas avoir de temples, plus que de culte public et régulier.

Au début des études, on a été surtout frappé, comme on devait l'être d'abord, de l'unité de langue et de civilisation de Babylone et de l'Assyrie. « La seule nuance, disait-on alors, qui s'introduit dans la longue liste des rois chaldéo-assyriens, c'est la fluctuation entre les centres de gravité de leur puissance. Déplacé tantôt du midi, où il avait pris naissance, au nord, tantôt du nord au sud, l'empire sémitique de la Mésopotamie s'appelle, selon ces changements, *empire chaldéen* ou *empire assyrien*. Le culte, les mœurs, le langage, l'étendue de ces deux royaumes restent exactement les mêmes (1). » Mais à mesure qu'on a progressé dans la connaissance des monuments et des textes cunéiformes, est venue, comme dans toutes les sciences, la période des distinctions dans ce qui paraissait d'abord uniforme; sous l'unité générale, on a constaté bien des diversités. On est aujourd'hui d'accord pour admettre, et ce sont les savants anglais qui y ont le plus contribué, que, malgré l'adoption de la culture chaldéo-babylonienne par le peuple

(1) Oppert, *Histoire des empires de Chaldée et d'Assyrie*, p. 6.

d'Assur, Assyriens et Babyloniens sont deux nations bien distinctes, ayant en beaucoup de choses une physionomie propre, des usages spéciaux et des génies opposés, aussi différents presque les uns des autres que les Romains et les Grecs. D'ailleurs, on sait, par les documents les plus positifs, par le témoignage des Assyriens eux-mêmes, que Babylone resta presque entièrement indépendante de l'Assyrie jusqu'au VIIIe siècle avant notre ère, et eut toujours son histoire à part (1).

Maintenant, il faut aller encore plus loin et distinguer, dans les âges primitifs, la Babylonie, principalement kouschite, de la Chaldée, restée bien plus tard presque entièrement accadienne ou touranienne. La civilisation première de la Chaldée, même commençant à subir déjà l'influence religieuse kouschito-sémitique, sous les rois d'Our, est une civilisation bien à part, et le tableau que M. George Rawlinson en a tracé dans le tome Ier de ses *Five great monarchies* est parfaitement exact, si on le restreint à cette contrée. Babylonie et Chaldée, un moment réunies, lors de l'invasion kouschite, sous l'empire légendaire de Nemrod, reprirent vite une existence distincte, et elles se développèrent indépendamment pendant plusieurs siècles, chacune dans le sens du génie de la race qui y prédominait. C'est au milieu de cet état de choses que commence pour ces deux contrées l'histoire positive, dont nous avons des monuments contemporains.

(1) Voy. surtout Smith, *Early history of Babylonia*, dans le tome Ier des *Transactions of the Society of Biblical Archæology*.

Les annales des provinces du nord et des provinces du sud, de la Babylonie et de la Chaldée, des pays de Sennaar et d'Accad, ne commencent à devenir communes que vers le XX siècle avant Jésus-Christ, quand, pour la première fois, un roi d'Aganê, dans le nord, Sargon Ier, réunit les deux contrées sous son sceptre et en forme un seul empire. C'est alors qu'a lieu le grand travail de systématisation et de réforme de la religion, c'est alors qu'on arrête définitivement le texte des livres sacrés, magiques et astrologiques, qu'en un mot l'effort du sacerdoce s'attache à fondre en un seul ensemble, subordonné à ses idées religieuses, toutes les institutions diverses que les différents éléments de la population avaient fondées en Babylonie et en Chaldée, et qui jusqu'à ce moment étaient sans lien entre elles, souvent même, suivant toutes les probabilités, en antagonisme. Alors seulement est fondée d'une manière définitive la civilisation chaldéo-babylonienne, création essentiellement mixte, désormais commune à tout le territoire compris de l'Assyrie à la mer, et où les apports des deux peuples de Soumir et d'Accad se sont si bien confondus qu'on a dans beaucoup de cas peine à les distinguer. Mais c'est l'élément kouschito-sémitique, l'élément des provinces du nord, dominant politiquement à cette époque, qui a eu la part prépondérante à la naissance de la civilisation chaldéo-babylonienne, et les écoles sacerdotales du nord, celles de Sippara, de Babylone, de Borsippa, y ont plus donné que les écoles du sud, celles d'Érech et d'Our. Ou du moins les écoles sacerdotales, dans le sud comme dans le nord, sont une institution qui se rattache avant tout à la religion d'origine kouschito-sémitique, bien que dans les derniers temps, vers l'époque de Nabuchodorossor et sous les Achéménides, la caste qu'elles représentaient se donnât spécialement le nom de Chaldéens, prétention qui n'était peut-être exacte que pour quelqu'une de ses divisions, comme les prêtres magiciens.

III

J'ai été amené à exposer brièvement, mais d'une manière complète, de quelle manière l'étude des textes originaux, et en particulier des fragments des livres d'Accad, m'avait conduit à envisager le problème si difficile des origines chaldéo-babyloniennes. Réduit à ces proportions — qui me semblent les vraies — et précisé de cette manière, le rôle du peuple touranien des Accads sera peut-être moins difficile à admettre, pour les savants chez qui pareil fait éveille encore une certaine défiance.

« Qu'il y ait eu en Babylonie, avant l'arrivée des Sémites et des Aryens, une civilisation complète, disait dernièrement encore M. Renan dans un de ses remarquables rapports annuels à la Société asiatique de Paris (1) ; que cette civilisation ait possédé en propre et très-probablement créé l'écriture dite cunéiforme, c'est ce dont personne ne doute aujourd'hui. Si l'on prend le mot touranien comme synonyme de ce qui n'est ni sémitique ni aryen, l'expression est alors exacte ; mais nous n'y voyons pas grand avantage. Une classification des animaux en poissons, mammifères, et ce qui n'est ni poisson ni mammifère aurait peu d'emploi dans la science. Que si l'on entend touranien dans le sens étroit, et qu'on rattache cette antique substruction de la civilisation savante de Babylone aux races turques, finnoises, hongroises, à des races, en un mot, qui n'ont guère su que détruire et qui ne se sont jamais créé une civilisation propre, nous avouons que cela nous étonne.

« Le vrai peut quelquefois n'être pas vraisemblable, et si l'on nous prouve que ce sont des Turcs, des Finnois, des Hongrois qui ont fondé la plus puissante et la plus intelligente des civilisations anté-sémitiques et anté-aryennes, nous croirons; toute considération *a priori* doit être surbordonnée aux preuves *a posteriori*. Mais la force de ces preuves doit être en proportion de ce que le résultat a d'improbable. »

M. Renan nous permettra de venir ici discuter et essayer de dissiper ses doutes, avec toute la déférence qu'impose sa vaste science et l'autorité de son nom, d'autant plus qu'il me semble que les faits exposés dans

(1) *Journal asiatique*, 7ᵉ série, t. II, p. 42.

les pages qui précèdent répondent en partie d'avance à ses principales objections.

Et d'abord je le trouve en général bien sévère pour la race touranienne ; il semble la voir exclusivement au travers des dévastations sauvages des Gengis et des Timour, et son jugement sur le rôle de cette vaste famille de nations mérite appel. La race qui a donné à l'Europe chrétienne un de ses plus grands peuples, un des plus intelligents, des plus chevaleresques, des plus éloquents, les Hongrois, qui, de plus, à l'extrémité septentrionale du continent européen, a produit chez les Finnois un monument épique de la valeur du *Kalevala,* qui avait une civilisation réelle avant l'arrivée des Scandinaves chez ces mêmes Finnois, dont un voyageur économiste signalait hier encore l'aptitude, beaucoup plus grande que celle du Russe proprement dit, à s'approprier tous les progrès de la culture moderne, — une telle race ne doit certainement pas être qualifiée comme n'ayant « su que détruire ». Moins souple, moins fin, plus épais et plus lourd que les Hongrois ou les Finnois, l'élément turc ne joue pas non plus un rôle exclusivement destructeur dans l'histoire de l'islamisme ; il y a ses grands hommes, ses pages glorieuses, et il y déploie surtout des aptitudes très-remarquables de gouvernement, qui ont toujours fait défaut aux Arabes.

Il est vrai que les deux peuples touraniens qui tiennent la plus grande place dans l'histoire, les Hongrois et les Turcs, n'y entrent en scène qu'au moment où ils viennent d'être acquis à des civilisations étrangères à leur race, où ils ont adopté, avec une religion nouvelle dont ils se font les champions, les uns du christianisme, les autres de l'islam, tout l'héritage de la culture formée ailleurs sous les auspices de cette religion. Ils n'ont pas de rôle historique avec une civilisation propre à leur race ; mais sont-ils les seuls peuples dans ce cas ? La facilité avec laquelle les Hongrois ont adopté la culture chrétienne de l'Occident, les Turcs la culture arabe avec la foi musulmane, est de nature à faire croire qu'ils ne comptaient point parmi les peuples touraniens les plus avancés, ou du moins que leur ancienne culture nationale était bien inférieure à celles pour lesquelles ils l'échangèrent. Mais ceci ne prouve pas d'une manière décisive qu'il n'y ait pas eu, chez d'autres peuples de la même souche, une très-antique civilisation touranienne, possédant sa physionomie propre, son génie à elle, et résultant du développement de certains instincts particuliers, qu'on trouve au moins en germe chez les tribus ougro-finnoises les plus arriérées de la Sibérie.

C'est ici, du reste, qu'il importe de préciser les limites exactes des faits relatifs aux Accads, car je crois que les savants de l'école anglaise, M. Sayce entre autres (1), ont exagéré leur rôle, en voyant en eux les instituteurs de toute la civilisation sémitique, et moi-même, dans de précédents travaux, sans aller aussi loin, je ne me suis

---

(1) *The origin of semitic civilisation*, dans le tome Ier des *Transactions of the Society of Biblical Archæology*.

peut-être pas tenu dans de justes limites. Je crois qu'il ressort de preuves décisives que les premiers occupants du sol de la Babylonie et de la Chaldée, avant les Kouschites de Nemrod, étaient un peuple de race touranienne, plus voisin des Ougro-Finnois que des Tartares. Ce peuple, avant même d'atteindre les bords du Tigre et de l'Euphrate, dans les étapes antérieures de sa migration, avait inventé les premiers rudiments de l'hiéroglyphisme assez grossier, qui, en se développant, produisit le système de l'écriture cunéiforme; il connaissait alors le travail des métaux et les procédés de certaines industries essentielles. Dans les plaines fécondes où il se fixa, sa vie fut sédentaire et agricole; il eut des villes, il cultiva la terre, créa des irrigations et exerça tous les métiers que réclame une semblable existence. Il eut donc une véritable civilisation, et une civilisation à lui propre, née spontanément dans son sein, avant toute influence des races kouschites, sémitiques ou aryennes. Mais cette civilisation devait être nécessairement incomplète, autant qu'on en peut juger par la pauvreté même de son vocabulaire fondamental, et par le développement que la langue accadienne fut obligée de donner à la formation de mots composés tout à fait factices, quand, vivante encore, elle eut à se plier aux besoins d'une culture plus avancée. Rien ne prouve que la civilisation des Accads de la Chaldée fût, sauf en ce qui est de la possession de l'écriture, — et l'exemple des Chinois montre que cet art peut naître quelquefois chez certaines races dans une barbarie encore presque complète, — fût plus savante et plus perfectionnée que celle des Finnois païens, dont le *Kalevala* nous fournit le tableau, et où nous avons trouvé tant de rapports avec les Accads, au point de vue religieux. En général, je crois que la culture touranienne primitive, dont il serait encore possible de suivre les vestiges dans d'autres contrées, était essentiellement imparfaite, développée par certains côtés, rudimentaire par d'autres, et que si elle était née l'une des premières, elle s'était arrêtée et immobilisée de bonne heure, de même que les idiomes touraniens se sont arrêtés à l'un des états les plus primitifs de la formation du langage. Elle fut une civilisation, et même une civilisation avancée, par rapport à l'état de barbarie dans lequel la plupart des autres races se trouvaient encore plongées quand elle prit naissance ; mais elle devint à son tour une barbarie, en regard des civilisations plus parfaites qui se formèrent ensuite chez les autres races, en regard de la culture des Kouschites, qui se superposèrent aux Touraniens dans la Babylonie et la Chaldée, et dont l'influence avait déjà profondément pénétré jusqu'à la portion des Accads qui gardaient encore une vie nationale et continuaient à se servir de leur vieille langue, au temps des rois constructeurs d'Our, des Likbagas et des Doungi.

On voit que je suis loin d'attribuer aux Touraniens primitifs de la Chaldée toute « la substruction de la civilisation savante de Babylone » ; j'y vois seulement un de ses facteurs, et non le principal. Les premiers établis sur le cours inférieur du Tigre et de l'Euphrate, ils ont légué aux siècles postérieurs quelques-unes des pierres qui ont servi à édifier la civilisation chaldéo-babylonienne, les procédés de leur agriculture, les rites et les formules de leur magie, et surtout leur écriture, si mal appropriée au génie de l'assyrien sémitique, et pourtant conservée pendant des siècles par la force de la tradition et de l'habitude. Mais dans cette grande et savante civilisation, la part principale et la plus noble est venue de l'élément kouschito-sémitique, de l'élément dont l'assyrien était l'idiome national, car c'est lui qui a donné les sciences et la religion, qui a fini par faire, avec le cours du temps, prévaloir entièrement sa langue, et par la substituer à l'accadien, même chez les Chaldéens proprement dits, chez les descendants de ceux des Accads dont le sang était resté le plus pur. Babylone en particulier, du moins la Babylone qui compte dans l'histoire, a été toujours une ville principalement kouschite. C'est ainsi qu'elle a pu exercer une si grande et si décisive influence sur les peuples chananéens et sémitiques ; une parenté de race, comme de langage, favorisait cette influence, et la civilisation babylonienne n'était en réalité qu'un développement plus complet, plus savant et plus perfectionné, des instincts naturels aux peuples sur lesquels elle agissait par ses enseignements et ses exemples.

Reste le fait de l'existence d'une population de Touraniens, au sens le plus précis du mot, en Babylonie et en Chaldée, ayant précédé tous les autres habitants et possédant un certain degré de civilisation propre, analogue à la culture d'autres nations incontestablement touraniennes. Ce que M. Renan réclame surtout pour accepter ce fait, c'est un ensemble de preuves suffisamment fortes. Il me paraît que cet ensemble existe désormais, et que dans le présent travail j'ai pu y apporter quelques matériaux nouveaux. Le savant académicien que je m'efforce de convaincre a dit lui-même avec raison : « Au point de vue des sciences historiques, cinq choses constituent l'apanage essentiel d'une race et donnent droit de parler d'elle comme d'une individualité dans l'espèce humaine : une langue à part, une littérature empreinte d'une physionomie particulière, une religion, une histoire, une législation (1). » Une grande partie de ces conditions se trouvent dès à présent réunies dans nos connaissances sur les Accads, pour les rattacher à la souche touranienne et spécialement aux peuples ougro-finnois.

Il y a d'abord la langue, à laquelle nous venons de consacrer un chapitre spécial, résumé d'études philologiques plus étendues. Nous y avons indiqué les caractères organiques, et tout à fait décisifs, suivant nous, qui doivent déterminer son classement linguistique, et c'est avec une profonde satisfaction que nous avons vu les conclusions de notre essai grammatical adoptées par les érudits de la Finlande (2), plus com-

---

(1) *Revue des Deux-Mondes* du 1ᵉʳ septembre 1873, p. 140.
(2) Voy. le travail de M. W. Lagus, *I kilskriftsfrågan*, dans le tome XV des Mémoires de la Société scientifique finnoise.

pétents que nuls autres pour prononcer en pareille matière (1).

Pour la littérature, nous en avons certainement une chez les Accads, une littérature marquée d'un cachet bien individuel et animée d'un souffle de vraie poésie, dans les morceaux subsistants du recueil liturgique, dans les incantations et les hymnes du grand recueil magique. A l'autre extrémité du domaine des nations touraniennes, les Finnois possèdent également une brillante littérature poétique. Une comparaison littéraire du génie qui a inspiré le *Kalevala* et de celui qui a dicté le lyrisme religieux et magique d'Accad, serait un travail intéressant; on y verrait ce qu'il peut y avoir d'instincts communs de race, dans la poésie de deux peuples aussi distants par le temps que par l'espace, à côté des différences de couleur, qui ont dû nécessairement résulter du spectacle de deux natures aussi opposées que celle des bords du golfe Persique et celle des forêts boréales de la Finlande. Nous avons du moins constaté une singulière parenté d'esprit, de forme générale et même d'expression, dans les incantations accadiennes et finnoises, malgré cette différence absolue des milieux.

Quant à la religion, c'est le sujet que nous avons traité dans ce volume, d'après des documents abordés pour la première fois, et dont l'étude nous a conduit, comme corollaire, à l'examen de la question ethnographique des

---

(1) Les érudits hongrois, tels que M. Ujfalvy de Mezö-Kövesd, reconnaissent aussi comme décisifs les caractères linguistiques de l'accadien.

Accads. En nous révélant un système religieux primitif et réellement indigène chez le peuple accadien, antérieur à la propagation et à l'adoption par ce peuple du culte des dieux communs à toutes les religions du groupe euphratico-syrien, les livres magiques ont ouvert des perspectives nouvelles et inattendues sur un des côtés les plus significatifs de la question. Comparant les données du système de ces livres à la part anté-iranienne du magisme médique et à la mythologie finnoise, nous avons pu constater l'existence d'une famille particulière de religions, qu'il faut appeler touranienne, religions qui n'ont pas d'autre culte que la magie, et qui découlent du vieux fonds de naturalisme démonologique demeuré à un état si rudimentaire et si grossier chez les tribus de la Sibérie, celles des tribus de Touran qui sont restées le plus près des conditions primordiales de la race : car les circonstances qui ont pesé sur elles depuis les temps les plus antiques ne leur ont jamais permis d'atteindre à une vraie civilisation.

Voilà donc trois des conditions essentielles à l'existence et à l'individualité d'une race, qui se trouvent remplies de manière à rattacher clairement les Accads à des peuples types parmi les Touraniens, comme les Finnois, malgré l'immense hiatus qui se présente entre eux dans le temps et dans l'espace. L'histoire primitive des différents groupes touraniens, de leur dispersion et de leurs premiers essais de civilisation, ne pourra sans doute jamais être rétablie; on devra se contenter de bien constater les affinités linguistiques, ethnographiques, religieuses, qui prouvent leur origine commune. Tout au plus parviendra-t-on, pour les Accads spécialement, à reconstituer par induction, — à défaut de monuments contemporains, — mais à l'aide de leurs propres traditions, les grands traits essentiels de leur histoire primitive, depuis leur établissement dans la Chaldée jusqu'au moment où commencent les inscriptions parvenues jusqu'à nous, puis à remonter le cours de leur migration préhistorique jusqu'à cette montagne du nord-est qui fut leur point de départ.

Reste ce qui touche à la législation ou à la constitution sociale. Ici, les documents font encore défaut, ou du moins sont insuffisants; mais on peut espérer que des découvertes ultérieures viendront combler cette lacune. Nous ne possédons en effet jusqu'à ce jour qu'un bien petit fragment des antiques lois d'Accad, qui avaient, paraît-il, été mises par écrit et traduites en assyrien, à la même époque que les livres religieux. Ce fragment (1)

---

(1) W. A. I. II, 10. — Il est plus complet dans mon *Choix de textes cunéiformes*, n° 15.

Il est bon, je crois, de donner ici la traduction complète de ce précieux débris des vieilles lois d'Accad, et cela d'autant plus que la nouvelle opinion sur la manière dont les espèces y sont posées, soutenue récemment par M. Oppert (*Journal asiatique*, 7° série, t. I, p. 371 et suiv.), contrairement à l'opinion universelle des assyriologues qui ont parlé de ce texte, est philologiquement inadmissible. Je traduis sur l'accadien, parce qu'à l'article 2, par une circonstance encore inexplicable, et qui est peut-être seulement le résultat d'une erreur, la version assyrienne intervertit les verbes du texte accadien, de telle façon qu'on n'a plus un sens raisonnable :

« En quelque cas que ce soit, à l'avenir :

1. « Sentence : Si un fils dit à son père : « Tu n'es pas mon père, » et l'affirme par l'apposition de son ongle (c'est-à-dire par un acte en

traite des liens et des devoirs de la famille. Eh bien ! si court qu'il soit, nous pouvons déjà y relever un point de contact avec les mœurs des anciens Finnois, et cela sur une particularité capitale, et assez caractéristique pour

forme authentique), il devra lui faire amende honorable (version assyrienne : il reconnaîtra sa paternité) et lui payer une amende.

2. « Sentence : Si un fils dit à sa mère : « Tu n'es pas ma mère, » et l'affirme par sa griffe (ce membre de phrase est emprunté à la version assyrienne, l'accadien étant trop mutilé pour donner un sens), on l'exclura dans la ville de la terre et de l'eau (version assyrienne : on le murera) et on l'enfermera (version assyrienne : on le chassera) dans la maison.

3. « Sentence : Si un père dit à son fils : « Tu n'es pas mon fils, » on l'enfermera dans l'enceinte de la maison.

4. « Sentence : Si une mère dit à son fils : « Tu n'es pas mon fils, » on l'enfermera dans un cachot.

5. « Sentence : Si une femme fait injure à son mari, en lui disant: « Tu n'es plus mon mari, » on la jettera dans le fleuve.

6. « Sentence : Si un mari dit à sa femme : « Tu n'es plus ma femme », il payera une demi-mine d'argent.

7. « Sentence : Le commandeur, si l'esclave meurt, se perd, s'enfuit, disparaît, ou si sa main devient infirme, payera par jour une mesure de blé. »

Ainsi, d'après ce fragment, renier sa mère expose à une pénalité plus grave que renier son père ; les parents n'ont pas plus le droit de renier leurs enfants que les enfants de renier leurs parents ; le mari peut répudier sa femme moyennant une compensation pécuniaire, mais la femme ne peut pas, sous peine de mort, demander le divorce.

Le document que nous venons de traduire forme un petit tout complet. Sur la même tablette, qui était la dernière d'une collection de documents bilingues de diverses natures, réunis au point de vue de l'étude philologique, nous avons auparavant une autre série de sentences légales, encore très-difficiles à interpréter. J'en extrais seulement deux, qui prouvent une constitution encore toute patriarcale de la société, et un état de choses où, le sol se trouvant encore en grande partie inhabité, et par suite *res nullius*, la propriété pouvait encore en être acquise par l'occupation :

« Dans tous les cas, l'homme marié peut constituer une propriété à son enfant, à condition de ne pas la lui faire habiter.

« Tout ce que la femme mariée fait enclore, elle en sera propriétaire. »

Ainsi la femme accadienne pouvait avoir une propriété personnelle, même en puissance de mari.

être tenue comme une donnée individuelle de race, dans la constitution de la famille ; il s'agit, en effet, de l'importance attribuée à la mère et supérieure à celle même du père. Dans le débris de loi accadienne, le fils qui renie son père est condamné à une simple amende, celui qui renie sa mère doit être exclu de la terre et de l'eau ; chez les Finnois, avant leur conversion au christianisme, la mère de famille primait le père dans les rites du culte domestique.

N'y a-t-il pas, dans les affinités ainsi constatées dès à présent, un ensemble de preuves suffisant pour faire passer sur ce qu'a eu « d'invraisemblable » au premier abord le fait d'un peuple touranien, premier occupant de la Chaldée et léguant un système d'écriture, calqué sur le génie propre de sa langue, à la grande civilisation chaldéo-babylonienne ?

IV

Un passage célèbre de l'historien Justin (1) dit qu'antérieurement à la puissance de toute autre nation, l'Asie des anciens, l'Asie antérieure, fut en entier possédée pendant quinze siècles par les Scythes, c'est-à-dire par les Touraniens, — car c'est toujours ainsi qu'il faut entendre le mot de Scythes quand il s'agit de l'Asie, en

(1) II, 3 ; Cf. I, 1.

réservant la question particulière des Scythes d'Europe. Le même passage représente ces Scythes asiatiques comme le plus vieux peuple du monde, plus ancien même que les Égyptiens. C'est bien certainement dans les traditions de l'Asie que Trogue Pompée, l'un des historiens les plus érudits et les plus critiques de l'antiquité, avait puisé une semblable donnée. Quelque isolée qu'elle soit dans la littérature classique, elle montre qu'on n'avait pas perdu tout souvenir d'une Asie touranienne, antérieure aux migrations de Sem et de Japhet, d'une Asie primitive et déjà civilisée dans une certaine mesure, quand Aryens et Sémites menaient encore la vie de pasteurs. C'est à cette couche originaire de la population d'une grande partie de l'Asie, que se rattachaient les Accads. Leur présence en Chaldée n'est pas un phénomène sporadique, qu'on s'expliquerait difficilement en ce cas, si loin des régions septentrionales où l'on retrouve aujourd'hui les nations touraniennes qui ont gardé leur individualité. Ils se relient à tout un vaste ensemble de populations, que nous trouvons intactes jusque vers le IXe et le VIIIe siècle avant l'ère chrétienne, dans les récits de guerres des rois assyriens. Le témoignage de Justin se trouve ainsi confirmé par des preuves d'une bien plus haute antiquité, et c'est sans contredit un des résultats les plus considérables et les plus neufs des études assyriologiques. L'histoire de la dispersion primitive des tribus de la famille touranienne ne pourra jamais se faire d'une manière précise; le fait remonte trop haut; il a précédé de trop longtemps le commencement des annales écrites et régulières des peuples qui en ont eu le plus tôt. Mais on peut dès à présent constater en partie les résultats de cette dispersion, quand ils duraient encore et quand de nouvelles migrations de peuples ne les avaient pas fait entièrement disparaître. Et l'on arrive ainsi à reconnaître que, si quelques-uns des rameaux de la race touranienne ont dû se répandre tout de suite au nord, et s'établir dès l'époque de la première dispersion dans l'Altaï, sur les bords du lac d'Aral et dans les vallées de l'Oural, où viennent aboutir toutes leurs traditions les plus antiques, d'autres rameaux, non moins nombreux, avaient pris vers le sud la route de plus heureuses régions, et s'étaient établis, avant les Kouschites eux-mêmes, sur le sol de l'Asie antérieure, dans une direction jusqu'au golfe Persique et dans l'autre presque jusqu'à la Méditerranée.

C'est là un fait capital dans la question des Accads ou Touraniens de la Chaldée. Il doit contribuer puissamment à lever les doutes de ceux qui hésitent encore à ce sujet, car il diminue beaucoup l'invraisemblance par laquelle ils étaient choqués. Je crois donc qu'il y a lieu de terminer ce chapitre, en jetant un coup d'œil sommaire sur l'ensemble des peuples touraniens, que nous rencontrons encore existants et florissants dans une grande partie de l'Asie antérieure, du XIIe au VIIIe siècle, dans les inscriptions des conquérants de l'Assyrie. Nous achèverons ainsi de replacer les Accads dans leur milieu historique et ethnographique.

J'ai déjà parlé longuement de la Médie anté-iranienne, de sa langue, telle que l'ont révélée les travaux des Westergaard, des Saulcy, des Norris, des Oppert et des Mordtmann, ainsi que de la part que ses antiques croyances ont eue, en se mêlant aux doctrines mazdéennes, dans la formation du magisme des Mèdes iraniens. Ceux-ci paraissent n'avoir subjugué la population antérieure que vers le VIIIe siècle, et jusqu'à ce moment la Médie propre resta un pays entièrement touranien ; la race iranienne ne dépassait pas la contrée de Rhagæ, où le premier fargard du Vendidad-Sadé termine sa migration (1). Le peuple touranien des Proto-Mèdes avait emprunté, à la civilisation du bassin du Tigre et de l'Euphrate, l'écriture cunéiforme, qui servait encore sous les Achéménides à tracer sa langue ; et ce système s'était si bien naturalisé chez elle, qu'on y avait vu naître un type paléographique particulier, assez notablement distinct de ceux de Babylone et de Ninive, bien qu'il s'y rattache par une origine certaine. L'idiome proto-médique de la seconde rédaction des inscriptions trilingues des rois de Perse a, parmi les langues de la famille touranienne actuellement existantes, ses principales affinités avec celles du groupe turco-tartare, tandis que les affinités de l'accadien sont plutôt avec celles du groupe ougro-finnois ; l'un et l'autre se trouvent environ dans le même rapport avec les idiomes modernes, chacun

(1) Voy. la première de mes *Lettres assyriologiques*, 1re série, tome I.

avec ceux d'un groupe différent (1). Il y avait donc chez les antiques Touraniens du sud, éteints depuis tant de siècles, des rameaux divers, et parallèles à ceux qui

(1) Le proto-médique offre, dans son mécanisme grammatical, des différences trop considérables avec l'accadien, pour ne pas être considéré comme appartenant à un autre groupe, mais dans la même grande famille de langues.

Où ces différences sont le plus marquées, c'est dans le verbe. Tandis que la formation du verbe accadien se rapproche essentiellement du mécanisme du tongouse, le verbe proto-médique rentre dans le type normal des idiomes turco-tartares et ougro-finnois. Les pronoms se présentent aussi sous des formes qui semblent au premier abord tout autres que celles de l'accadien. Cependant ils ne s'écartent pas de la gamme des variations constatées par Castrén, dans son fameux mémoire *Sur les affixes pronominaux des langues altaïques*, et une analyse attentive permet de les ramener pour la plupart à la même origine.

Mais à côté de ces différences très-saillantes, on doit relever, même dans la grammaire, entre le proto-médique et l'accadien, des affinités plus étroites que la simple communauté du principe agglutinatif.

1º La parenté organique qui fait de *m* une labio-dentale de nature particulière, intermédiaire entre *m* et *v*.

2º L'identité de quelques-unes des postpositions casuelles. Ainsi la postposition *na*, qui marque le génitif en proto-médique, est identique à celle de l'ablatif en accadien, *na*, et la postposition *ikka* ou *ikki*, laquelle en proto-médique possède à la fois un sens locatif et un sens de motion, ne peut manquer d'être rapprochée de celle du cas de motion en accadien, *ku*. Il est vrai que la particule proto-médique du datif, *be*, est tout à fait différente de celle du même cas en accadien. Le locatif se marque aussi par *ta* en accadien, et par *va* en proto-médique, comme en mordvine. Mais l'origine de cette dernière postposition paraît indiquée par le radical accadien *ma*, « contrée », qui joue dans un certain nombre de mots de la langue d'Accad le rôle de particule formative postposée, avec un sens de localité. La postposition composée *ativa*, qui en proto-médique signifie « à l'intérieur de », semble être formée de *va* et d'une particule analogue au *ta* locatif accadien. Le mot accadien *mar* « chemin », paraît aussi expliquer le sens radical originaire de la postposition proto-médique *mar*, « à partir de, depuis », qui se retrouve en mordvine sous la forme *maro*.

3º Si, en proto-médique, le pluriel se marque d'une manière autre qu'en accadien, par *ib* après une voyelle et *be* après une consonne, la particule *mes*, dont la postposition forme les pluriels les plus habituels de l'accadien, paraît identique au *mas* ou *immas*, dont l'addition, en proto-médique, donne naissance à des noms collectifs (*tippimas*, l'ensemble d'une inscription composée de plusieurs tables, comme

subsistent encore chez les Touraniens du nord, seuls conservés.

Plus au sud, d'autres Touraniens, dont on peut moins

celle de Behistoun, de *tippi*, « table, inscription »; *dassurudmas*, « l'ensemble du peuple », de *dassurud*, « peuple ») et par extension à des abstraits (*kumas*, « royauté », de *ku*, « roi »; *titkimmas*, « fausseté, mensonge, » de *titki*, « ce qui est faux »).

4° On peut établir un rapprochement entre la formative *ka* des participes passifs du proto-médique, et la formative *ga* des adjectifs en accadien.

5° L'affixe *ir*, qui, en proto-médique, a le caractère d'un pronom réciproque, est certainement apparenté à la particule *ra*, qui dans les agglutinations verbales de l'accadien produit les formes réciproques et coopératives.

6° Bien que l'agglutination dans le proto-médique ait lieu presque exclusivement en postposant tous les éléments au radical, cependant on y rencontre encore quelques rares particules formatives qui se préposent, comme en accadien. Tel est l'augmentatif *far*, par exemple dans *farsatanika*, « très-vaste », de *satanika*, « étendu »; tel est aussi le localisatif *it*, comme dans *itkat*, « lieu, » de *kata*, même sens. Ce dernier se retrouve en accadien sous la forme *id*.

7° L'adjectif suit en proto-médique, comme en accadien, le substantif auquel il se rapporte, contrairement à la règle habituelle des idiomes turco-tartares et ougro-finnois actuels.

8° Le génitif peut s'indiquer en proto-médique par une simple valeur de position, sans particule de déclinaison, comme en accadien; mais dans ce cas, il précède le substantif auquel il se rapporte, substantif qu'il suit quand il a une postposition, tandis qu'en accadien il se place toujours après. Ainsi, pour « fils de Cyrus », nous avons en proto-médique *Kuras sakri* et *tar Kurasna*; c'est la même règle qu'en tchérémisse, où on dit indifféremment, pour « fils de David », *David erga*, ou *erga Daviden*.

Les affinités de vocabulaire sont bien plus nombreuses et bien plus saillantes. En voici quelques-unes, qui ne me paraissent pas laisser place au doute :

PROTO-MÉDIQUE.		ACCADIEN.	
atu, adda,	père;	*ad, adda*,	père.
eva,	maison, palais;	*éa*,	maison.
emidu,	enlever;	*mad*,	prendre, conquérir.
beb,	se révolter, se séparer;	*bab*,	être opposé, autre.
bat,	tuer, combattre;	*bat*,	tuer, mourir.
batin,	district;	*bat*,	enceinte, forteresse.
beulgi,	temps, année;	*pal*,	temps, année.
peri,	oreille;	*pi, pil*.	oreille.

nettement préciser le rameau dans l'état actuel de la science, se montrent à nous comme formant une portion notable de la population de la Susiane, foyer d'une cul-

PROTO-MÉDIQUE.		ACCADIEN.	
farrur,	rassemblement, réunion d'hommes, de soldats;	bir,	homme, soldat.
up,	ville;	ub,	région, district.
kut,	apporter, présenter;	qut,	présenter, poser.
kutta,	aussi, également;	kita,	avec.
kintik,	terre;	kiengi,	contrée.
karra,	cheval;	kurra,	cheval.
kuras,	montagne;	kur,	montagne.
ukku,	grand;	akku,	grand.
tippi,	table, inscription;	dib,	tablette, inscription.
tar,	fils;	tur,	fils.
tartu,	rétribution, justice distributive;	tar,	juger.
tiri,	dire, appeler;	dil,	proclamer, annoncer.
turi,	depuis;	tur,	passer, franchir.
turit,	rivage;		
duva,	devenir;	du,	aller.
maras,	chemin;	mar,	chemin.
mar,	depuis;		
ir-mali,	lieu d'habitation;	mal,	habiter.
vurun,	terre, pays;	uru,	ville.
ani,	non;	nu,	non.
inne,			
annap,	dieu;	anna, annab,	dieu.
innib,	jusqu'à;	en,	jusqu'à.
ruh,	homme;	rum,	homme.
luba,	servir, être soumis;	lub,	esclave.
sabar-rukim,	bataille, massacre;	sibir,	couper, moissonner.
satanika,	étendu;	sud,	étendre.
sini,	donner;	sem,	donner.
sera,	poser;	sil,	poser.
as,	chant, hymne;	as,	imprécation, enchantement.
siya,	voir;	si,	voir.
zauvin,	ombre, protection;	izmi,	ombre, protection.

La permutation de *r* et de *l*, que nous avons admise dans une partie de ces rapprochements, est très-fréquente en accadien.

Nous aurons à établir plus loin d'autres comparaisons du même genre

ture antérieure à celle de la Babylonie même, puisque les Chaldéens l'appelaient par excellence « le Pays antique », et assez puissant pour entreprendre de lointaines conquêtes vingt-trois siècles avant notre ère. Ce curieux pays, placé à la limite commune des races diverses de l'Asie occidentale, les voyait, du reste, presque toutes confondues et enchevêtrées sur son sol, à l'époque historique. On y rencontrait en même temps des Sémites, auxquels l'ethnographie de la Genèse (1) réserve particulièrement le nom d'Elam, des nations touraniennes nombreuses, auxquelles la Bible et la géographie classique appliquent les appellations de Susiens,—c'est le nom même qu'ils se donnaient, *Susinak*, — d'Apharséens ou Amardes — *Hafarti*, nom que les inscriptions proto-médiques étendent à toute la Susiane (2)— et d'Uxiens — c'est le mot perse *Uvaja*, « les autochthones, » par lequel les inscriptions persiques désignent la même contrée (3), — enfin les Cissiens et les Cosséens, descendus de Cham par la branche de Kousch (4) et tellement mêlés de sang

entre des mots susiens et des mots accadiens ou proto-médiques. Il semble qu'en général les langues touraniennes de la haute antiquité, du moins en Chaldée, en Médie et en Susiane, avaient plus d'unité de lexique que les langues modernes de la même famille.

(1) x, 22.
(2) Norris, *Journal of the Royal Asiatic Society*, t. XV, p. 4 et 164.
(3) C'est de là que vient le Khouz des Arabes.
(4) Le cycle des fables éthiopiques ou céphéniennes, c'est-à-dire kouschites, s'étend à la Susiane comme à la Babylonie : voy. Ch. Lenormant, *Introduction à l'histoire de l'Asie occidentale*, p. 240 et suiv.; Knobel, *Die Vœlkertafel der Genesis*, p. 249.
Le fameux Memnon de Suse, qui joue un si grand rôle dans ces fables, n'est peut-être pas autre que le grand dieu indigène susien Oumman ou Amman, nommé aussi Amman-Kasibar (Smith, *History of*

mélanien, que les bas-reliefs ninivites les représentent presque nègres. Les Aryas seuls paraissent absents de la Susiane, à l'époque où les rois assyriens de la dernière dynastie, comme Sennachérib et Assourbanipal, en poursuivent la conquête ; c'est avec les Achéménides qu'ils y pénétrèrent, quand ceux-ci, séduits par les avantages de la position de Suse, en firent une de leurs capitales. Tous les peuples de races diverses que je viens de nommer paraissent avoir conservé jusqu'après la chute de l'empire perse leur nationalité distincte ; ils étaient juxtaposés sans se confondre, comme le sont aujourd'hui les populations d'origines variées qui habitent la Hongrie. Leurs types anthropologiques différents se distinguent de la manière la plus caractérisée dans les figures de prisonniers susiens que nous offrent les tableaux de guerre sculptés sur les murailles des palais de l'Assyrie (1). Mais depuis les temps les plus reculés, c'est à l'élément touranien de la population qu'appartenait la suprématie politique, et il la garda jusqu'à ce qu'il fut, sous les Achéménides, supplanté par l'élément nouveau des Iraniens. C'est la population touranienne qui avait imposé sa langue aux autres, du moins dans l'usage officiel et comme idiome commun. Les rois mêmes des Kassi ou Cissiens, qui conquirent la Babylonie avec Hammouragas et y maintinrent leur domination pen-

Assurbanipal, p. 228), dont l'appellation entre comme élément composant dans les noms propres royaux Oumman-minan, Te-Oumman, Oumman-aldas, Oumma-nigas, Oumman-appa, Oumman-amni, etc.

(1) G. Rawlinson, *The five great monarchies*, 2e édit., t. II, p. 500.

dant plusieurs siècles, portaient des noms empruntés à cette langue (1). Nous avons un certain nombre d'incriptions susiennes tracées avec l'écriture cunéiforme, dont un type assez antique se maintint fort tard dans cette

(1) Il semble pourtant, d'après les noms propres de rois de la dynastie Cissienne et d'autres individus de la même origine, donnés avec traduction assyrienne dans une tablette du Musée Britannique (W. A. I. II, 65, 2), qu'il y avait une certaine différence dialectique entre le langage des Kassi et celui des Susiens proprement dits. Ainsi, pour « adoration », l'on y disait *kadar*, tandis que les Susiens disaient *kudhur;* « protéger » y était *nimgi* et en susien *niga* ou *nagi*.

Surtout les dieux des Kassi, dont les appellations entrent dans ces noms propres, sont tout à fait différents de ceux des Susiens. Ce sont Kit, assimilé au Samas chaldéo-assyrien ; Khali, assimilée à Goula ; Mourbat ou Kharbat, identifié à Bel ; Sibarrou, qu'on traduit en assyrien par Simalia; Dounyas, Bouryas, Sikhou, Soumou. Chez les Susiens, nous ne retrouvons aucun de ces noms. Parmi les dieux que nous font connaître les inscriptions indigènes ou les récits des guerres d'Assourbanipal en Susiane, nous rencontrons d'abord, au sommet de la hiérarchie divine, Sousinka, le dieu national de Suse, et Nakhkhounte, déesse qui, nous dit-on, avait dans cette ville son image, invisible aux profanes, dans le fond d'un bois sacré. La déesse Nakhkhounte paraît être celle qu'on avait identifiée avec la Nana de la Chaldée, après la conquête de la fameuse statue enlevée de la ville d'Érech (W. A. I. III, 23, 1. 9-14 ; 35, 1 et 2 ; 36, 2 ; 38, 1), épisode qui a laissé des traces dans des légendes mythologiques bien postérieures (S. Melit., *ap. Spicileg. Solesm.*, t. II, p. XLIII; Renan, *Mém. de l'Acad. des Inscr.*, nouv. sér., t. XXIII, 2e part., p. 322 et suiv.; voy. mon *Commentaire des fragments cosmogoniques de Bérose*, p. 100); ce serait donc elle que les Grecs auraient appelée Artémis Nanæa (Joseph., *Ant. Jud.*, XII, 9, 1 ; I Maccab., I, 13 et 15). Au-dessous de ces deux personnages viennent six dieux, qu'Assourbanipal signale comme de premier ordre et qui paraissent avoir été groupés en deux triades, correspondant peut-être aux deux triades supérieures de la religion chaldéo-babylonienne, Soumoud, Lagamar et Partikira, Oumman ou Amman, qui semble avoir été un dieu solaire, Oudouran, probablement lunaire, et Sapak. Enfin les annales d'Assourbanipal mentionnent douze dieux et déesses d'une moindre importance, dont les images furent également enlevées dans le sac de Suse, Ragiba, Soungamsara, Karsa, Kirsamas, Soudoun, Aipaksina, Bilala, Panidimri, Silagara, Napsa, Nabirtou et Kindakarbou. Il faut encore y joindre Lagouda, dont le culte s'était établi à Kisik en Chaldée, et un dieu dont le nom, rendu par Khoumba dans les transcriptions assyriennes, est Khoumboume dans les documents susiens originaux. Il serait cepen-

contrée. L'idiome en est manifestement touranien, mais il n'a pas encore été assez étudié pour que l'on puisse déterminer exactement à quel groupe il se rattache dans cette famille; on aperçoit seulement des rapprochements à faire à la fois avec le proto-médique d'un côté, et avec l'accadien de l'autre (1).

dant possible qu'un seul et même nom susien ait donné naissance, dans les transcriptions assyriennes, aux deux formes Khoumba et Oumman. Quant à *taki* ou *tagu*, exprimé idéographiquement par les deux signes « dieu-grand », c'est plutôt un mot de la langue qu'un nom propre divin.

(1) Toutes les inscriptions en langue susienne jusqu'à présent connues, et dont on a des copies sûres, sont réunies dans le 2ᵉ fascicule de mon *Choix de textes cunéiformes*. La publication de ces documents, faite pour la première fois, ne permettra plus de donner, comme l'ont fait quelques savants, le nom d'« élamite » au proto-médique. La distinction des deux langues deviendra évidente pour tous.

D'après ces inscriptions, voici les faits que j'ai déjà pu constater dans l'idiome susien :

Grammaire :

Il y a deux modes de formation du pluriel, l'un en *mes*, comme dans l'accadien, l'autre en *ib*, comme dans le proto-médique : *s'unki*, « empire », pluriel *s'unkib*.

Les cas de déclinaison se forment au moyen de postpositions; parmi celles-ci, *na* marque le génitif ou l'ablatif.

Le génitif peut s'exprimer, comme en accadien, par une valeur de position, sans ajouter une finale casuelle : *s'unkik Anzan*, « souverain d'Anzan. »

Le génitif, également comme en accadien, suit toujours le substantif dont il dépend.

L'adjectif, au contraire, se place avant son substantif : *gik s'unkik*, « souverain puissant. »

Le susien, de même que l'accadien, forme des noms d'agents par l'addition d'une particule postposée *ik* : *s'unki*, « empire », *s'unkik*, « souverain ».

Les adjectifs se forment en *ak*, ce qui rappelle la formative *ga* de l'accadien ou les participes passifs du proto-médique : *Susinak*, « Susien »; *libak*, « fort, vaillant », d'une racine *liba*.

Le pronom affixe de la 3ᵉ personne est *ni*, comme en accadien.

Lexique :

Parmi les mots, en petit nombre, dont on peut déterminer le sens

Que si nous tournons maintenant nos regards vers le massif montueux d'où descendent les deux grands fleuves de la Mésopotamie, nous y trouvons les Touraniens établis en maîtres exclusifs jusqu'au IXe et au VIIIe siècle. La parenté des noms géographiques et des noms propres d'hommes, cités en très-grand nombre dans les inscriptions assyriennes, permet de rétablir une chaîne de populations de même race que les Accads et que les premiers habitants de la Médie, qui, à partir de ce dernier pays, s'étend dans la direction de l'ouest jusqu'au cœur de l'Asie Mineure. Ce sont d'abord les vieilles tribus touraniennes de

avec certitude, une portion notable sont étroitement apparentés à des mots accadiens :

an, dieu, accadien :	*an*
annap, dieu,	*annab*.
anin, roi,	*anai*.
ua, maison,	*éa*.
gik, puissant,	*gig* (être violent).
kit, soleil,	*kittu* (soleil couchant).
kusih, recteur,	*kus* (diriger).
khal, grand,	*gal*.
libak, fort, vaillant,	*lab*.
meli, homme,	*mulu*.
raga, *ragas*, créer, engendrer,	*rak* (vulve, femelle).

D'autres mots, qui n'ont pas de correspondant en accadien, possèdent leurs parallèles, non moins évidents, en proto-médique :

aak, et, aussi, proto-médique :	*aak*.
niga, *nagi*, protéger,	*nisgi*.
s'unki, empire,	*s'unkuk* (roi).
s'unkik, souverain,	
sak, fils,	*sakri*.

Enfin quelques-uns demeurent encore *sui juris* et ne se prêtent jusqu'à présent à aucune comparaison, comme :

burna, loi.
kudhur, adoration, service.
nazi, seigneur, auguste.

l'Atropatène, rejetées plus tard par les Mèdes iraniens dans les montagnes qui bordent la mer Caspienne et désignées dans cette retraite jusqu'aux temps classiques par l'appellation de Non-Aryens (Anariacæ). Viennent ensuite les nombreuses peuplades qui habitent, — au sud de l'Arménie, que ne tiennent pas encore les Arméniens de sang aryen, mais les Alarodiens étroitement apparentés aux Géorgiens actuels (1), — qui habitent, dis-je, le pays désigné par les Assyriens sous le nom de Nahiri, c'est-à-dire les montagnes où le Tigre prend sa source, et où leurs descendants, complétement aryanisés dans le cours des siècles, gardent du moins encore aujourd'hui le nom de Kurdes, qui témoigne, comme je l'ai déjà dit, de leur parenté primitive avec les Chaldéens de race touranienne, de même que le nom d'Accad, appliqué quelquefois par les Assyriens à cette région, aussi bien qu'à la Chaldée du sud. De là, toujours en marchant à l'occident, nous atteignons les peuples de Mesech et de Tubal, que l'étude de leurs noms propres rattache définitivement au même groupe ethnique, et qui, affaiblis déjà et refoulés en partie par des peuples d'une autre origine au temps de Sargon l'Assyrien (fin du VIII siècle), apparaissent dans l'éclat d'une puissance prépondérante sur presque toute l'Asie Mineure au XII siècle, au temps de leurs grandes guerres avec Teglathphalasar Ier. Ils ne sont pas alors confinés, comme plus tard, dans d'étroits cantons de la Paphlagonie et du Pont; mais outre ces deux provinces, ils occupent

---

(1) Voy. la seconde de mes *Lettres assyriologiques*, 1re série, t. I.

entièrement la chaîne du Taurus et la Cappadoce, où les écrivains classiques signalent aussi leur antique présence, attestée par le nom de la ville de Mazaca, et d'où ils furent ensuite rejetés, par les Phrygiens de race aryenne et par les Leucosyriens de race sémitique, dans la direction du Pont-Euxin (1).

Les populations diverses qui, de la Finlande aux bords de l'Amour, habitent encore aujourd'hui le nord de l'Europe et de l'Asie, Finnois et Tchoudes, Turcs et Tartares, Mongols, Tongouses, et dont les travaux des Rask, des Castrèn et des Max Müller ont démontré l'unité linguistique, sont donc les derniers débris, refoulés sous les climats les plus septentrionaux, d'une grande race qui a couvert autrefois une immense étendue de territoire, car nous la voyons répandue dans la haute antiquité sur une grande partie de l'Asie antérieure, et les anthropologistes, de leur côté, signalent d'autres tribus de cette race dans l'Europe préhistorique, avant l'établissement des nations aryennes. J'ai essayé de prouver ailleurs que ce sont ces populations qui ont les premières inventé et pratiqué la métallurgie (2), opinion soutenue également par le baron d'Eckstein et par M. Maury. En tout cas, leur langage, ainsi que l'ont montré MM. Max Müller et de Bunsen, s'est immobilisé dans un état extrêmement primitif et

---

(1) Sur toutes ces populations, voy. G. Rawlinson, *On the ethnic affinities of the nations of Western Asia*, dans le tome Ier de sa traduction d'Hérodote ; et la première de mes *Lettres assyriologiques*, 1re série, tome Ier.

(2) Dans mes *Premières Civilisations*, t. I, p. 103-138.

représente une phase du développement de la parole humaine, antérieure à la formation des idiomes à flexions, tels que les langues sémitiques et aryennes. Ceci seul obligerait d'admettre que cette famille de nations, dont le type anthropologique révèle un mélange du sang de deux des races fondamentales de l'espèce humaine, la blanche et la jaune, où la proportion des deux sangs varie suivant les tribus et fait prédominer tantôt l'un et tantôt l'autre, que cette famille de nations s'est séparée avant les autres du tronc commun, d'où sont sortis tous les peuples qui ont un nom dans l'histoire, et, se répandant au loin la première, s'est constituée en tribus ayant une existence ethnique et distincte, dès une antiquité tellement reculée qu'on ne saurait l'apprécier en nombres. Une intuition historique des plus remarquables avait déjà conduit M. de Bunsen à cette conclusion, quand on ne possédait encore aucune des preuves que les études cunéiformes sont venues fournir depuis quelques années. L'hypothèse du savant Prussien devient maintenant un fait appuyé par de solides arguments et qui tend chaque jour à une démonstration complète. Le jour où il aura été définitivement établi, l'histoire de l'humanité primitive et des plus anciennes migrations des peuples aura fait un grand pas.

C'est à cause de la diffusion primitive de cette race, telle que nous commençons à l'entrevoir, et à la constater même en partie, que je préfère lui donner le nom vague de *touranienne*, malgré l'abus qu'en a fait M. Max Müller, qui englobait sous ce nom des populations dont la parenté avec celles auxquelles il convient réellement est plus que douteuse, par exemple les nations dravidiennes. L'expression d'*allophyles*, proposée par quelques savants anglais, a l'inconvénient d'être si générale qu'elle ne veut plus rien dire ; quant à celle de peuples et de langues *oural-altaïques*, plus généralement admise, elle est, au contraire, trop restreinte, ne s'applique qu'aux tribus actuellement subsistantes, et aurait quelque chose à la fois d'inexact et de bizarre, si on voulait s'en servir pour qualifier les Accads de la Chaldée ou les premiers habitants de la Médie.

FIN

TABLE ANALYTIQUE

DES MATIÈRES

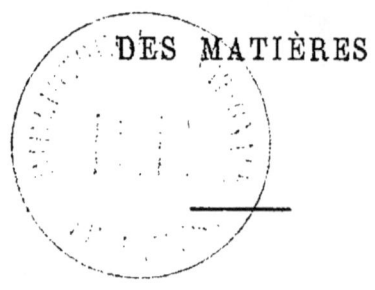

                                                                      Pages.

PRÉFACE... v

CHAPITRE PREMIER. — LA MAGIE ET LA SORCELLERIE DES CHALDÉENS.

I. Premier document donnant une idée générale de la magie chaldéenne; grande litanie en vingt-huit formules contre l'action des démons, les maléfices, les maladies et autres malheurs... 1
Sa traduction par M. Oppert.. 3
Traduction nouvelle de l'auteur.................................... Ibid.
Formules : contre les différents démons........................... Ibid.
    — contre la possession.. Ibid.
    — contre la prostituée sacrée qui manque à son office. 4
    — contre les ulcères.. Ibid.
    — contre les maladies des viscères........................ Ibid.
    — contre l'envoûtement....................................... 5
    — pour la protection de la nourrice et de la femme enceinte... Ibid.
    — contre la fièvre.. Ibid.
    — contre la peste... Ibid.
    — contre la colique.. Ibid.
    — contre les effets des poisons............................. 6
    — contre les effets du froid et du chaud.................. Ibid.
    — contre un démon du désert............................... Ibid.
    — contre la mort subite..................................... Ibid.

TABLE ANANYTIQUE

	Pages.
Formules : pour détourner les chances de captivité et d'accidents.	7
— pour obtenir la protection de génies favorables.	Ibid.
— contre les incubes, les succubes et les fantômes, avec prescription pour préparer un phylactère.	8
— pour chasser les démons.	Ibid.
— pour la guérison d'une maladie des viscères.	9
— pour la protection de la maison.	Ibid.
— adressées à Silik-moulou-khi et au dieu Feu.	Ibid.
— contre les ravages de la mer et des fleuves.	10
— pour chasser les démons.	Ibid.
— pour obtenir la protection du dieu Tourtak.	Ibid.
— invocation finale à Silik-moulou-khi.	11
Le grand recueil magique de la bibliothèque de Ninive.	Ibid.
Généreuse communication de ce texte à l'auteur par sir Henry Rawlinson.	12
Division du recueil en trois livres.	13
Ils correspondent à trois classes des docteurs chaldéens dans Daniel.	Ibid.
Texte primitif en accadien, et version assyrienne.	14
Premier livre, conjurations contre les mauvais esprits.	15
Types de leurs formules.	Ibid.
Forme dramatique qu'elles revêtent quelquefois.	18
Second livre, incantations pour guérir les maladies.	19
Affections qui y sont le plus souvent mentionnées.	Ibid.
Types de leurs formules.	Ibid.
Elles revêtent aussi quelquefois la forme dramatique.	20
II. Richesse de la démonologie chaldéenne.	22
Génies d'ordre supérieur, tantôt bons, tantôt mauvais.	23
Différentes classes de démons proprement dits.	Ibid.
On les met en rapport avec des nombres fractionnaires, comme les dieux avec des nombres entiers.	24
Démons cosmiques.	25
Les sept Maskim, formule contre leurs ravages.	26
Le mauvais sort et ses effets.	28
Esprits des vents funestes.	Ibid.
Démons qui attaquent l'homme, description de leurs ravages.	Ibid.
Lieux où habitent les différents démons.	29
Les démons du désert.	Ibid.
Ils sont admis par les Hébreux.	30
La possession démoniaque.	Ibid.
Histoire de la possession de la princesse de Bakhten, sur la stèle égyptienne de Ramsès XII.	31
Possession par les bons esprits, garantissant contre celle des démons.	32

Les maladies, dans les idées chaldéennes, sont l'œuvre de démons........	33
La médecine n'est qu'une branche de la magie.........	34
Maladies regardées comme des êtres personnels et des démons spéciaux.........	Ibid.
Spectres et fantômes.........	35
Vampires.........	Ibid.
Incubes et succubes.........	36
Lilith chez les Hébreux.........	Ibid.
Le servant femelle.........	Ibid.
Le mauvais œil et les paroles funestes.........	Ibid.
III. Terreur superstitieuse des démons dans laquelle vivent les Hindous.........	37
Il en était de même des Chaldéens.........	Ibid.
Secours que la magie favorable leur offrait contre les influences diaboliques.........	Ibid.
Incantations conjuratoires.........	38
Rites de purification.........	Ibid.
Breuvages enchantés.........	Ibid.
Nœuds magiques.........	Ibid.
Conjurations par la vertu des nombres.........	39
Le nom mystérieux et tout-puissant, qui est le secret du dieu Éa.........	40
Le nom tout-puissant de Dieu chez les Juifs et les Arabes...	41
Les talismans.........	Ibid.
Idée qu'on se faisait de leur puissance.........	42
Formule pour la consécration d'un de ces objets.........	Ibid.
Différentes espèces de talismans : phylactères d'étoffe........	43
Amulettes de pierre dure.........	Ibid.
Images talismaniques.........	44
Figures des dieux protecteurs.........	Ibid.
Formule prescrivant la disposition de ces images dans diverses parties de la maison.........	45
Les Chaldéens croyaient que les dieux se nourrissaient réellement des offrandes.........	46
Emploi des images des démons eux-mêmes pour les repousser.........	47
Types monstrueux donnés aux démons.........	49
Emploi des sculptures talismaniques dans la décoration des palais de l'Assyrie.........	Ibid.
Sens talismanique des dieux combattant des monstres, représentés sur les cylindres.........	51
IV. Distinction de la magie blanche et de la magie noire, de la magie favorable et de la sorcellerie.........	53
Le grand recueil accadien ne contient que des formules de magie favorable.........	Ibid.

	Pages.
Il fournit pourtant des renseignements sur la sorcellerie, en combattant les maléfices......................................	54
Les sorciers en Chaldée...	Ibid.
Pouvoir qu'on leur attribuait......................................	55
Leurs diverses catégories et les variétés de leurs enchantements...	56
Confusion des philtres et des poisons...........................	57
L'envoûtement...	Ibid.
Sa pratique par les sorciers nabatéens du moyen âge.........	58
Les imprécations, leurs effets et leur puissance..............	59
Formules typiques des imprécations, exemple du Caillou Michaux...	60

CHAPITRE II. — COMPARAISON DE LA MAGIE ÉGYPTIENNE ET DE LA MAGIE CHALDÉENNE.

I. Distinction des différentes espèces de magie, d'après leurs conceptions fondamentales..	63
Naturalisme grossier et enfantin des peuples sauvages......	64
La magie y est le seul culte...	Ibid.
On n'y distingue pas encore la magie favorable et funeste....	65
Seconde phase de cette magie des peuples barbares, produite par l'introduction d'un principe de dualisme................	Ibid.
Le prêtre magicien se distingue du sorcier....................	66
Cette magie primitive survit quelquefois à l'adoption d'une religion plus haute et plus philosophique, à laquelle elle se subordonne...	Ibid.
C'est ce qui est arrivé en Chaldée................................	67
Magie théurgique, ses caractères.................................	Ibid.
Elle est fondée sur la doctrine des émanations et sur l'idée que les rites magiques peuvent assimiler l'homme aux dieux...	Ibid.
Théurgie des Néoplatoniciens......................................	68
L'ancienne magie égyptienne était toute théurgique.........	69
Dernière espèce, la magie qui accepte d'être diabolique......	Ibid.
C'est celle du Moyen Age et des Musulmans....................	Ibid.
Celle aussi des bouddhistes de Ceylan..........................	Ibid.
II. L'Egypte et la Chaldée sont pour l'antiquité les foyers d'origine de la magie..	70
Différence de principes des écoles magiques de ces deux contrées..	Ibid.
Coup d'œil sur les doctrines essentielles de la religion égyptienne...	71
Unité fondamentale de l'être divin...............................	72
Sa division en un polythéisme réel...............................	Ibid.

	Pages.
Les Egyptiens étaient avant tout préoccupés du sort de l'âme après la mort et de l'autre vie.............................	72
Assimilation de la destinée humaine à la course du soleil.....	73
L'adoration du Soleil est la base de la religion égyptienne...	Ibid.
Divinités dans lesquelles on personnifie ses différents aspects..	Ibid.
Anthropomorphisme qui se mêle à ces données sabéistes....	74
Osiris, le Soleil infernal..	75
Sa lutte contre le principe ténébreux et mauvais, Set........	Ibid.
Légende de la mort d'Osiris et de la vengeance de son fils Horus...	Ibid.
La vie future et la résurrection.....................................	76
L'embaumement des corps, son origine...........................	77
Responsabilité de l'âme..	78
Son jugement et les châtiments des méchants.................	Ibid.
Luttes que l'âme du défunt doit soutenir dans le monde infernal.	79
Osiris, type et compagnon protecteur de tout défunt.........	Ibid.
Assimilation de chaque mort à Osiris...........................	80
III. Liaison de la magie égyptienne avec les doctrines eschatologiques..	Ibid.
Emploi d'incantations et d'amulettes pour la protection du défunt dans les épreuves de l'autre vie.............................	Ibid.
Formules qui donnent un caractère talismanique à certains chapitres du *Rituel funéraire*.....................................	81
Chapitres du même livre qui prescrivent la fabrication d'amulettes...	82
Formules de magie funéraire qui n'ont pas été admises dans le *Rituel*...	83
Tous les chapitres du *Rituel* qui ont un caractère incantatoire reposent sur cette donnée que les rites et les paroles sacrées peuvent assimiler l'homme aux dieux...........................	84
L'application de ce principe à l'existence terrestre est le point de départ de toute la magie protectrice égyptienne..........	85
Set y personnifie le mal, comme dans la magie funéraire....	Ibid.
C'est toujours en se proclamant tel ou tel dieu que l'homme, dans les formules égyptiennes, repousse les dangers et les mauvaises influences..	87
La vertu divine peut même être communiquée à des animaux par les formules magiques.......................................	89
Absence de développement démonologique dans la magie égyptienne...	Ibid.
Prétention de cette magie à commander aux dieux..........	90
Pouvoir impératif attribué aux noms sur les dieux...........	91
Scrupules de Porphyre au sujet de ces formules de contrainte.	Ibid.
Dangers de la possession des formules magiques pour ceux qui n'étaient pas suffisamment initiés, le roman de Setna...	92

	Pages.
La science des noms divins dans la religion égyptienne.......	92
Rôle de ces noms dans la magie............................	93
Différence de la notion de la valeur des noms en Egypte et en Chaldée...	94
Valeur particulière attribuée par les Egyptiens aux noms bizarres et étrangers......................................	95
Ancienneté de cette idée...................................	Ibid.
Emploi de noms de ce genre dans le *Rituel funéraire*.........	96
Origine de quelques-uns d'entre eux.......................	Ibid.
Possibilité d'une influence de la magie des populations africaines sur celle de l'Egypte...............................	Ibid.
IV. Différences essentielles de la magie égyptienne et de la magie chaldéenne..	97
Pas de trace des esprits élémentaires en Égypte.............	Ibid.
La magie chaldéenne ne prétend pas contraindre les dieux...	Ibid.
Elle les implore...	98
Elle ne prétend pas pénétrer la connaissance du nom divin tout-puissant, qui reste le secret du dieu Èa...............	Ibid.
Simplicité et clarté des formules magiques chaldéennes......	Ibid.
Leur caractère primitif...................................	99
Ces formules conservent les vestiges d'une religion antérieure au système de la religion savante qui finit par prévaloir, dans l'usage officiel, sur les bords de l'Euphrate et du Tigre..	Ibid.

CHAPITRE III. — LA RELIGION CHALDÉO-BABYLONIENNE ET SES DOCTRINES.

I. La religion officielle de Babylone et de la Chaldée dans son système définitif..	101
C'est celle qu'adoptèrent les Assyriens.....................	Ibid.
Unité fondamentale de l'être divin.........................	102
Rôle essentiel des astres et des conceptions sidérales........	103
Parenté avec les religions syro-phéniciennes................	Ibid.
Ilou, dieu suprême et premier principe.....................	Ibid.
Son caractère vague et indéterminé........................	104
Le premier principe se détermine mieux sous la forme d'Assur.	Ibid.
Émanations successives qui en découlent...................	Ibid.
La première triade, Anou, Nouah et Bel....................	Ibid.
Triade féminine qui la double.............................	105
La deuxième triade, dieux des grands corps sidéraux, Sin, Samas et Bin...	106
Principe de composition de toutes ces triades...............	107
Dédoublement de tous les dieux en une dualité conjugale...	Ibid.
Les dieux planétaires.....................................	Ibid.
Leur relation avec les dieux supérieurs.....................	108

Comment on comptait les douze grands dieux............... 108
Les dieux mineurs.. 109
Personnages divers de second ordre....................... 110
Dieux locaux... Ibid.
Dieux des constellations...................................... 111
Génies et esprits.. 112
Multiplication des personnages surnaturels, dieux et esprits.. Ibid.
Les dieux de la vieille religion magique d'Accad ont trouvé place dans les rangs inférieurs de ce monde surnaturel.... Ibid.

II. Ce système savant est l'œuvre d'une grande réforme religieuse, analogue à celle du brahmanisme................ 113
Sa date... 114
État antérieur de la religion................................. Ibid.
Caractère local de l'adoration des différents dieux...... 115
Analogie de cet état avec celui où en sont restées les religions de la Syrie et de la Palestine............................. 116
Conceptions fondamentales.................................. 117
Unité primordiale de l'être divin........................... Ibid.
Sa décomposition en une dualité conjugale.............. 118
Caractère vague et flottant des personnages du Panthéon.... 119
La plupart sont originairement des personnifications solaires. 120
Le caractère planétaire des dieux ne se manifeste que plus tard... Ibid.
Exceptions à cette règle d'un caractère solaire : Sin, le dieu Lune... 121
Anou, le dieu Temps et Monde............................. 122
Les livres magiques d'Accad font remonter à un état religieux encore antérieur et transportent dans un autre monde..... 124

CHAPITRE IV. — SYSTÈME RELIGIEUX DES LIVRES MAGIQUES D'ACCAD.

I. Les livres magiques d'Accad ne reposent pas sur la religion chaldéo-babylonienne....................................... 125
Les dieux y sont autres...................................... Ibid.
Les formules magiques n'invoquent pas les dieux chaldéo-babyloniens, mais leurs esprits, considérés comme des êtres distincts... 126
Distinctions d'époques à faire entre les morceaux du grand recueil magique... 129
Les livres magiques d'Accad renferment les éléments d'un système religieux complet, différent de la religion chaldéo-babylonienne, antérieur et appartenant à une autre race.. 131
Antagonisme prolongé des deux religions................ Ibid.
La grande réforme sacerdotale les pacifie................ 132

	Pages.
Elle admet la vieille religion magique d'Accad, mais dans une position subordonnée	133
Les magiciens sont reçus dans le corps sacerdotal	Ibid.
II. La religion d'Accad est une religion des esprits élémentaires.	**134**
Elle peuple tout l'univers d'esprits personnels	Ibid.
On n'y voit aucune trace d'une notion fondamentale d'unité divine	135
Dualisme dans le monde des esprits	Ibid.
Les rites magiques sont en rapport avec ce dualisme	137
Hiérarchie des esprits favorables	138
Les dieux sont des esprits de même nature que les autres	139
Le caractère plus étendu de leurs attributions les distingue seul	Ibid.
Difficulté, dans l'état actuel de la science, de déterminer le rôle de certains dieux	140
Conception de l'univers particulière aux Chaldéens	141
La terre et sa forme	Ibid.
Le ciel	142
L'océan	143
L'atmosphère	Ibid.
Les grands dieux des trois zones du monde	144
Anna et son empire céleste	Ibid.
Éa, roi de la surface terrestre et de l'atmosphère	145
Sa domination sur les eaux et sa forme de poisson	146
Son rôle de dissipateur des maléfices et de dieu de l'intelligence	147
Davkina, épouse de Éa	148
Éa et le Nouah chaldéo-babylonien	Ibid.
Son rôle dans la légende du déluge	149
Le vaisseau de Éa	Ibid.
Les armes symboliques de Éa	150
Moul-ge et son empire infernal	152
Nin-ge et Nin-ki-gal, les deux déesses chthoniennes	153
L'enfer	Ibid.
Traits sombres sous lesquels on le dépeint	154
Absence d'idée de rémunération dans l'autre vie	155
La résurrection	Ibid.
Les sept cercles de l'enfer chaldéo-babylonien	156
L'enfer des Accads	Ibid.
La montagne de l'Occident, auprès de laquelle est l'entrée de cet enfer	Ibid.
Description de l'enfer accadien dans les hymnes d'une liturgie funèbre	157
Les démons naissent et habitent dans l'enfer	160
Esprits favorables de la même région	Ibid.
Le dualisme n'est donc qu'apparent et sans valeur morale	161

Nin-dar, le soleil de nuit, enfant des enfers.....................	161
Il est le dieu des trésors cachés................................	162
Origine chaldéenne des idées sur la valeur talismanique des gemmes...	Ibid.
Les dieux de la métallurgie chez les peuples touraniens....	163
Ces dieux dans la religion d'Accad........................	Ibid.
III. Les dieux et les esprits de la zone superterrestre..........	164
Oud, le soleil diurne.......................................	Ibid.
Il dissipe les sortiléges comme les ténèbres..................	Ibid.
Il est invoqué pour la guérison de certaines maladies........	166
La maladie considérée quelquefois comme un châtiment des dieux..	167
Les vents, leur dieu, Im, et les esprits spéciaux de chacun d'eux...	168
Les personnifications de l'élément humide....................	Ibid.
Le feu, son dieu...	169
Il est un grand dissipateur des démons et des maléfices.......	170
On l'adore dans la flamme du sacrifice......................	171
Dans le foyer domestique...................................	Ibid.
Il est aussi le feu cosmique................................	172
Ce dieu n'est plus qu'à peine connu à l'époque assyrienne...	173
Il passe sous une forme héroïque dans l'épopée.............	Ibid.
Nécessité d'un médiateur entre l'homme et Éa...............	Ibid.
Ce rôle est celui du dieu Silik-moulou-khi...................	174
Il est aussi le dieu de la résurrection.......................	175
Identification qu'on établit entre lui et le Mardouk de Babylone.	176
Analogie du rôle de Silik-moulou-khi avec celui du Mithra perse...	177
Points de contact entre la religion accadienne et le mazdéisme dans sa seconde époque.................................	178
Possibilité d'une influence chaldéenne sur la religion de Zoroastre...	Ibid.
Possibilité d'une parenté entre la religion accadienne et celle des Mèdes anté-iraniens..................................	179
Question de l'origine du culte du feu dans le mazdéisme.....	180
Le dieu attaché à chaque homme dans les idées des Accads et les fravaschis mazdéens.................................	181
Les esprits des dieux distingués comme des entités séparées et les fravaschis des anges et d'Ahouramazdâ................	183

Chapitre V. — Les Religions et la Magie des peuples touraniens.

I. Naturalisme démonologique des populations sibériennes.....	185
Leur culte magique et leurs prêtres sorciers.................	186
Idée que la maladie est un être personnel, son attaque une possession démoniaque..................................	187

	Pages.
Parenté de ce naturalisme et de cette sorcellerie avec la religion des Accads..	188
Ce qui reste pourtant de douteux encore dans les rapprochements établis de ce côté..	189
Caractère plus important et plus certain des faits constatés chez les Mèdes et chez les Finnois....................................	190

II. Valeur capitale de l'étude des faits relatifs à la Médie dans la question des origines touraniennes de la Chaldée......... 191

Le peuple touranien des Proto-Mèdes et sa langue............	192
Il se maintient sous la domination des Iraniens jusqu'au temps des Achéménides..	Ibid.
Distinction du magisme médique et du zoroastrisme pur.....	193
Les doctrines mazdéennes durent s'altérer de bonne heure chez les Mèdes iraniens..	195
Lutte du magisme et du mazdéisme sous les premiers Achéménides..	Ibid.
Les mages, vaincus dans la lutte, s'introduisent par une voie détournée à la cour des rois de Perse............................	Ibid.
Corruption du mazdéisme sous leur influence.................	196
Le titre sacerdotal de mage perd, sous les Sassanides, son ancienne signification hétérodoxe.................................	Ibid.
Esprit et doctrines du mazdéisme primitif dans sa pureté.....	197
Ahouramazdâ..	Ibid.
Angrômainyous...	198
Horreur des Perses pour l'idolâtrie.................................	199
Les renseignements d'Hérodote sur la religion des Perses...	Ibid.
Il faut les appliquer au magisme médique......................	200
Culte des éléments..	Ibid.
Adoration du feu..	Ibid.
Le culte des astres ne s'introduit que tard dans le mazdéisme.	201
Son importance dans le magisme médique.....................	Ibid.
Il y provient d'une influence assyrienne, aussi bien que le personnage d'Anâhitâ..	202
Esprit de panthéisme du magisme médique....................	203
Il admettait le dualisme mazdéen.................................	Ibid.
Mais l'antagonisme des deux principes n'y était qu'apparent..	204
Zrvâna-akarana, source commune d'Ahouramazdâ et d'Angrômainyous..	Ibid.
C'est la traduction iranienne d'une conception de la religion des Proto-Mèdes touraniens.......................................	205
Adoration d'Angrômainyous dans le magisme.................	206
Il se confond avec l'ancien dieu-serpent de la population touranienne..	207
Azhi-Dahâka et Astyage...	208
Culte d'Anâhitâ chez les Mages...................................	209
Le Mithra femelle d'Hérodote.....................................	Ibid.

DES MATIÈRES

	Pages.
Liaison étroite d'Anâhitâ et de Mithra	210
Leur couple solaire et lunaire	211
Le double Mithra	Ibid.
Mithra et Silik-moulou-khi	212
Les pratiques de sorcellerie et de divination dans le magisme médique	213
Les baguettes mantiques	Ibid.
Les mages deviennent, pour le monde grec, les types des enchanteurs	214
Part considérable de la vieille religion touranienne des Proto-Mèdes dans le magisme	215
III. La mythologie et l'épopée des Finnois	216
Esprit général du paganisme finnois	Ibid.
Mythologie née du vieux fond de la religion des esprits	217
Sa parenté avec la mythologie des Accads	Ibid.
Prêtres magiciens et sorciers malfaisants	218
Différentes espèces de sortiléges	Ibid.
Médecine purement magique	219
Puissance immense attribuée par les Finnois aux enchantements	Ibid.
Le bâton céleste, talisman supérieur à tous les sortiléges	221
Hiérarchie divine	Ibid.
Les trois dieux supérieurs	Ibid.
Leur ressemblance avec les trois grands dieux d'Accad	222
Wäinämöinen et Êa	Ibid.
Les paroles suprêmes et toutes-puissantes	223
Culte des éléments et de tous les objets de la nature	224
Le feu	Ibid.
Le soleil	Ibid.
Esprits partout répandus	225
Les dieux mineurs; physionomie particulière que leur donne la nature du Nord	Ibid.
Différences et ressemblances avec les dieux des Accads	226
Les dieux des bois	Ibid.
Ceux des troupeaux	227
Ceux de la pêche	Ibid.
Les dieux de la métallurgie	Ibid.
Le fer chez les Finnois et le bronze chez les Accads	228
Esprit divin attaché à chaque homme	229
Analogie de cette conception avec celle que nous avons observée dans la religion accadienne	Ibid.
Dualisme dans la religion des Finnois	230
La région des ténèbres et de la mort	Ibid.
Les démons	231
Les sorciers	232
Les exorcismes	Ibid.

	Pages.
Les maladies considérées comme des êtres personnels........	233
Formules pour les chasser, leur analogie avec les incantations accadiennes..	234
Formules pour la guérison des blessures....................	236

Chapitre VI. — Le Peuple d'Accad et sa Langue.

I. Résultat des recherches précédentes, la constatation de l'existence d'une famille touranienne de religions, à laquelle appartient la religion des livres magiques d'Accad............ 239
Rédaction de toutes les formules magiques en langue accadienne.. 240
Version assyrienne qui les accompagne..................... Ibid.
Il y avait donc en Chaldée une langue spéciale à la magie.. 241
C'est là un indice nouveau de l'origine de la magie chaldéenne, comme apport d'une race déterminée.............. 242
Caractère touranien de la langue accadienne............... Ibid.
Travaux des savants à ce sujet 243

II. L'accadien est le type d'un groupe particulier dans la famille touranienne.. 244
Ses affinités spéciales avec le groupe ougro-finnois........ 246
Observations générales sur son vocabulaire................. 247
L'accadien permet des rapprochements nouveaux entre des mots de différents groupes touraniens.................... 250
C'est la grammaire qui fait l'unité de la famille touranienne.. 251
Caractères grammaticaux de l'accadien.................... Ibid.
Formation du pluriel..................................... 252
Postpositions casuelles de la déclinaison.................. Ibid.
Pronoms.. 253
Conjugaison verbale..................................... 255
Le verbe négatif.. 256

III. Affinités de l'accadien avec le basque.................... 257
Rapport de position du génitif avec le substantif dont il dépend. Ibid.
Place du pronom dans l'agglutination verbale.............. Ibid.
Incorporation du pronom régime au verbe................. 258
Certaines postpositions casuelles......................... Ibid.
Tous les faits qui constituent ces affinités se retrouvent sporadiquement dans d'autres langues touraniennes........... 259
Position du génitif en votiaque........................... Ibid.
Comparaison du verbe accadien et du verbe tongouse....... 260
Etats successifs de l'agglutination verbale dans les langues touraniennes.. Ibid.
Incorporation du pronom régime au verbe dans le mordvine. 261
Postposition du cas de motion en accadien et en proto-médique.. 262

DES MATIÈRES

Question de la parenté du basque et des langues touraniennes. 262
Importance de l'accadien dans la philologie touranienne..... 263

CHAPITRE VII. — LES TOURANIENS EN CHALDÉE ET DANS L'ASIE ANTÉRIEURE.

I. Variété des populations en Babylonie et en Chaldée......... 265
Faits qui augmentèrent cette variété dans le cours des temps historiques.. 266
Le dualisme originaire de Soumir et d'Accad................ Ibid.
Soumir et Sennaar... 267
Dualisme parallèle des Céphènes et des Chaldéens dans les récits d'Hellanicus.. Ibid.
Les Céphènes sont les Kouschites de la Genèse............. 268
Les Chaldéens constituent la plus ancienne population...... 269
Les Chaldéens identiques aux Accads....................... 270
Dualisme linguistique de la Chaldée dès les temps les plus anciens, l'assyrien et l'accadien............................ Ibid.
Pour les Assyriens, la langue sémitique était la langue de Soumir et l'idiome touranien celui d'Accad.................... 271
Inexactitude du nom de langue assyrienne.................. Ibid.
On la parlait bien longtemps avant qu'il fût question d'un peuple assyrien.. 272
Au temps de Sargon Ier, l'Assyrie n'était pas encore constituée en corps de nation... 274
L'assyrien, langue de la famille dite sémitique, était en Chaldée et en Babylonie l'idiome de l'élément kouschite de la population... 275
Une grande partie des peuples chamites, en particulier tous ceux de Kousch, parlaient des langues qualifiées de sémitiques.. 276
Parenté linguistique et ethnographique des peuples de Sem et de Cham.. 277
Les Chamites, première couche civilisée de la même famille de peuples que les Sémites................................ Ibid.
En quoi ils diffèrent cependant............................. 278
Métissage des Chamites avec une race mélanienne........... 279
Le dualisme des Touraniens et des Kouschites en Chaldée se marque également dans l'histoire, dans le langage et dans la religion... 280

II. La grande civilisation de Babylone et de la Chaldée naît du mélange de ces deux races.................................. 281
Apports de l'une et de l'autre à l'œuvre mixte.............. 282
L'écriture cunéiforme est due aux Touraniens............... Ibid.
Elle a été inventée dans un autre pays que la Chaldée...... 284

TABLE ANALYTIQUE

	Pages
Souvenirs que les Accads gardaient d'un berceau plus septentrional	285
Leur parenté avec les Chaldéens et Gordyéens du Kurdistan.	Ibid.
Légendes chaldéennes sur la montagne de l'Orient	286
Etat encore peu avancé des tribus touraniennes qui peuplèrent la Chaldée, à l'époque de l'invention de leur écriture	287
La magie et les premiers éléments de l'agriculture de la Chaldée sont dus aussi à la population touranienne primitive	Ibid.
Apports des Kouschites : l'astrologie et l'astronomie	288
La langue assyrienne est toujours l'idiome des documents de ces sciences	Ibid.
L'élément sémito-kouschite fait prévaloir définitivement sa religion et sa langue	289
Epoque où l'assyrien supplanta l'accadien	Ibid.
L'accadien était déjà une langue morte et savante sous les rois de Babylone de la dynastie Cissienne	290
Restauration momentanée de son étude, et même de son emploi, dans les écoles palatines d'Assourbanipal	291
Date antérieure du triomphe de la religion chaldéo-babylonienne comme religion officielle, même dans le pays d'Accad	292
La collection des hymnes liturgiques en accadien aux dieux de cette religion	293
L'existence exclusive de la religion démonologique des livres de magie d'Accad remonte avant toute histoire monumentale	294
Likbagas, roi d'Our, le premier dont on ait des inscriptions, le grand bâtisseur des temples pyramidaux de la Chaldée	295
Ce type de constructions sacrées est intimement lié aux données de la religion chaldéo-babylonienne	296
Dévotion de Likbagas aux dieux de cette religion	Ibid.
Distinctions à établir au point de vue de l'histoire et du génie entre Babylone et l'Assyrie	297
Entre la civilisation de Babylone et celle de la Chaldée dans les âges primitifs	298
Epoque où se forma définitivement la civilisation chaldéo-babylonienne	299
La part de l'élément kouschito-sémitique y fut prépondérante.	Ibid.
III. Doutes qui restent dans l'esprit de quelques savants sur l'existence et le rôle des Touraniens dans la Chaldée primitive	300
Objections de M. Renan	Ibid.
Discussion de ces objections	301
Sévérité exagérée de M. Renan dans son appréciation du rôle historique des Touraniens	302

DES MATIÈRES

	Pages
Existence d'une civilisation touranienne primitive	303
Dans quelle mesure elle était développée, au moins en Chaldée.	304
Cette civilisation n'a été qu'un des facteurs de celle de Babylone	305
Elle n'en a pas même été le principal	306
Ce qui constitue l'individualité d'une race en histoire	307
Toutes ces conditions se trouvent réunies pour les Touraniens de la Chaldée	Ibid.
Leur langue	Ibid.
Leur littérature	308
Leur religion	Ibid.
Obscurité de leur histoire antérieure à tout document écrit	309
Le peu qui reste de leurs lois	310
Rapprochements qu'on y trouve encore à faire avec les Finnois	311
IV. Témoignage de Justin sur la puissance antique des Scythes Touraniens dans l'Asie antérieure	312
Sa confirmation par les découvertes modernes	313
La présence des Touraniens en Chaldée n'est pas un phénomène sporadique	Ibid.
Diffusion antique des Touraniens dans toute l'Asie occidentale	314
Les Proto-Mèdes et leur langue	315
Ils n'appartenaient pas au même groupe que les Accads	Ibid.
La Susiane et ses diverses populations	317
Sémites, Kouschites et Touraniens dans ce pays	319
Prépondérance des Touraniens, qui font prévaloir leur langage	320
Caractères de la langue susienne	322
Les Touraniens des montagnes au nord de la Mésopotamie	323
Les habitants primitifs de l'Atropatène	324
Les peuples de Mesech et de Tubal	Ibid.
Les Touraniens dans l'antiquité et de nos jours	325
Ils sont l'une des premières races qui se soient répandues dans le monde	326
Nécessité de se servir du nom de Touraniens, préférablement à tout autre	Ibid.

PRINCIPALES NOTES

P. 15, note 1. — Analyse du caractère idéographique signifiant « incantation, formule magique. »
P. 234, note 1. — Comparaison des expressions d'incantations accadiennes contre les maladies avec celles des incantations finnoises.
P. 244, note 1. — Le polysynthétisme dans la langue accadienne.
P. 245, note 1. — L'encapsulation dans la langue accadienne.
P. 249, note 1. — Rapprochements entre le vocabulaire accadien et celui des langues touraniennes actuelles.
P. 271, note 1. — La dualité de Soumir et d'Accad en Chaldée et celle de Suomi et d'Akkarak dans les traditions finnoises.
P. 274, note 1. — Vestiges linguistiques de la prolongation tardive de l'état nomade chez les Assyriens.
P. 290, note 2. — Règles de l'emploi de l'assyrien ou de l'accadien dans les contrats privés, dès le temps de Sargon Ier, roi d'Aganê.
P. 310, note 1. — Les débris des anciennes lois accadiennes.
P. 316, note I. — Rapprochements de grammaire et de lexique entre l'accadien et le proto-médique.
P. 319, note 1. — Les fables éthiopiennes à Suse, Memnon et le dieu Oumman.
P. 321, note 1. — Les dieux des Cissiens et des Susiens.
P. 322, note 1. — La langue susienne.

TEXTES CUNÉIFORMES

TRADUITS OU ANALYSÉS

W. A. I. — *Cuneiform inscriptions of Western Asia*, par H. Rawlinson, Norris et Smith.
Lt. — *Choix de textes cunéiformes inédits*, par F. Lenormant.

DOCUMENTS ÉTRANGERS AU GRAND RECUEIL MAGIQUE.

	Pages.
W. A. I. I, 70. — Formules d'imprécation, en langue assyrienne, du Caillou Michaux, traduites.	61
W. A. I. II, 16. — Chanson accadienne, avec traduction assyrienne, pour la protection des récoltes, traduite.	39
W. A. I. II, 17 et 18, Lt. 24. — Grande conjuration bilingue, en 28 formules, contre l'action des démons, les effets des sortiléges, les maladies et les principaux malheurs qui peuvent frapper dans le cours de la vie, traduite.	3-11
Lt. 26. — Formule talismanique, en accadien, pour préserver des rechutes un individu guéri de la possession, traduite.	44
Lt. 27. — Formule talismanique, en assyrien, pour la préservation d'une femme enceinte, traduite.	43
Lt. 30. — La descente d'Istar aux enfers, récit épique en assyrien, fragments traduits.	35, 40, 154, 157

MORCEAUX DU GRAND RECUEIL MAGIQUE.

Premier livre.

	Pages.
W. A. I. iv, 1, col. 1. — Fragment décrivant les ravages des démons chez les hommes, traduit.	28
W. A. I. iv, 1, col. 2. — Litanies des esprits protecteurs, traduites............	128
W. A. I. iv, 1, col. 3. — Conjuration contre divers démons, maladies et actions funestes, telles que le mauvais œil, traduite............	15,127
W. A. I. iv, 1, col. 3. — Conjuration contre diverses mauvaises influences célestes et démons des astres, traduite............	17
W. A. I. iv, 2. — Conjuration contre les sept démons de l'abîme, traduite............	18
W. A. I. iv, 2. — Fragment sur les démons appelés telal, traduit............	52
W. A. I. iv, 7. — Conjuration contre les imprécations et leurs effets, traduite............	59
W. A. I. iv, 15. — Conjuration contre les ravages des maskim, démons cosmiques, un fragment traduit, le reste analysé.......	26
W. A. I. iv, 16, 1. — Conjuration donnant son efficacité à un talisman qui doit mettre la maison à l'abri des attaques des démons, traduite............	42
W. A. I. iv, 19, 1. — Fragment sur les effets du mauvais sort, traduit............	28
W. A. I. iv, 27, 5. — Fragment décrivant les ravages des démons chez les hommes, traduit...	29
W. A. I. iv, 29, 2. — Fragment indiquant l'action des démons sur les diverses parties du corps humain, traduit............	34

Second livre.

W. A. I. iv, 3, col. 2. — Prescription d'un nœud magique contre la « maladie de la tête », traduit............	39
W. A. I. iv, 3 et 4. — Incantation pour guérir la même maladie, traduite............	19
W. A. I. iv, 22, 1. — Autre pour le même objet, analysée en partie et un fragment traduit.......	21
B. M. K 1284 (inéd.). — Incantation pour guérir la peste, avec prescription d'un rite magique, traduite............	47

TRADUITS OU ANALYSÉS 347

Troisième livre.

	Pages.
W. A. I. II, 19. — Dithyrambe sur les armes de Éa, traduit...	151
W. A. I. IV, 6, col. 5. — Hymne au Feu, traduit...	171
W. A. I. IV, 8, col. 3. — Hymne au Feu, traduit...	171
W. A. I. IV, 13, 2. — Fragment d'hymne, traduit...	47
W. A. I. IV, 14, 2. — Hymne aux Eaux, traduit...	168
W. A. I. IV, 14, 2. — Hymne au Feu, traduit...	169
W. A. I. IV, 14, 2. — Hymne au Fleuve, traduit...	168
W. A. I. IV, 17. — Hymne au Soleil, pour la guérison d'une maladie, traduit...	46,166
W. A. I. IV, 17. — Autre hymne au Soleil, traduit...	52,164
W. A. I. IV, 18. — Hymne pour la protection du roi, fragment traduit...	33
W. A. I. IV, 18. — Hymne sur les armes de Éa, analysé.	150
W. A. I. IV, 20, 2. — Hymne au Soleil, traduit...	165
W. A. I. IV, 21, 1. — Hymne au Feu, traduit...	170
W. A. I. IV, 21, 1. — Prescription relative aux images de dieux protecteurs à placer dans les différentes parties de la maison, traduite...	45
W. A. I. IV, 23, 1. — Hymnes d'une liturgie funèbre, pour les différentes phases de la descente aux enfers, traduits...	158
W. A. I. IV, 25. — Hymne sur le vaisseau de Éa, analysé.	149
W. A. I. IV, 26, 3. — Hymne au Feu, traduit...	172
W. A. I. IV, 26, 4. — Fragment d'hymne à Silik-moulou-khi, traduit...	175
W. A. I. IV, 27, 1. — Fragment sur la montagne de Moul-ge, traduit...	157
W. A. I. IV, 29, 1. — Hymne à Silik-moulou-khi, comme dieu de la résurrection, traduit...	175
B. M. K 142 (inéd.). — Fragment d'hymne au Soleil, traduit. Conjuration contre les maléfices des différentes espèces de sorciers, traduit...	47 / 56

TRADUCTIONS DE TEXTES ÉGYPTIENS

Clause finale du chapitre 30 du Rituel funéraire...	81
Clause finale du chapitre 64...	81
Formule de magie funéraire d'un papyrus du Louvre...	83
Incantation contre la morsure des serpents, dans un papyrus du Louvre...	86

	Pages.
Incantation contre les crocodiles (papyrus magique Harris)....	87
Incantation contre les crocodiles et autres reptiles (papyrus Harris)...	88
Conjuration contre les dangers qui peuvent menacer à la campagne (papyrus Harris)..	88
Incantation à prononcer sur un chien de garde (papyrus Harris).	89
Évocation d'Ammon contre les serpents (papyrus Harris).......	91
Incantation contre les crocodiles (papyrus Harris).............	93
Évocation du dieu Noum (papyrus Harris).....................	93
Imprécation magique de nature funéraire contre Set, dans un papyrus du Louvre..	95

INDEX MYTHOLOGIQUE

Abîme (l') dans la philosophie religieuse des Chaldéens. 103.
Adam, son union avec Lilith dans les légendes rabbiniques. 36.
Adar, dieu chaldéo-assyrien. 16. 43. 51. 61, 108. 109, 127. 161. — L'Hercule de cette religion, 16. 51. 120. 127. 161. — Dieu de la planète Saturne, 107. 120. — Originairement un personnage solaire. 120. — Fils et époux de Bélit. 108.
Adar-Samdan. 108. 120.
Adityas, dieux solaires des Védas. 211.
Adonis. 76.
Agni, dieu des Védas. 169. 180,
Ahouramazdâ, dieu suprême des Iraniens. 104. 178. 183. 194. 197. 198. 199. 203. 204. 206. 208. 210. — Fravaschi d'Ahouramazdâ. 184. — Ahouramazdâ dans le magisme médique. 203, 204. 206. 208. 211.
Ahriman, voy. Angrômainyous.
Ahti, déesse des Finnois. 227.
Aipaksina, dieu susien. 321.
Akhkharou, vampire des Chaldéo-Assyriens. 35.
Akh-soukkalli, dieu chaldéo-babylonien. 110.
Alal, démon des Accads. 8. 15. 17, 24. 34, 42. 172. 176.
Alap, génie chaldéo-assyrien. 23. 112.
Allat, déesse chaldéo-babylonienne, 10. 34, 40, 106. 153, 157.
Alou, démon des Chaldéo-Assyriens, 24.

Amar-outouki, ancien nom accadien du dieu Mardouk. 121.
Ameschaçpentas, génies suprêmes du mazdéisme. 183. 198. 210.
Amman, dieu susien, le même que Oumman. 319. 320. 321.
Amman-Kasibar. dieu susien. 319.
Ammon, dieu égyptien. 75. 87, 88, 92.
Anâhitâ, déesse adorée chez les Perses, 202. 209. — Introduite de l'Assyrie chez les Mèdes. 202. 209. 212, 215. — Sa liaison étroite avec Mithra, 210, 211.
Anat, déesse chaldéo-babylonienne, 105, 202. 212.
Anata, adorée en Egypte. 89.
Ancien (l') des jours dans les religions euphratico-syriennes, 122.
Anges des Chaldéo-Assyriens. 112.
Angrômainyous, le mauvais principe dans le mazdéisme. 198, 203. 204. 206, 208. — Dans le magisme médique. 204. 205. 208. — Il y est adoré sur le même pied qu'Ahouramazdâ. 206 — Il s'y confond avec le dieu-serpent de la population touranienne. 207. — Légendes mazdéennes qui représentent Angrômainyous sous la forme d'un serpent, 208.
Anhour, dieu égyptien. 87.
Anna, dieu des Accads. 4, 138, 144, 145. 148, 151, 205. 222. — Seigneur du ciel. 144. — Qualité d'Esprit du ciel, 140, 144. — Se confond avec le

INDEX MYTHOLOGIQUE

ciel matériel. 144, 172, 175. — Identifié à l'Anou chaldéo-assyrien. 4. 105. 115, 144.
Anos, nom d'Anou chez Damascius, 105.
Anou, dieu chaldéo-assyrien. 4. 61. 104. 105, 107, 108, 109, 110, 115, 123, 144. 296. — Son caractère de dieu Temps et Monde. 105. 122. — Dieu législateur. 147. — Ichthyomorphe. 147.
Anounit, déesse chaldéo-babylonienne. 107, 115, 121,
Anounna, classes d'anges chez les Accads. 139.
Anounna-ge, esprits terrestres des Accads. 17. 127. 128.
Anounnaki ou Anounna-irsiti, anges terrestres du système chaldéo-babylonien. 17. 112. 127.
Anubis, dieu égyptien. 78.
Aos, nom de Nouah chez Damascius. 105.
Apap ou Apophis, ennemi du Soleil dans la religion égyptienne. 75.
Aptya, héros mythologique des Védas. 208.
Arali, l'enfer des Accads. 153. 160.
Argent, son dieu chez les Accads. 163.
Arimanios, traduction grecque d'Angrômainyous. 206.
Armes symboliques du dieu Éa. 150. 151.
Artémis Nanæa de l'Élymaïs. 321.
Asakkou, démon chaldéo-assyrien de la fièvre. 34.
Asmoun, dieu chaldéo-babylonien. 110.
Assesseurs d'Osiris à son tribunal des enfers, 78. 96.
Assur, dieu suprême et national des Assyriens, 104. 274.
Astres, leur rôle dans la religion chaldéo-babylonienne. 106. — Leur culte dans le magisme médique. 201. — Dans le mazdéisme de la seconde époque, 201. —Résultat d'une influence babylonienne. 202.
Atys, dieu phrygien. 76.
Audh, dieu des Arabes. 122.
Ausar, forme première du nom du dieu Assur. 274.
Azhi-Dahâka, monstre ennemi dans les légendes iraniennes, 208. — Adoré comme un dieu dans le magisme médique. 208.
Æon, traduction grecque du dieu phénicien Oulom, 122.

Baal, dieu syrien adopté en Égypte. 75.
Baal-Haldim, dieu de la Palestine, 122.

Bah, dieu égyptien. 94.
Barque du Soleil chez les Égyptiens, 75.
Bau, dieu chaldéo-babylonien. 110.
Beiwe, dieu solaire des Finnois et des Lapons, 224.
Bel, dieu chaldéo-assyrien. 16. 44. 61, 105, 106, 108, 115, 123. 127. 144. 153. 297. 321. — Le démiurge. 105. 109. 170.
Belit, déesse chaldéo-assyrienne. 16. 61, 105. 106, 108. 109. 112. 127. 153. — La matière humide et passive. 106.
Bel-Mardouk. 274.
Bennou, oiseau symbolique chez les Égyptiens. 76.
Bilala, dieu susien. 321.
Bin, dieu chaldéo-assyrien. 16. 50. 61. 121. 127. 168. 173. — Dieu de l'atmosphère. 107. 168. — A quelquefois un caractère solaire. 121.
Bischa, nom donné quelquefois au dieu Soleil chez les Accads. 224.
Bit-nour, génie protecteur des Chaldéo-Assyriens. 43.
Bon (le) dans la philosophie religieuse des Chaldéens. 103. 107.
Bouryas, dieu des Cissiens. 321.

Çakti-Trimourti de l'Inde. 105.
Céphée, héros des légendes grecques sur la Chaldée. 269.
Chang-ti, dieu des Chinois primitifs. 144.
Chérubqui, selon la Genèse, garde la porte du paradis terrestre. 151.
Çivaïsme, transformation de ses anciens dieux en démons, chez les bouddhistes de Ceylan. 69.
Colique, personnifiée chez les Finnois par un démon spécial, 233.
Constellations, leurs dieux chez les Chaldéo-Babyloniens. 111.
Craosçha, archange du mazdéisme. 177.
Crocodile Mako, personnage mythologique égyptien. 88.
Cronos, traduction grecque du Ilou chaldéo-babylonien. 104.
Cuivre, son dieu chez les Accads, 162. 163.
Cybèle, déesse phrygienne, 76.

Dahâka, monstre malfaisant des légendes iraniennes, 208.
Dame suprême (la), déesse chaldéo-babylonienne. 107.
Damkina ou Davkina, déesse des Accads, 22, 105, 115, 148, 150, 153, 168.— Sens de son nom, 148.

INDEX MYTHOLOGIQUE 351

Déesses, leur rapport avec les dieux dans la religion chaldéo-babylonienne, 105. 107. — Dans les religions syro-phéniciennes. 107, 118.

Déluge, parenté du récit biblique et du récit babylonien, 148. — Rôle que Éa joue dans ce dernier, 149.

Démons, leurs diverses espèces suivant les Accads. 3. 8. 15. 16. 23, 24, 172. 176. — Groupés par sept. 17. 18. — Sortant des enfers. 160. — Démons cosmiques. 25. 26. — Démons de l'abîme, 26. — Démons des vents. 48. — Différentes habitations des démons, 3, 29. — Démons du désert. 3. 6, 29. — Démons agissant sur l'homme, 28, 29. — Description poétique de leurs ravages. 29. — Leur action sur les différentes parties du corps. 34. — Démons des maladies, 34. — Démons déchaînés par les imprécations, 59. — Rapports entre les sorciers et les démons. 55. — Types hideux donnés aux démons, 48-52. — Démons en forme de taureaux. 51, 52.

Démons des populations sibériennes, 187, 188. — Des Finnois. 231.

Démons qui sont d'anciens dieux de religions vaincues, 69. — Développement démonologique peu considérable dans la magie égyptienne, 89. — Démons du désert chez les Hébreux, 30.

Démons favorables chez les Accads, 8, 10. 33. 138. 172.

Diable, adoré par les Yézidis, 208.

Dieu attaché à chaque homme dans les idées accadiennes, 59, 182. — Se décompose souvent en un couple divin. 47, 59, 171, 182. — L'homme fils de son dieu. 16. 166. 170, 183. — Analogie de cette conception avec celle des fravaschis dans le mazdéisme, 183. — Croyance analogue chez les Finnois, 229.

Dieux, comment les concevaient les Accads, 139. — Dieux se nourrissant réellement des offrandes. 46. 47. — Dieux mauvais dans les idées des Accads, 3, 8, 17, 42, 172.

Dieux contraints d'obéir aux formules magiques dans les idées des Égyptiens, 90, 92.

Dieux des religions vaincues devenant des démons, 69.

Dieux inférieurs dans le mazdéisme, leur caractère primitif, 198.

Dingiri, nom accadien de la déesse Nana, 115.

Dounpa-ouddou, dieu de la planète Mercure chez les Accads, 159.

Dounyas, dieu des Cissiens, 321.

Douze (les) grands dieux des Chaldéo-Assyriens, 108.

Doûzi ou Douwazi, dieu chaldéo-babylonien, 108, 120.

Drauga, le mensonge, nom quelquefois donné par les Perses au mauvais principe, 199.

Dualisme, son apparition dans les religions des Esprits, 65. — Dans la religion accadienne, 135-137. 178. — Il n'y est qu'apparent et sans valeur morale, 160. — Dans la religion des Proto-Mèdes, 203. — Dans les croyances du paganisme finnois, 230. — Dans la religion égyptienne, 75. — Dans le mazdéisme, 176. 197, 198. — Dans le magisme médique, 203. — Il s'y confond dans un premier principe panthéiste, 204. — Dans la religion des Yézidis, 208.

Dualité conjugale dans laquelle se divise l'unité de l'être divin, dans les religions euphratico-syriennes, 118.

Dvergues, esprits élémentaires chez les Finnois, 225.

Éa, dieu des Accads. 18. 19. 20. 21, 22. 27, 28, 39, 40. 41. 42. 45. 54, 59. 60. 62, 98, 128. 138, 148, 149. 150, 153. 159. 167. 168. 174. 175. 205, 222. — Identifié au Nouah chaldéo-babylonien. 19. 27. 40. 105. 115. 128. 144. 148. 152. — Signification de son nom. 145. — Seigneur de l'atmosphère, de la surface terrestre et des eaux. 145-147. — Qualifié d'Esprit de la terre, 140, 145. — Dieu ichthyomorphe, 146. — Le vaisseau de Éa. 149, 150. — Éa dissipateur des mauvaises influences et dieu de l'intelligence, 147, 173. — Le serpent est un de ses attributs. 207. — Parenté de Éa et du Wäinämoinen des Finnois, 222.

Eau, source de toute génération dans les idées des Accads et des Chaldéo-Babyloniens, 146.

Eaux, adorées par les Accads, 168.

Eaux de vie, leur source dans l'enfer chaldéo-babylonien, 155.

Egres, esprits de la végétation chez les Finnois, 225.

Ekim, démon chaldéo-assyrien, 24.

Enfer accadien, 35, 154, 155. — Ses différents noms, 153. — Sa description, 158, 159. — Sans idées de rémunération, 155.

Enfer chaldéo-babylonien, 35, 154, 155. — Divisé en sept cercles, 156. — Descente d'Istar aux enfers, 34, 35. 40. 154, 155, 156, 157.

INDEX MYTHOLOGIQUE

Enfer égyptien. 78, 79.
Enfer des Finnois. 230.
Enou, nom accadien du Bel chaldéo-babylonien. 105.
En-Zouna, nom accadien du dieu Sin. 16. 127.
Eschmoun, dieu phénicien. 122.
Esprit de la terre chez les Accads, 3, 4, 5, 6, 7, 8, 9, 10, 11, 15, 16, 17, 44, 60, 126, 128, 169, 172, 176. — Identique au dieu Êa. 140. 145.
Esprit du ciel chez les Accads. 3, 4, 5, 6, 7, 8, 9, 10, 11, 15, 16, 17, 44, 60, 126, 128, 169, 172, 176. — Identique au dieu Anna. 140. 144.
Esprit divin que chaque homme porte en lui-même, suivant les Finnois. 229. — Analogie de cette conception avec celle du dieu de chaque homme chez les Accads, 229.
Esprit pur et suprême du mazdéisme. 178.
Esprits des dieux considérés comme des êtres distincts chez les Accads, 16, 126-129. 183. — Analogie de cette conception avec celle des fravaschis dans le mazdéisme. 183. — Esprits favorables, énumération de leurs différentes espèces. 128. — Esprits mauvais, 13. 23. 24. — Esprits de l'abîme. 26. — Esprits des vents, 28. 168. — Esprits familiers. 36.
Esprits élémentaires, leur culte chez les peuples primitifs. 64. — Chez les anciens Chinois. 64. 134. — Leur culte est caractéristique de la race touranienne. 134. 184. 185. 188-217. — Il est le fondement de la religion et de la magie des Accads. 130. 134. 189. — Distinction des simples esprits et des dieux dans cette religion. 139. — La religion des Esprits chez les Finnois. 216. 217.
Esprits personnels répandus dans toute la nature, suivant les croyances des peuples barbares. 64. — Suivant la magie chaldéenne. 97. 134. — Inconnus à la magie égyptienne. 97. — Ces Esprits dans la religion finnoise. 216, 217, 225.
Être (l') existant, dans la philosophie religieuse des Chaldéens. 103.

Fantômes dans la croyance des Accads. 8, 9, 35, 42, 172, 176. — Fantôme formé par Nouah pour délivrer Istar des enfers, 40.
Fer, son dieu chez les Finnois et mythes sur sa naissance, 228.

Fervers, voy. Fravaschis.
Feu, dieu chez les Accads, 9, 26, 27, 128, 152, 169, 170, 171, 174, 182. — Grand dissipateur des sortilèges. 56, 170. — Adoré dans la flamme du sacrifice. 171. — Dans le foyer domestique. 171. — Feu cosmique. 173. — Identifié par les Assyriens, tantôt à Bin et tantôt à Nébo, 172.
Feu, son culte chez les Proto-Mèdes, 201. — Chez les Finnois. 224.
Feu, son culte chez les Aryas primitifs, 180. — Dans le mazdéisme. 178. — Il y vient peut-être des Touraniens de la Médie. 180. 201.
Feu, son culte dans le magisme médique. 200. — Les Mages prétendaient que le feu descendait du ciel sur leurs pyrées. 201.
Fièvre, personnifiée par un démon chez les Accads. 34.
Fleuve, adoré comme un dieu par les Accads. 168.
Fravaschis du mazdéisme, leur conception. 181. — Fravaschi de chaque homme. 181. 182. — Son analogie avec le dieu attaché à chaque homme, suivant les Accads. 181, 182. — Fravaschis des êtres purement spirituels, et même d'Ahouramazdâ, 183.

Gallou, démon des Chaldéo-Babyloniens, 24. 52.
Gan-dim-kour-koû, esprit favorable des Accads. 129. 169.
Gelal, démon incube chez les Accads. 36.
Génies favorables des Accads, 7, 10. 23, 33, 49, 50. — Leurs diverses classes, 138. — Génies malfaisants. 3. 23.
Génies de la religion chaldéo-babylonienne, 112.
Génies du monde funèbre chez les Egyptiens. 89.
Gigim, démon des Accads. 3, 8, 17, 24, 25, 29, 34, 42, 172, 176.
Goula, déesse chaldéo-babylonienne, 61, 107, 121, 321.
Goutte, personnifiée chez les Finnois par un démon spécial, 233.

Hadès, traduction grecque de l'Angrômainyous du mazdéisme, 206.
Haoma, plante sacrée des Iraniens, 206.
Haltia, esprit familier des Finnois, 225.
Hapi, dieu égyptien, 94.

Har-Schéfi, dieu égyptien, 89.
Helka, déesse des Finnois, 236.
Hiiden-Hejmoläinen, ministre du mal chez les Finnois, 231.
Hiisi, personnification du mal chez les Finnois, 231, 232.
Hijjën-Kisso, son chat, 231.
Hijjën-Lintu, son oiseau, 231.
Hijjën-Ruuna, son cheval, 231.
Hijjën-Wäki, ses messagers, 232.
Hillewo, déesse des Finnois, 227.
Hittarainen, dieu des Finnois, 226.
Hobal, dieu des Arabes, 122.
Horus, dieu égyptien, 75, 76, 78, 88, 89.
Hourki, nom accadien du dieu Sin, 115, 122, 128.

Identification de l'homme aux dieux par les rites sacrés, 68, 79, 90. — Cette croyance est le fondement de la magie égyptienne, 84-88, 90.
Idpa, démon de la fièvre chez les Accads, 34.
Igili, esprits célestes des Accads et du système chaldéo-babylonien, 112, 139.
Ilinos, nom de Bel chez Damascius, 105.
Ilmarinnen, dieu des Finnois, 221, 222, 227. — Sa parenté avec le Moul-ge des Accads, 222.
Ilou, dieu suprême dans la religion chaldéo-babylonienne, 103, 104, 123.
Im, dieu du vent chez les Accads, 16, 159, 168. — Identifié au Bin chaldéo-babylonien, 16, 127.
Incubes, dans les idées des Accads, 8, 36, 42, 172.
Indra, dieu des Védas, 119.
Innin, sorte de spectre diabolique chez les Accads, 9, 35.
Isis, déesse égyptienne, 76, 86, 88, 92.
Istar, déesse chaldéo-assyrienne, 16, 61, 106, 108, 109, 120, 127, 213. — Déesse de la planète Vénus, 107, 213. — La double Istar, 108. — Descente d'Istar aux enfers, 34, 35, 40, 108, 154, 155, 156, 157.
Izbar, dieu du feu chez les Accads, 9, 169.
Izdubar ou Dhubar, héros de l'épopée babylonienne, 121, 173, 224, 269. — Forme héroïque du dieu Feu, 173, 224.

Jéhovah, rapproché d'Ahouramazdâ par Cyrus, 198.
Jugement de l'âme suivant les Egyptiens, 78.

Juoletar, dieu des Finnois, 227.
Justice, sa déesse en Egypte, 78. — La double Justice, 78.

Käitös, dieu des Finnois, 227.
Kalewa, région de la lumière et de la béatitude, dans la mythologie finnoise, 230.
Kamuläinen, dieu des Finnois, 227.
Kanisourra, dieu chaldéo-babylonien, 110.
Karsa, dieu susien, 321.
Kejjuset, lutins funèbres des Finnois, 225.
Kekri, dieu des Finnois, 227.
Ker-neter, enfer des Egyptiens, 78, 79, 80, 81.
Khali, déesse des Cissiens, 321.
Kharbat ou Mourbat, dieu des Cissiens, 321.
Khéper, dieu égyptien, 74.
Khons, dieu égyptien, 31, 32.
Khoumba ou Khoumboume, dieu susien, 321.
Kindakarbou, dieu susien, 321.
Kipä-Tytär, déesse des Finnois, 233.
Kippumaki, la colline des douleurs dans la mythologie finnoise, 233, 235.
Kiroub, génie chaldéo-babylonien, 112.
Kirsamas, dieu susien, 321.
Kit, dieu des Cissiens, 321.
Kiwutar, déesse des Finnois, 233.
Knippala, dieu des Finnois, 226.

Labartou, fantôme des Chaldéo-Assyriens, 35.
Labassou, spectre des Chaldéo-Assyriens, 35.
Lagamar ou Lagamal, dieu susien, 120, 321. — Adopté dans quelques parties de la Chaldée, 110.
Lagouda, dieu susien, 110, 321. — Adopté dans quelques parties de la Chaldée, 110, 321.
Lamas, génies chaldéo-assyriens, 23, 112.
Lamma, génies accadiens, 23, 138.
Latarak, dieu des Accads, 45.
Laz, déesse chaldéo-babylonienne, 108, 115.
Lemmikäinen, personnage héroïque de l'épopée finnoise, 220, 221.
Lèpre, personnifiée chez les Finnois par un démon spécial, 233.
Lil, démon incube chaldéo-assyrien, 36.
Lilit, démon succube chaldéo-assyrien, 36.
Lilith, démon des Hébreux, 30, 36. — Légende rabbinique sur son union avec Adam, 36.
Louhiatar, dame de la région de Pohja, dans la mythologie finnoise, 233.

INDEX MYTHOLOGIQUE

Mako, fils de Set, monstre mythologique égyptien, 88.
Maladies considérées comme des êtres personnels par les Accads. 34, 160. — Par les populations sibériennes, 187. — Par les Finnois, 233, 234, 235.
Malkit, déesse chaldéo-babylonienne, 107.
Mamit, déesse chaldéo-babylonienne, 110.
Mamouremoukahabou, nom mystérieux de l'Osiris égyptien, 95.
Manou, dieu chaldéo-babylonien, 110.
Mardouk, dieu chaldéo-babylonien, 9, 18, 19, 61, 108, 109, 115, 175, 176, 177, 213. — Dieu de la planète Jupiter, 107, 177, 213. — Originairement une personnification solaire, 121, 177. — Etymologie de son nom, 121.
Marna, dieu de Gaza, 122.
Marouts, dieux des Védas, 168.
Martou, dieu chaldéo-babylonien, 110.
Mas, génies accadiens, 23, 29, 138.
Maskim, démons des Accads, 8, 17, 23, 24, 26, 27, 42, 172, 176.
Médiateur dans les idées des Accads, 174. — Ce rôle appartient à Silik-moulou-khi, 9, 18, 21, 27, 59, 98, 155, 175.
Memnon de Suse, dans les légendes grecques, 319.
Mên, dieu de l'Asie Mineure, 122.
Mer (la) primordiale dans la philosophie religieuse des Chaldéens, 103.
Métallurgie, ses dieux chez les Accads, 173. — Chez tous les peuples touraniens, 163, 227. — Ses dieux et ses génies chez les Finnois, 227.
Métaux, leurs dieux chez les Accads, 162, 163.
Mithra, dieu solaire des Védas, 178, 210. — Chez les Iraniens, 178, 210, 211. — Rôle de médiateur qui lui est donné sous les Achéménides, 177. — Analogie de ce rôle avec celui de Silik-moulou-khi chez les Accads, 177, 212. — Le Mithra femelle d'Hérodote, 209. — Son explication, 210. — Liaison des cultes de Mithra et d'Anâhitâ, 210. — Ils sont venus par le magisme médique, 212, 214. — Le double Mithra, 211, 212. — Mithra chez les Babyloniens, 211.
Monstres combattus par les dieux sur les monuments babyloniens et assyriens, 50, 51. — Monstres infernaux des Egyptiens, 78, 79.
Montagne de l'Occident dans les traditions religieuses des Accads, 156, 257, 233.
Montagne de l'Orient dans les traditions religieuses des Accads, 142, 156, 280. — Berceau du genre humain, 156, 286. — Montagne de pierres précieuses, 152, 163. — Lieu de l'assemblée des dieux, 286.
Month, dieu égyptien, 87.
Moul-ge, dieu des Accads, 16, 17, 51, 128, 152, 153, 156, 157, 160, 161, 162, 170, 172, 175, 205, 222. — Seigneur de l'abîme inférieur et des enfers, 153. — Identifié au Bel chaldéo-babylonien, 16, 115, 127, 144, 153. — Cette identification est admise par un hymne de la collection magique, 170.
Moun-abge, personnage mythologique des Accads, 150.
Mourbat ou Kharbat, dieu des Cissiens, 321.
Myrionyme, surnom d'Isis, 92.

Nahirtou, dieu susien, 321.
Nakak, oie du dieu Seb, dans la mythologie égyptienne, 94.
Nakhkhounte, déesse susienne, 321. — Identifiée à Nana, 321.
Namtar, démon accadien de la peste, 34, 47, 48, 129, 160, 182, 205. — Serviteur de la déesse infernale Allat, 34.
Nana, déesse chaldéo-babylonienne, 105, 115, 121, 296, 321. — Adorée à Suse, 321.
Nanæa, surnom donné par les Grecs à l'Artémis de la Susiane, 321.
Napsa, dieu susien, 321.
Naroudi, dieu des Accads, 45.
Nattig, génie chaldéo-assyrien, 112.
Naturalisme grossier des peuples barbares, 64, 135. — Forme de naturalisme particulière aux peuplades touraniennes imparfaitement civilisées, 185, 188. — Son analogie avec la religion des livres magiques d'Accad, 189. — Naturalisme panthéiste des Proto-Mèdes, 203.
Nébo, dieu chaldéo-assyrien, 16, 45, 61, 108, 109, 115, 127, 172. — Dieu de la planète Mercure, 107. — Dédoublement de Nébo, 108.
Negah, dieu des Accads, 129, 156.
Nemrod. 268, 269.
Nephthys, déesse égyptienne, 76, 88.
Nergal, dieu chaldéo-assyrien, 16, 45, 61, 108, 109, 115. — Dieu de la planète Mars, 107.
Nil, dieu pour les Egyptiens, 94.
Nin-akha-qouddou, dieu des Accads, 27, 140.
Nin-a-zou, dieu des Accads, 10.
Nin-dar, dieu des Accads, 16, 17, 51, 161, 162, 205. — Le soleil de nuit, 161. — Dieu des trésors cachés, 162. — Identifié à l'Adar chaldéo-babylonien, 17, 51, 127, 161.

INDEX MYTHOLOGIQUE 355

Nin-gar, personnage mythologique des Accads, 150.
Nin-ge ou Nin-gelal, déesse des Accads, 16, 17, 153. — Personnifie la terre, 17, 153. — Identifiée à la Belit chaldéo-babylonienne, 16, 127, 153.
Nin-iz-zida, dieu des Accads, 129, 140, 158.
Nin-ka-si, déesse des Accads, 140, 170.
Nin-ki-gal, déesse des Accads, 10, 27, 153, 160, 233. — Identifiée à l'Allat chaldéo-babylonienne, 10, 153.
Nin-mouk, déesse des Accads, 10.
Ninouah, déesse chaldéo-assyrienne, 128.
Nin-si...., déesse des Accads, 128.
Nin-si-gar, personnage mythologique des Accads, 150.
Nirba, dieu chaldéo-assyrien, 42, 110.
Nir-gal, nom accadien de Nergal, 45, 51.
Nirgalli, génies chaldéo-assyriens en forme de lions ailés, 23, 112.
Nisroch, dieu chaldéo-assyrien, 149.
Noé, rapport de son nom avec celui du Nouah chaldéo-babylonien, 148, 149.
Nom divin considéré comme une hypostase distincte, 41, 94. — Nom divin mystérieux et tout-puissant chez les Accads, 19, 40, 41, 94. — Il est le secret du dieu Éa, 40, 98. — Analogie avec les paroles toutes-puissantes et mystérieuses dont Wäinämöinen est le dépositaire dans la mythologie finnoise, 223. — Nom tout-puissant de Dieu chez les Juifs, 41. — Chez les Arabes, 41. — Différence des idées sur la puissance des noms en Chaldée et en Égypte, 98. — Science des noms divins dans la religion égyptienne, 93. — Puissance attribuée aux noms mystérieux et cachés aux profanes, 94.
Nombres entiers mis en rapport avec les différents dieux en Chaldée, 24.
Nombres fractionnaires mis en rapport avec les différentes classes de démons, 25.
Nouah, dieu chaldéo-assyrien, 19, 27, 40, 61, 105, 107, 108, 115, 128, 144. — L'intelligence divine, 105. — Emprunté au Éa des Accads, 148. — Sens de son nom, 148. — Rôle de Nouah dans la légende diluvienne, 149. — Le vaisseau de Nouah, 149.
Noum, dieu égyptien, 75, 93.
Nouskou, dieu chaldéo-assyrien, 108.

Oannès, dieu babylonien cité par les Grecs, 4, 105.
Oie Nakak, qui a pondu l'œuf du monde, suivant les Égyptiens, 94.

Or, son dieu chez les Accads. 163.
Osiris, dieu égyptien, 75, 76, 78, 79, 80, 81, 86, 89, 92, 95, 96. — Son cortége, 89. — Les assesseurs de son tribunal, 78, 96. — Ses noms mystiques, 92. — Type et compagnon protecteur de tout défunt, 79, 80. — Assimilation des morts à Osiris, 80, 81.
Osiris-Sap, 86.
Oud, dieu du soleil chez les Accads, 17, 128, 159, 164, 224. — Le soleil diurne, 161, 164. — Identifié au Samas chaldéo-babylonien, 17, 115, 727.
Oudouran, dieu susien, 321.
Oulom, dieu phénicien, 122.
Oumman, dieu susien, 319, 321.
Oum-Ourouk, surnom de la déesse Belit. 106.
Ounnefer, surnom de l'Osiris égyptien, 78.
Ouranos, dieu des anciens Grecs, 122.
Ouroukou, spectre malfaisant des Accads, 3, 9, 35.
Ousou, dieu chaldéo-babylonien, 110.
Oustour, génie chaldéo-assyrien, 112.
Outouq, classe de démons chez les Accads, 23, 24, 25, 29, 34, 42, 172, 176.
Outouq favorable, 138.

Pakou, nom accadien du dieu Nébo, 16, 127.
Panidimri, dieu susien, 321.
Paroles (les) mystérieuses et créatrices dans la mythologie finnoise, 223, 234.
Partikira, dieu susien, 321.
Peste, personnifiée par un démon chez les Accads, 34, 44, 47. — Chez les Finnois, 233, 235.
Phtah, dieu égyptien, 75, 93.
Phthisie, personnifiée par un démon chez les Finnois, 233.
Planètes, leurs dieux chez les Chaldéo-Assyriens, 107.
Pleurésie, personnifiée par un démon chez les Finnois, 233.
Pohja ou Pohjola, la demeure glacée des démons dans la mythologie finnoise, 220, 223, 230, 231, 233, 335.
Prostitution sacrée à Babylone et en Chaldée, 4.
Psychostasie égyptienne, 78.

Ra, dieu égyptien, 74, 77, 93.
Rabiz, démon chaldéo-assyrien, 24.
Ragiba, dieu susien, 321.

INDEX MYTHOLOGIQUE

Rapganme, fantôme des Accads, 35.
Rapganmea, spectre des Accads, 35.
Rapganmekhab, vampire des Accads, 35.
Rauta-rekhi, dieu des Finnois, 226.
Résurrection dans les idées des Chaldéens, 155. — Attribuée à Silik-moulou-khi, 175, 176.
Revenants, dans les idées des Egyptiens, 83, 84.
Ria, déesse des Accads, 146.
Roudra, dieu des Vêdas, 119.
Rous-bi-sakh, esprit favorable des Accads, 129, 160.

Sæculum, traduction latine du dieu phénicien Oulom, 122.
Sala, déesse chaldéo-babylonienne, 107.
Samas, dieu chaldéo-assyrien, 17, 40, 61, 106, 107, 109, 115, 121, 127, 297, 321.
Samdan, surnom du dieu Adar, 108.
Samila, dieu chaldéo-babylonien, 110.
Sap, surnom du dieu égyptien Osiris, 86.
Sapak, dieu susien, 321.
Sarrakh, dieu chaldéo-babylonien, 110.
Satan, emprunté aux Russes par les populations sibériennes, 187.
Savitri, dieu des Vêdas, 119.
Schaïtân, démon des Baschkirs et des Kalmouks, 187.
Schéôl des Hébreux, 35, 154.
Schou, dieu égyptien, 93.
Seb, dieu égyptien, 94.
Sed, génies chaldéo-assyriens, 23. — Leur figure de taureaux, 23.
Seigneur infernal (le), dieu des Accads et des Chaldéo-Babyloniens, 158.
Seigneurs des dieux, au nombre de douze, chez les Chaldéo-Babyloniens, 109.
Serakh, dieu des Accads et des Chaldéo-Babyloniens, 42, 61, 110, 158.
Serpents, dieux-serpents chez les populations touraniennes, 207. — Chez les Accads, 207. — Angrômainyous prenant la forme d'un serpent dans le Zend-Avesta, 208. — Le serpent Azhi-Dahâka dans les légendes iraniennes, 208.
Servant femelle, démon des Accads, 8, 36, 176.
Séthou, dieu égyptien, 87.
Set, dieu égyptien, 75, 76, 78, 85, 86, 87, 88, 89, 95, 96. — Son cortége, 89.
Sibarrou, dieu des Cissiens, 321.

Signes du zodiaque, leurs dieux chez les Chaldéo-Babyloniens, 109.
Sikhou, dieu des Cissiens, 321.
Silagara, dieu susien, 321.
Silik-moulou-khi, dieu des Accads, 9, 11, 18, 19, 21, 22, 27, 39, 41, 45, 59, 60, 98, 150, 159, 171, 174. — Son rôle de médiateur, 9, 18, 21, 27, 59, 98, 155, 174, 212. — Analogie de ce rôle avec celui de Mithra dans le mazdéisme, 177, 212. — Préside à la résurrection, 175, 176. — Assimilé plus tard au Mardouk de Babylone, 9, 18, 175, 176, 177. — Cette assimilation admise dans un hymne de la collection magique, 175. — Existence d'un dieu analogue à Silik-moulou-khi dans la religion des Prodo-Mèdes, 212.
Simalia, dieu chaldéo-babylonien, 321.
Sin, dieu chaldéo-assyrien, 16, 61, 106, 107, 109, 115, 127, 154, 296. — Personnifie la lune, 106. — Son caractère androgyne, 122.
Sisithrus, le Noé chaldéen, 149.
Smou, forme du dieu égyptien Set, 78.
Soleil, adoré comme dieu par les Accads, 11, 46, 47, 54, 164, 165, 166, 167, 169, 174. — Dissipateur des démons et des sortiléges funestes, 54, 164. — Guérisseur de certaines maladies, 166, 167, 224. — Le Soleil nocturne était pour les Accads un dieu particulier, 161.
Soleil, dieu des Chaldéo-Assyriens, voy. Samas. — La plupart des dieux chaldéo-babyloniens sont, à l'origine, des personnifications solaires, 120. — Le Soleil hivernal, distingué comme un dieu spécial, 61.
Soleil dans la religion égyptienne, dont son adoration est la base, 73-77, 85. — Divinités fournies par ses différents aspects, 74-77. — Course du soleil, type de la destinée de l'homme, 78, 85. — Soleil infernal, 75.
Soleil, adoré chez les Finnois, 224. — Guérisseur de certaines maladies, 224.
Souboulal, dieu chaldéo-babylonien, 110.
Soudoun, dieu susien, 321.
Soumou, dieu des Cissiens, 321.
Soumoud, dieu susien, 321.
Soungamsara, dieu susien, 321.
Source des eaux de vie, dans l'enfer chaldéo-babylonien, 155.
Sousinka, dieu susien, 110, 321. — Adoré sur quelques points de la Chaldée, 110.

INDEX MYTHOLOGIQUE

Soutekh, dieu des Pasteurs en Egypte, 75.
Succubes, dans les croyances chaldéennes, 8, 36, 42, 176.
Suonetar, déesse des Finnois, 236.
Suvetar, dieu des Finnois, 227.

Tammuz, dieu syro-phénicien, 108, 120.
Tamti, surnom de la déesse Belit, 106.
Tapio, dieu des Finnois, 226.
Tartak, dieu de la Chaldée cité dans la Bible, 10, 110.
Tasmit, déesse chaldéo-babylonienne, 108.
Taureaux ailés de la porte des enfers, 158. — Des palais assyriens, 23, 49, 50.
Tchémen, démon des Tchouvaches, 188.
Telal, démon des Accads, 8, 17, 24, 29, 34, 52, 172, 176. — En forme de taureau, 52.
Thian, dieu des Chinois primitifs, 154.
Thraêtaona, héros mythologique des légendes iraniennes, 208.
Tigre, dieu de ce fleuve, 10, 110.
Tiskhou, nom accadien de la déesse Istar, 16, 17, 27.
Tonttu, esprit de la maison chez les Finnois, 225.
Toum, dieu égyptien, 74, 86.
Tourtak, dieu des Accads, 10, 110.
Triades successives de la religion chaldéo-babylonienne, 104, 107. — Conception commune de ces triades, 107.
Trimourti de l'Inde, 105.
Trita, héros mythologique des Védas, 208.
Tuonela, l'enfer des Finnois, 230.
Tuoni, déesse infernale des Finnois, 231.
Typhon, traduction grecque du Set égyptien, 75.

Ukko, dieu des Finnois, 221, 222, 237. — Sa parenté avec l'Anna des Accads, 222.
Un (le) dans la philosophie religieuse des Chaldéens, 103, 104, 107.
Unité fondamentale de l'être divin dans la religion égyptienne, 72. — Dans la religion chaldéo-babylonienne, 102, 103. — Dans toutes les religions euphratico-syriennes, 117. — Dualité conjugale dans cette unité, 118.

Vague de l'Océan, adorée comme une divinité chez les Accads, 169.
Vampires, dans les idées des Accads, 8, 9, 35, 42, 172, 176. — Dans les idées égyptiennes, 83, 84. — Chez les Tchérémisses, 188.
Varouna, dieu des Védas, 119, 122.
Vâyou, dieu des Védas, 168.
Verbe (le) dans la religion chaldéo-babylonienne, 105.
Vents malfaisants, leurs esprits chez les Accads, 3, 28, 48. — Vent de sud-ouest, son démon, 48.
Vénus, 76.

Wäinämöinen, dieu des Finnois, 221, 222, 223, 233, 235. — Descend dans l'épopée aux proportions d'un héros, 221, 223, 236. — Dépositaire du secret des paroles suprêmes, 223. — Sa parenté avec le Éa des Accads, 222.
Wesi-Hiisi, démon des Finnois, 231.
Wipunen, géant de la mythologie finnoise, 223.
Wuonen-Wälki, génies de la métallurgie chez les Finnois, 227.

Yazatas, génies du mazdéisme, 183, 198.

Zarpanit, déesse chaldéo-babylonienne, 108, 115.
Zeus, traduction grecque de l'Ahouramazdâ du mazdéisme, 203.
Zi, dieu des Accads, 140, 158.
Zodiaque, ses dieux chez les Chaldéo-Babyloniens, 109. — Les douze signes du zodiaque et les douze aventures de l'épopée babylonienne d'Izdubar, 121.
Zrvâna, personnage héroïque, 205.
Zrvâna-akarana, le temps sans bornes, source commune du bon et du mauvais principe dans le mazdéisme de basse époque, 204, 205. — Dogme fondamental de l'hérésie des Zarvaniens, 204. — Ce personnage provient du magisme médique, 204. — Il y représente un dieu de la vieille religion anté-iranienne, 205.

INDEX PHILOLOGIQUES

I

MOTS ACCADIENS

EXPLIQUÉS

a, eau, 142, 146.
a-an, pluie, 143.
ab, vague, 150.
ad (état emphatique *adda*), père, 249, 283, 317.
ai, lune, 250.
akkad, pays montagneux, 271.
— pays d'Accad, 274.
akkadi, montagnards, 271, 285.
akku, grand, 318.
alal, destructeur, 24.
— sorte de démon, 8, 15, 17, 24.
alap (mot emprunté à l'assyrien), génie protecteur en forme de taureau, 23.
amaktu, foudre, 143.
amar, cycle, 121.
an (ét. emph. *anna*), dieu, 15, 139, 283, 318, 323.
— ciel, 140, 142, 144, 145.
ana, nombre, remède, 39.
anai, roi, 323.
annab, dieu, 318, 323.
anunna, ange, 127.
anunna-ge, anges terrestres, 127.
ar, région, 249.
ar, nez, 249.
arali, tombeau, 153.
— enfer, 142, 153, 154.
as, imprécation, enchantement, 318.
as, six, 250.

bab, être opposé, autre, 317.

bat, tuer, mourir, 154, 317.
.... *bi*, pronom affixe de la 3ᵉ personne, 129, 245, 246, 254.
bil, brûler, 169.
bil-gi, flamme brûlante, 169.
— nom du dieu Feu, 169.
bir, homme, soldat, 318.

dam, épouse, 148.
de, passer, changer, 153.
dé, intérieur, 154.
dib, tablette, inscription, 318.
dil, annoncer, proclamer, 318.
dimir (ét. emph. *dimirra*), dieu, 129, 250.
dingira, dieu, 103, 104, 139, 250.
du, aller, 318.

é (ét. emph. *éa*), maison, 145, 250, 317, 323.
é-kur, temple, 153.
— désignation euphémique de l'enfer, 153.
é-kur-bat, le temple des morts, l'enfer, 154.
ergirku, pour après, 246.
en, jusqu'à, 318.
én, formule, incantation, 15.
enu, seigneur, 105.
essa, trois, 215.
es'a, quinze, 250.

MOTS ACCADIENS EXPLIQUÉS

.... *ga*, affixe formatif des adjectifs d'appartenance, 253.
gal, grand, 10, 146, 153, 245, 283, 323.
gan, source, 169.
ganul, gouttière, 143.
gar, gouvernail (?), 150.
ge, ce qui est en bas, 153.
— l'abîme souterrain, 142. 143, 153.
.... *ge*, postposition du cas locatif superpositif, 150.
ge, dix, 250.
gelal, démon incube, 35.
gi, fond, 154.
gi, flamme, 169.
gig, être violent, 323.
gigim, sorte de démon, 3, 8, 15, 17, 24, 25.
gir, fendre, 249.
guk, bleu, 245.
gur, rétablir, 257.
gurus, élevé, 250.

hur, couvrir, protéger, 122.
hur-ki, celui qui couvre, protège (et par extension) illumine la terre (qualification du dieu Sin), 122.

id, un, 250.
id, préformante de localité, 250, 317.
idpa, fièvre, 34.
im, vent, 143.
im-dir, nuage, 143.
im-kab, tempête, 143.
innin, sorte de lémure, 9, 35.

ka, face, 140.
kâ, porte, 104.
kâ-dingira, Babylone, 245.
kakama, amen, 15.
kalama, pays (dans le sens le plus étendu), surface terrestre, 142.
kar, quai, 245.
kas, deux, 250.
ki, terre, 10, 122, 142, 145, 153.
— lieu, 158.
ki-a, la surface terraquée, 140, 142, 145.
ki-gina, le lieu éternel, le tombeau, 158.
kiel-gelal, démon succube, 36.
kiel-udda-karra, servant femelle, démon familier, 36.
kiengi, pays, contrée, 274, 318.
kita, avec, 318.
kittu, soleil couchant, 323.
.... *ku*, postposition du cas de motion, 245, 248, 262, 316.

kû, élevé, sublime, 129, 169.
kur (ét. emph. *kurra*), montagne, 129, 169, 318.
— pays, 142, 283.
kur-nu-de, le Pays immuable, l'enfer, 142, 153, 154.
kurra, orient, 142.
kurra, cheval, 318.
kus, diriger, 323.

kha, poisson, 249.
khal, frapper, tuer, 249.
khan (ét. emph. *khanna*), poisson, 146, 249.
kharsak, montagne, 142, 245.
khi, bon, bien, 174.

lab, fort, vaillant, 323.
lamma, colosse, 23.
— sorte de génie, 23, 138.
... *li*, postposition du cas instrumental, 253.
lub, esclave, 318.
lubat, sorte de quadrupède carnassier, 143.
— planète, 143.

ma, pays, 249, 316.
mad, prendre, conquérir, 317.
makh, sublime, 146.
mal, habiter, 250, 318.
mar, chemin, 249, 316, 318.
mas, soldat, combattant, 23.
— sorte de génie protecteur, 23, 138.
maskim, tendeur d'embûches, 24, 26.
— sorte de démon, 8, 17, 24, 25, 26, 27.
me, non, 256.
... *me*, pronom affixe de la 1re personne du pluriel, 255.
mes, beaucoup, 252.
... *mes*, terminaison du pluriel, 252, 316.
... *mu*, pronom affixe de la 1re personne du singulier, 254.
mu, pronom verbal de la 1re personne, 257, 260, 262.
mul, seigneur, 145, 153.
mulu, homme, 174, 323.
mun, bienfaisant, 158.

... *na*, postposition du cas ablatif, 148, 245, 253, 316.
... *na*, *ni*, pronom affixe de la 3e personne du singulier, 254.

INDEX PHILOLOGIQUES

... *na*..., pronom régime direct de la 3ᵉ personne, incorporé au verbe, 262.
nab, lumière, 249.
namtar, peste, 34.
... *nan* ..., ... *nin* ..., pronom régime indirect de la 3ᵉ personne, incorporé au verbe, 262.
negab, portier, 156.
nene, mère, 250.
... *nene*, pronom affixe de la 3ᵉ personne du pluriel, 255.
nim, être élevé, 250.
nin, seigneur, 129, 140, 150, 153.
— dame, 10.
nu, non, 153, 256, 318.
nutil (ét. emph. *nutilla*), incomplet, 246.

pal, temps, année, 317.
pal, glaive, 249.
par (ét. emph. *parra*), jour, 284.
pi, oreille, 249, 317.
pil, oreille, 249, 317.

qut, présenter, peser, 317.

... *ra*, postposition du cas datif, 248.
... *ra*, ..., particule indiquant le sens réciproque et coopératif dans la conjugaison des verbes, 256, 317.
rak, vulve, femelle, 323.
rapganme, fantôme, 35.
rapganmea, spectre, 35.
rapganmekhab, vampire, 35.
ria, couler, 146.
rû, bâtir, 262.
rum, homme, 250, 318.
rus, choc, 129.

sa, champ, 249.
sagba, talisman, 41.
sakh, heureux, propice, de bon augure, 129.
sal, vulve, 249.
sam, prix, 245, 246.
sem, donner, 318.
si, œil, 249.
sibir, couper, moissonner, 318.
sil, poser, 318.
silik, disposer, 174.
sir, lumière, 245.
sisna, sept, 250.

su, main, 283.
sû, rassembler, contraindre, 15.
sud, étendre, 318.
sumeri, les gens (du bord) du fleuve, 271.

s'a, cinq, 250.
s'i, corne, 140, 249.

si, voir, 318.

... *ta*, postposition du cas locatif, 245, 253, 316.
... *tan* ..., particule formative du causatif dans les verbes, 255.
taq, pierre, 245, 250.
taq guk, lapis-lazuli, 245.
taq sirgal, albâtre, 245.
taq zakur, marbre, 245.
tar, juger, 318.
telal, sorte de démon, 8, 17, 24, 52.
til, finir, compléter, 249.
til (ét. emph. *tilla*), complet, 245.
tuq, avoir, 260.
tur, fils, 250, 283, 318.
— chef, 250.
tur, passer, franchir, 318.

ub, région, district, 318.
ud, soleil, 250, 284, 318.
ungal, roi, 274.
ur, fondement, 142.
— le nadir, 142.
uru, ville, 318.
uru, mâle, 249.
urud, cuivre, 228, 249.
uruku, sorte de spectre, 3, 9, 35.
usar, rivage, 249.
utuki, soleil, 121.
utuq, démon (favorable ou mauvais), 23, 24, 25, 138.

zakur, brillant, 245.
zi, esprit, 139, 140, 144, 145.
zida, qui est à droite, favorable, de bon augure, 129, 140.
... *zu*, pronom affixe de la 2ᵉ personne du singulier, 254.
zuab, abîme des eaux, océan, 143, 146.
... *zunene*, pronom affixe de la 2ᵉ personne du pluriel, 255.

II

MOTS PROTO-MÉDIQUES

EXPLIQUÉS

aak, et, aussi, 323.
adda, père, 317.
ani, non, 318.
annap, dieu, 318.
as, chant, hymne, 318.
ativa (postposé), à l'intérieur de, 316.
atu, père, 317.

bat, tuer, combattre, 317.
batin, district, 317.
beb, se révolter, se séparer, 317.
beulgi, année, 317.

dassurud, peuple, 317.
dassurudmas, l'ensemble du peuple, 317.
duva, devenir, 318.

eva, maison, palais, 317.
emidu, enlever, 317.

farrur, rassemblement, réunion d'hommes, 318.
farsatanika, très-vaste, 317.

ikka, *ikki* (postp.), dans, vers, 262. 316.
inne, non, 318.
innib, jusqu'à, 318.
ir, pronom réciproque affixe, 256, 317.
irmali, lieu d'habitation, 318.
itkat, lieu, 317.

karra, cheval, 318.
kata, lieu, 317.
kintik, terre, 318.
ku, roi, 317.
kumas, royauté, 317.
kuras, montagne, 318.
kut, apporter, présenter, 318.
kutta, aussi, également, 318.

mar (postp.), à partir de, depuis, 316. 318.
maras, chemin, 318.
mi, pronom possessif affixe de la première personne, 254.

na, postposition du génitif, 253, 316.
nisgi, protéger, 323.

peri, oreille, 317.

ruk, homme, 318.

sabarrukim, bataille, massacre, 318.
sakri, fils, 317, 323.
satanika, étendu, 317, 318.
sera, poser, 318.
sini, donner, 318.

s'unkuk, roi, 323.

ṣiya, voir, 318.

tar, fils, 317, 318.
tartu, rétribution, justice distributive, 318.
tippi, table, inscription, 317, 318.
tippimas, ensemble d'une inscription (composée de plusieurs tables), 316.
tiri, dire, appeler, 318.
titki, mensonge, 317.
titkimmas, fausseté, 317.
turi, depuis, 318.
turit, rivage, 318.

ukku, grand, 318.
up, ville, 318.

va (postp.), dans, 316.
vurun, terre, pays, 318.

zauvin, ombre, protection, 318.

III

MOTS SUSIENS

EXPLIQUÉS

aak, et, aussi, 323.
an, dieu, 323.
anin, roi, 323.
annap, dieu, 323.
burna, loi, 323.
gik, puissant, 322, 323.
kadar (dialecte cissien), adoration, 321.
khal, grand, 323.
kit, soleil, 323.
kudhur, adoration, 321, 323.
kusih, recteur, 323.

libak, fort, vaillant, 322, 323.
meli, homme, 323.
nagi, *niga*, protéger, 321, 323.
nazi, seigneur, auguste, 323.
nimgi (dialecte cissien), protéger, 321.
raga, *ragas*, créer, 323.
sak, fils, 323.
susinak, Susien, 322.
s'unki, empire, 322, 323.
s'unkik, souverain, 322, 323.
ua, maison, 323.

IV

EXPRESSIONS ASSYRIENNES

EXPLIQUÉES

axxaru, vampire, 35.
alap, génie protecteur en forme de taureau, 23.
alu, sorte de démon, 24.
amanu, amen. 15.
apsu, abîme des eaux, 103.
ardat, servant femelle, démon familier, 36.
aśakku, fièvre, 34.
auv kînuv, l'être existant, 103.

ekim, sorte de démon, 24.

gallu, sorte de démon, 24. 52.
gutium, tribus confuses, hordes, 274.

labartu, fantôme, 35.
labaṣu, spectre, 35.
lamas, génie protecteur, 23.
lil, démon incube, 36.

lilit, démon succube, 37.

mamit, talisman, 41.
mat-la-nakir, le Pays immuable, l'enfer, 158.
minu, nombre, remède, 39.
nirgallu, génie protecteur en forme de lion ailé, 23.

rabiṣ, tendeur de piéges, sorte de démon, 24.

śed, génie, 23.

tamti, mer, 103.

utukku (mot d'origine accadienne), démon, 23.

FIN DES TABLES

www.ingramcontent.com/pod-product-compliance
Lightning Source LLC
Chambersburg PA
CBHW050547170426
43201CB00011B/1601